미래 핵심리더의 대인관계 능력

이지나 지음

이프레스

머리말

대인관계 능력은 우리가 살아가는 데 꼭 필요한 능력 중 하나이다. 사람은 사회적 동물이며, 다른 사람과 함께 살아가기 때문에 상호작용과 협력이 필수적이다. 이러한 인간관계에서 상대방과 원활하게 소통하고 협력할 수 있는 능력을 대인관계 능력이라고 한다.

대인관계 능력은 성공에 꼭 필요한 능력 중 하나이다. 성공은 혼자서 이룰 수 있는 것이 아니라, 다른 사람들과 함께 협력하여 이루어지기 때문이다. 즉, 대인관계 능력이 높은 사람일수록 타인에게 신뢰를 받으며, 그만큼 기회와 혜택을 더 많이 얻을 수 있다. 하지만 인간관계는 참 쉽지 않다. 늘 비슷한 상황인데도 갈등이나 감정의 소모를 겪게 되기도 한다. 직장에서 일이 아무리 많아도 마음 맞는 사람들과 함께라면 문제없다고도 말한다.

중요한 점은 대인관계 능력이 뛰어난 사람들은 타고난 것이 아니라는 것이다. 관계에도 연습이 필요하다. 우리가 관계에 대해 배운 적이 없기 때문에 어려운 것이 당연하다. 우리는 '내 마음을 지키는 연습', '내 감정을 표현하는 연습', '타인과 공감하고 소통하는 연습', '갈등을 해결하는 방법' 등을 배워본 적이 없어서 그렇다.

영국에서는 2020년 9월부터 '관계 맺기' 수업을 필수교과과정에 도입했다. 최근 대인관계 능력의 중요성이 점차 강조되면서 많은 학교들도 대인관계 능력을 배양하기 위한 교양교과목을 많이 개설하고 있다. 본서가 학습자들이 손쉽게 자신의 대인관계 능력을 배양하거나 습득하는 데 적절한 기본 가이드로 사용되길 바란다.

자, 그렇다면 대인관계 능력을 어떻게 계발할 것인가? 이것이 바로 이 책의 주제이다. 이 책에서는 우리가 미래 핵심리더로써 성장하기 위해 숙지해야 할 대인관계 능력의 기본 지식과 개발해야 할 하위능력을 담았다.

이 책은 총 4부 11장으로 구성되었다.

제1부 〈미래 핵심리더의 대인관계 능력〉에서는 총 2개장으로 구성하여, 미래 핵심리더의 마인드셋, 요구되는 자질과 역량의 이해, 대인관계 능력이 왜 중요한지를 인식하고, 대인관계 능력 향상을 위한 방법에 대해 알아본다.

제2부 〈셀프리더의 대인관계〉에서는 총 3개장으로 구성하였다. 스스로 대인관계의 필요성을 인식하고 자신의 현재 상태를 점검하고 미래의 업무성과 제고를 위한 계획을 수립할 수 있도록 리더십 능력과 변화관리 능력에 대해 알아본다. 또한, 팀 구성원들의 업무향상에 도움을 주며 동기화시킬 수 있고, 팀의 목표 및 비전을 제시할 수 있는 능력을 갖출 수 있도록 동기부여 능력, 임파워먼트 능력을 다룬다.

제3부 〈조직리더의 대인관계〉에서는 총 3개장으로 구성하였다. 조직생활에서 다른 구성원들과 신뢰를 구축하고 팀원으로서 팀에 기여하고 또 팔로워로서 책임감있게 자신의 역할을 잘 수행할 수 있도록 팔로워십 능력, 팀워크 능력을 다룬다. 또한, 조직 안에 흩어진 자원을 효과적으로 연결해내는 네트워킹 및 컬래버레이션(collaboration, 협업) 능력에 대해 알아본다.

제4부 〈집단리더의 대인관계〉에서는 총 3개장으로 구성하였다. 집단 내의 대인관계를 위해 상호 간 소통하고, 갈등을 원만히 조절하는 능력을 기를 수 있도록, 커뮤니케이션 능력과 갈등관리 능력을 다룬다.

수준 및 대상에 따른 대인관계 능력에서 요구하는 하위 능력 요소는 명백하게 구분되는 것이라기보다는 서로 교환적이고 상호작용하는 것이다. 다만 이해와 논리를 돕기 위해 상대적인 중요도를 고려하여 구분한 것이라는 점을 유념하여 자신의 대인관계 능력 개발에 참고하면 좋을 것이다.

특히 이 책은 학술적으로 정립된 내용들을 중심으로 구성하되 실용적 활용성을 고려하여 활동 중심의 워크북 형태로 집필하였다. 필자의 작은 노력이 미래 핵심리더의 대인관계 능력을 개발하는 데 도움이 되길 기대한다.

끝으로 이 책이 출간될 수 있도록 많은 도움을 주신 이프레스 최용구 대표님을 비롯한 관계자 분들께 깊은 감사를 드린다. 그리고 우리 가족 thank you!

2024년 1월

북한산 자락에서 이지나

차례

PART 01

미래 핵심리더의 대인관계 능력

"변화의 시기에는 배우려고 하는 이들이 세상을 차지하게 된다. 이미 배운 것에만 집착하는 사람은 더 이상 존재하지 않는 세상에 대해서만 알고 있는 것과 같다."

- 에릭 호퍼(Eric Hoffer)

CHAPTER

01

미래 핵심리더 육성

학습목표

1. 변화하는 시대와 미래 리더상을 이해할 수 있다.
2. 미래 핵심리더의 마인드셋을 설명할 수 있다.
3. 미래 핵심리더의 대인관계 능력을 설명할 수 있다.

학습내용

1. 변화하는 시대와 미래 리더상
2. 미래 핵심리더의 마인드셋
3. 미래 핵심리더의 대인관계 능력

1. 변화하는 시대와 미래 리더상

최근 산업 변화의 형태는 그 속도를 더해가고 있다. 초월의 세상이라고 부르는 하이퍼 월드(hyper world)가 다가오고 있다. 모든 사물이 연결되는 초연결 사회와 인공지능으로 무장된 초지능 사회, 모든 산업의 경계가 무너지는 초산업 사회가 공존하기에 이제는 4차 산업혁명 시대에 맞는 새로운 4.0 리더십을 갖추어야 할 때인 것이다.

이를 위해 조직의 리더는 인터스트리 4.0시대를 선도하는 테크놀로지를 이해하고 위기를 관리하는 미래의 생존자가 되기 위해서 스스로의 관점을 변화시켜야 한다. '농구 선수가 매번 슛을 할지 감독에게 물어보는 조직은 살아남을 수 없다'는 말은 이를 반증하는 매우 시의적절한 표현이다. 그만큼 지금의 리더십은 유연하고 변혁적인 리더십을 원하고 있다고 볼 수 있다.

컨설팅그룹 맥킨지는 4차 산업혁명 시대에 미래의 리더십이 가져야 하는 자질을 다섯 가지 키워드로 요약한다.

과거와 구분되는 가장 큰 특징은 '민첩성(agile)'이다. 지금까지 기업이 리더의 경험에 따라 방향을 결정하고 거기에 맞춰 성장해 왔다면 앞으로는 조직 전체가 외부의 변화에서 기회를 포착하는 기민성을 가져야 한다. 타이밍을 놓치지 않기 위해 유연한 의사결정 체계는 필수다.

기업의 성장방식은 '변혁성(game changing)'에 무게를 둬야 한다. 앞으로는 새로운 게임의 룰을 세우고 창조적 파괴에 나설 수 있는 과감함이 성장을 주도한다. 조직운영의 효율성을 극대화하는 방식으로 성장을 일구는 것은 과거 공식일 뿐이다.

리더는 '연결성(connected)', 즉 외부지향성을 갖춰야 한다. 일부 고위급의 '제한적' 네트워킹이 아닌, 조직 전체의 광범위한 네트워킹이 필요하다. 합종연횡의 시대, 필요할 경우 경쟁자를 포함한 외부 파트너와도 협력하고 다양한 이해관계자들과의 교류에도 활발히 나서야 한다.

조직체계의 변화도 필요하다. 맥킨지는 '증폭성(multiplying)'을 키워드로 제시했다. 지금까지 소수 리더의 권위를 바탕으로 조직을 지휘했다면 앞으로는 구성원 전체의 능력을 극대화하기 위한 지원·조율·협상에 초점을 맞추라는 조언이다.

마지막으로 '보편성(globally effective)'이다. 세대와 지역적 차이를 극복하는 영향력을 발휘해야 혁신적인 기업을 이끌어나갈 수 있는 토대가 구축된다.

추격형 성장기 리더상		미래 리더상
경험에 근거한 방향제시, 강력한 추진력	민첩성(agile)	변화의 기회 포착, 빠른 의사결정
효율성 극대화를 통한 성장	변혁성(game changing)	혁신적 접근으로 새로운 판을 짬
제한적 네트워킹	연결성(connected)	광범위한 네트워킹
권위를 바탕으로 지휘	증폭성(multiplying)	구성원 능력 극대화
나의 스타일 고수	보편성(globally effective)	세대와 지역 아우르는 영향력

출처: 맥킨지 리더십센터.

2. 미래 핵심리더의 마인드셋(mind set)

ESMT 베를린대 코로토프 교수는 새로운 경제주체인 미래 리더들의 핵심 도전으로 그동안 배운 지식과 기술을 고의로 잊어버려야 하는 '언런(unlearn)'을 강조한다.[1] '언런(unlearn)'이란 그동안 '자신이 익혀왔던 일이나 지식이 쓸모없을 수 있다'라고 여기라는 뜻이다. 이것은 경제학자 조셉 슘페터(Joseph Alois Schumpeter)가 주장한 '창조적 파괴(creative destruction)'에 가까운 말로 새로운 분야의 지식과 기술을 다시 익히는 '리런(relearn)'으로 연결되어야 한다고 강조한다. 즉, 이제는 새로운 지식을 받아들이기 위해 일종의 마인드셋(mind set)을 새롭게 정립해야 한다.

1) 서울신문(2017.02.08.), [리더십 4.0시대] 코로토프 교수 "리더는 변화에 대한 공포 이해하고 직원들에 준비할 기회 줘야", https://www.sedaily.com/NewsView/1OC0LS0YXR

마인드셋이란 마음의 틀, 사고의 틀, 또는 사고구조 즉, '마음의 틀'이라 번역할 수 있다. 이것은 개인의 행동, 관점, 그리고 정신적 태도를 결정하는 신념이나 사고방식에 가깝다. 캐롤 드웩(Carol Dweck) 교수의 연구에 의하면 똑같은 재능이라도 각자가 가진 마인드셋에 의해서 개개인의 성공이 달라질 수 있다고 말한다. 다시 말해 마인드셋은 성과이론에 하나로서 언급되는 동시에 행동양식을 결정하는 인간의 성장에 매우 큰 영향을 끼친다는 것이다.

마인드셋이 중요한 역할을 한다는 것을 발견한 또 하나의 세계적인 베스트셀러 『그릿(GRIT)』의 저자인 안젤라 더크워스(Angela Duckworth)는 매우 긴 연구 끝에 이 마인드셋을 '열정'과 '끈기'라는 용어로 정리했다. 그러면서 두 교수는 우리에게 성장 마인드셋과 고정 마인드셋이 있으며 이 둘은 학습방식에서 크게 차이를 보인다고 한다. 고정 마인드셋을 가진 사람은 "노력하며 애쓰면 우리가 똑똑하지 않기 때문"이라고 믿어버리고 어려움이나 좌절을 대했을 때 피해버린다는 것이다. 그래서 작심삼일이 되거나 쉽게 지쳐서 목표를 수정하기도 한다. 반면 성장 마인드셋을 가진 사람은 "노력을 하나의 행위로 보고 이것이 자신을 똑똑해지게 하는 과정"으로 이해한다는 것이다.

『상자 밖에 있는 사람』을 쓴 리더십 분야의 세계적인 그룹 '아빈저 연구소'에서는 이를 아웃워드 마인드셋(Outward Mindset)이라는 말로 표현한다. 성장 마인드셋을 가진 사람은 조직에서 나 자신을 보호하고 발전시키는 행동에서 머무르지 않고 공동의 목표달성을 발전시키는 행동으로 이어진다는 것이다. 따라서 아웃워드 마인드셋은 단순한 행동의 순응이 아닌 몰입으로 이어지고 몰입된 행동이 결과의 차이를 만들어내는 원리인 셈이다.

따라서 이제는 행동을 강조하고 노력을 평가하기 이전에 나의 마인드셋을 점검해야한다. 성장에 초점을 맞춘 마인드셋의 변화로 행동이 따라오도록 만들어야 한다는 뜻이다.

〈표 1-1〉 고정 마인드셋 VS 성장 마인드셋

두 가지 마인드셋	고정 마인드셋	성장 마인드셋
기본 전제	지능은 정해져 있다	지능은 성장할 수 있다
욕구	남들에게 똑똑해 보이고 싶다	더 많이 배우고 싶다
	따라서	
도전 앞에서	도전을 피한다	도전을 받아들인다
역경 앞에서	쉽게 포기한다	맞서 싸운다
노력에 비해	하찮게 여긴다	완성을 위한 도구로 여긴다
비판에 대해	옳더라도 무시한다	비판으로부터 배운다
남의 성공에 대해	위협을 느낀다	교훈과 영감을 얻는다

⬇

결과	현재 수준에 정체되고 잠재력을 발휘하지 못하다.	잠재력을 발휘해 최고의 성과를 낸다.

출처: 캐롤 드웩(2017), 마인드셋, 스몰빅라이트.

미래 핵심리더는 성장 마인드셋을 탑재하고 있어야 한다. 로고테라피의 창시자 빅터 프랭클은 그의 책 『죽음의 수용소에서』에서 "왜(why) 살아야 하는지를 아는 사람은 그 어떤(how) 상황도 견뎌낼 수 있다."고 말하고 있는 것처럼 자신의 목표에 대한 가치와 의미를 부여해 보는 것이 마인드셋의 시작이자 미래 핵심리더의 정신이다.

3. 미래 핵심리더의 대인관계 능력

1) 미래 핵심리더의 자질, 역량

리더는 능력이 있어야 한다고 말한다. 또한 어떤 자리에 사람을 임명할 때 자질을 검증해야 한다고 말한다. 핵심역량이라는 용어도 사용한다. 능력이란 무엇인가? 자질과 역량은 무슨 의미이며 어떻게 다른가? 개념을 정리해 보자.

리더에게 요구되는 능력(ability)은 포괄적이고 일반적인 재능을 의미한다. 능력은 자질(natural quality)과 역량(competency)으로 구분할 수 있다.

자질은 성품이나 지식 등 직무를 수행할 수 있는 잠재적이고 간접적인 소질을 뜻한다. 역량은 능력과 비슷한 용어이지만 특정한 일에서 결과를 구체적으로 얻어내는 재능을 나타낸다. 포괄적으로 보면 '능력', 잠재력은 '자질', 실행력은 '역량'으로 구분된다. 즉, 리더의 능력이란 리더로서의 자질과 역량을 의미하는 것이다.

- 자질: '타고난 성품이나 소질 또는 잠재적 능력'으로서 성격이나 지적인 특성 및 일반적인 기량 등을 나타내는데 문제해결의 행동적인 구체적 능력으로 연결될 가능성은 크지만 연결되지 않을 수도 있다.
- 역량: '어떤 일을 행동으로 해 낼 수 있는 특성이나 기량'으로서 현실적 상황에서 문제를 해결해 낼 수 있는 능력이다.

- 자질이 타고난 성품과 기질이라면 역량은 훈련 등을 통해 연마한 기량이다.
- 자질이 '생각하고 아는 것'이라면 역량은 '할 수 있는 것'이다.
- 자질이 잠재적 능력이라면 역량은 현실적으로 문제를 해결하는 능력이다.
- 자질은 단일요소이지만 역량은 여러 요소들의 복합적 작용으로 발휘된다.

자질과 역량을 비교하여 정리하면 〈표 1-2〉와 같다.

〈표 1-2〉 자질과 역량의 개념의 비교

자 질	역 량
타고난 성품이나 기질	교육훈련 등으로 연마한 행동적 기량
생각하고 아는 것	할 수 있는 것
문제해결의 일반적/잠재적/간접적 능력	문제해결의 구체적/행동적/직접적 능력
단일 요소 자체로 작용	여러 요소들의 복합적 작용으로 발휘

출처: 박유진 외(2018).

2) 미래 핵심리더의 대인관계 능력

(사례)

뉴스투데이는 컴투스(모바일게임회사) 인재영입팀과 인터뷰를 갖고 취업준비생들의 전략적 준비 방법 등에 대해 상세한 설명을 들었다. 다음은 양 팀장 등과의 일문일답.

Q. 채용을 진행할 때 중요하게 생각하는 가치관은?

A. 양 팀장: '협업'과 '소통'이 중요하다. 게임은 종합 예술이기 때문에 사원 한 명의 전문성도 중요하지만 얼마나 협업할 수 있는지도 중요하다. '프로그래밍 아트 기획' 같은 개발 직무를 예로 들자면, 업계 특성상 의견 충돌이 일어날 수 있는 부분이 분명히 있다. 어떻게 협업을 하고, 문제를 해결해 나가느냐에 따라서 게임이 얼마나 잘 만들어지는지가 결정될 수 있기 때문에 협업 능력을 중요하게 보고 있다.

협업을 하기 위해서는 소통이 중요하다. 면접을 할 때 대화의 논점을 파악하고, 정답이든 아니든 지원자의 생각을 표현하면서 문제점을 해결할 수 있는 능력이 있는지를 중점적으로 보고 있다.

대표적으로는 과거에 협업을 하면서 생긴 문제점과 해결 과정에 대한 질문을 자주한다. 문제 상황에서 지원자가 처한 문제점이 무엇이고, 그 문제에서 중요한 부분이 어떤 것인지 파악하는 능력을 본다.

추가적으로 누군가의 도움을 받아서 문제를 해결하는 과정을 면밀하게 살펴보면 컴투스에 입사해서 잘 적응할 수 있는지를 확인할 수 있다. 협업 능력은 실제 스튜디오에 근무하는 현직자들이 면접관으로 참여했을 때 중요하게 확인하는 부분이기도 하다.

Q. 회사에서 함께 일하고 싶은 동료는?

A. 양 팀장: 각 스튜디오의 조직 문화에 잘 맞는 지원자가 입사하면 좋다. 컴투스는 게임 스튜디오별로 운영이 되다 보니까 조직 문화가 천차만별이다. 개별적으로는 스튜디오에 맞는 조직 문화를 갖춘 인재를 선호하고, 공통적으로는 협업과 소통 능력을 가진 지원자와 일하고 싶다.

일반적으로 프로그래머들은 하나의 업무를 집중적으로 심도 깊게 하고자 한다. 마케팅 부서의 경우 활발하고 대화가 많은 편이고, 아트 분야 직무는 남에게 표현하는 것을 좋아하는 편이다.

Q. 자기소개서에 강조하면 좋은 내용은?

A. 양 팀장: 현업 종사자와의 소통에 대한 부분을 강조하면 좋다. 장점을 나열하거나 과장하는 것은 좋지 않다. 면접관은 자기소개서를 보고 핵심 역량과 경험을 찾아내서 질문을 하는 역할을 한다. 나열이나 과장된 부분이 많으면 이 과정에서 직감적으로 진위 여부를 판단할 수 있다.

지원자가 강조하고 싶은 경험 하나를 선정해서 구체적으로 적어주는 것을 추천한다. 협업과 소통을 주제로 정했다면 어떤 상황에서 소통을 했고, 어떤 방식으로 주어진 과제를 해결했는지 과정을 중점적으로 적으면 된다.

모든 직업인에게 공통으로 요구되는 대인관계 능력은 직장에서 업무를 수행하는 직업인에게 중요한 능력이다. 각 개인은 끊임없이 상사, 부하 혹은 직장동료와 업무를 수행하여야 하고, 다른 사람들에게 도움을 주거나 받아야만 한다. 따라서 직업인에게 조직 내 갈등을 원만하게 해결하고 합리적인 의사결정을 내릴 수 있는 대인관계 능력의 함양은 필수적이다. 따라서 미래 핵심리더의 대인관계 능력을 함양시키기 위해서는 다음과 같은 사항에 주안점을 두어야 한다.

① 셀프 리더의 대인관계 능력

스스로 대인관계의 필요성을 인식하고 자신의 현재 상태를 점검하고 미래의 업무성과 제고를 위한 계획을 수립할 수 있도록 해야 한다. 또한, 팀 구성원들의 업무향상에 도움을 주며 동기화시킬 수 있고, 팀의 목표 및 비전을 제시할 수 있는 능력을 갖춰야 한다.

본 서에서는 리더십 능력, 동기부여 능력, 임파워먼트, 변화관리 능력을 다룬다.

② 조직 리더의 대인관계 능력

어느 정도 이상의 규모를 가지고 있고 업무구조와 권한 등의 공식적인 체계를 가진 조직을 이끄는 리더에게 요구되는 대인관계 능력의 지향점은 구성원들을 통솔하고 조직의 성과를 높이는 것이다. 그러기 위해서는 팀의 구성원으로서 다른 구성원들과의 목표를 공유하고 원만한 관계를 유지하며, 자신의 역할을 이해하고 책임감 있게 업무를 수행하는 팀워크 능력을 향상 시켜야 한다. 또한, 조직 안에 흩어진 자원을 효과적으로 연결해 내는 컬래버레이션(collaboration, 협업)능력이 중요하다.

본 서에서는 조직 내의 구성원들의 팔로워십 역량, 팀워크 역량, 네트워킹 & 협업 능력을 다룬다.

③ 집단 리더의 대인관계 능력

교우, 과제팀, 동호회, 가정 등 비공식적이고 소규모의 집단에서 필요한 리더의 대인관계 능력은 서로의 화합에 기여하고 격려하며 관계를 주도하는 것이다. 마음의 문을 여는 개방성, 상호 입장의 존중과 배려, 친밀한 관계를 만들 수 있는 친화력, 왜곡이 없는 의사소통 능력, 관계를 주도하는 능력, 갈등해결의 중재능력 등이 상대적으로 더욱 중요한 요소들이다.

본 서에서는 커뮤니케이션 능력과 갈등관리 능력을 다룬다. 집단 내의 대인관계를 위해 상호 간 소통하고, 갈등을 원만히 조절하는 능력을 기를 수 있다.

세 수준의 대인관계 능력에서 요구되는 하위능력을 정리하면 〈표 1-3〉과 같다.

〈표 1-3〉 대인관계에서 요구되는 능력요소

<table>
<tr><th>수준</th><th>대상</th><th>목표</th><th colspan="2">본서의
미래 핵심리더의 대인관계 능력</th></tr>
<tr><td rowspan="4">자신</td><td rowspan="4">자신/
조직/집단</td><td rowspan="4">목표지향적,
변화관리</td><td>리더십 능력</td><td>3장, 4장</td></tr>
<tr><td>동기부여 능력</td><td>5장</td></tr>
<tr><td>임파워먼트</td><td>5장</td></tr>
<tr><td>변화관리 능력</td><td>5장</td></tr>
<tr><td rowspan="3">조직</td><td rowspan="3">규모/
체계적인 공식 조직</td><td rowspan="3">조직통솔
성과창출</td><td>팀워크 능력</td><td>6장</td></tr>
<tr><td>팔로워십 능력</td><td>7장</td></tr>
<tr><td>네트워킹 & 협업 능력</td><td>8장</td></tr>
<tr><td rowspan="2">집단</td><td rowspan="2">비공식/소집단의
인간관계</td><td rowspan="2">인관관계의
화합/주도</td><td>의사소통 능력</td><td>9장, 10장</td></tr>
<tr><td>갈등관리 능력</td><td>11장</td></tr>
</table>

수준 및 대상에 따른 대인관계 능력에서 요구하는 하위능력 요소는 명백하게

구분되는 것이라기보다는 서로 교환적이고 상호작용하는 것이다. 다만 이해와 논리를 돕기 위해 상대적인 중요도를 고려하여 구분한 것이라는 점을 유념하여 자신의 대인관계 능력 개발에 참고하면 좋을 것이다.

Workbook Activity 01 | 나의 강점을 표현할 수 있는 경험

나의 강점 키워드	나의 강점(역량)을 표현할 수 있는 경험		
	상황	나의 행동	결과
예) 친절한 마음	예) 시험이 끝나고 집에 가는 중 할머니가 무거운 짐을 들고 신호등이 끝나가는데 길을 건너고 있다.	예) 피곤하여 모른 척하고 싶었지만 할머님이 위험해질 것 같아 짐을 들어 길을 건너드렸다.	예) 할머니께 고맙다는 인사를 받았고 길을 돌아가기는 하지만 뿌듯한 하루인 것 같았다.

출처: 김희동·이성희(2022), 대인관계 능력, 동문사, p. 24.

Workbook Activity 02 | 나의 장단점 찾기

자신의 장점과 단점을 찾아보면서 대인관계에 어떤 영향을 미치는지 적어보시오.

나의 장점	나의 단점

1. 자신의 단점을 장점으로 변화시킨 사례를 작성하시오.

2. 장점과 단점들이 자신의 생활이나 대인관계에 어떠한 영향을 미치는가?

3. 효과적인 대인관계를 위해 자신의 단점을 앞으로 어떻게 보완할 수 있는가?

출처: 김희동·이성희(2022), 대인관계 능력, 동문사, p. 23.

Workbook Activity 03 | 대인관계 관찰 기록하기

자신의 주변에서 대인관계를 원만하게 하는 사람과 원만하지 못한 사람의 행동을 관찰하고 기록해 보시오.

대인관계를 원만하게 하는 사람

대인관계를 원만하지 못한 사람

▸▸▸ 학습성찰

이번 주 학습한 내용 중 본인의 생활에 적용 가능한 내용과 적용계획을 작성해보시오.

평가내용	자가진단				
	1	2	3	4	5
변화하는 시대와 미래 리더상을 이해할 수 있다.					
미래 핵심리더의 마인드셋을 설명할 수 있다.					
미래 핵심리더의 대인관계 능력을 설명할 수 있다.					

내용	내용
학습내용에 대해 새롭게 발견한 점	
학습내용에 대해 느낀 점	
학습내용 중 본인의 생활에 적용 가능한 점	
적용계획 (구체적으로 작성)	
기대효과	

"행복의 90%는 인간관계에 달려 있다."

- 키르케고르(Søren Aabye Kierkegaard)

CHAPTER

02

대인관계 능력

학습목표

1. 대인관계의 의미와 중요성을 설명할 수 있다.
2. 다양한 대인관계 유형을 이해한다.
3. 대인관계를 향상시키기 위한 방법을 활용할 수 있다.

학습내용

1. 대인관계 능력의 의미와 중요성
2. 대인관계 향상방법

1. 대인관계 능력의 의미

1) 대인관계 능력의 개념과 중요성

당연한 이야기지만 사람은 혼자서는 살 수 없는 존재다. 인간의 신체적 능력은 어느 하나 동물보다 뛰어난 것이 없고, 인간이 자랑하는 뛰어난 지능조차도 혼자서는 무용(無用)하다. 인간이 홀몸으로 자연 상태에서 내던져진다면 혹독한 자연환경 앞에서 살아남기는 쉽지 않을 것이다. 흔히 인류가 생존에 성공하고 위대한 문명을 일구어낼 수 있었던 원동력이 의사소통 능력, 협업 능력, 결집력 등에 있다고 말한다. 그래서 아리스토텔레스가 '인간은 사회적 동물이다.'라고 말한 것처럼 지금 이 순간에도 우리는 많은 사람들과 도움을 주고받으며 살아가고 있다.

사람이 혼자서 살 수 없다는 것은 단지 생존과 문명 발전의 측면에서만 이야기할 수 있는 것은 아니다. 흔히 '정(情)을 나눈다'는 말을 하듯 정서적인 측면에서도 마찬가지로 인간관계는 중요하다. 가족이나 말을 터놓을 친구가 없는 것은 매우 불행한 일이다. 사람들과의 관계 속에서 서로 배려하고 사랑하는 정(情)이 있기 때문에 마음은 따뜻해지고 정서적 안정과 행복감은 얻는다. 인간관계는 바로 행복의 원천이다.

사실 인간관계에서 물질적 · 경제적 도움만 받을 수 있는 것은 아니다. 오히려 진정한 도움은 그 관계를 통해 얻을 수 있는 나의 인격적 성장이다. 공자가 "세 명이 있으면 반드시 나의 스승이 있다. 선한 사람으로부터는 그를 본받으면 될 것이고, 불선한 자를 보고는 나의 잘못을 돌이켜봐서 고치면 된다."고 한 것은 이런 뜻이다. 인간은 관계 속에서 자기 자신을 성장시키는 존재, 그래서 사회적 동물이다(이치억, 2017).

"아니, 난 친구들을 찾고 있어. '길들인다'는 게 뭐지?"

"그건 사람들이 너무나 잊고 있는 건데··· 그건 '관계를 맺는다'는 뜻이야." 여우가 말했다.

"관계를 맺는다고?"

"물론이지." 여우가 말했다. "넌 나에게 아직은 수없이 많은 다른 어린아이들과 조금도 다를 바 없는 아이에 지나지 않아. 너 역시 날 필요로 하지 않고. 나도 너에게는 수없이 많은 다른 여우들과 조금도 다를 바 없는 한 마리 여우에 지나지 않지. 하지만 네가 나를 길들인다면 우리는 서로를 필요로 하게 되는 거야. 너는 내게 이 세상에서 하나밖에 없는 존재가 되는 거야. 난 네게 이 세상에서 하나밖에 없는 존재가 될 거고."

– 생텍쥐페리의 「어린왕자」 본문 중 일부 발췌

대인관계는 사회 조직 내에서 두 사람 이상이 상호 접촉하는 관계를 말하며, 사회적 상호작용에서 밑바탕을 이루고 있을 뿐 아니라 그 사회적 상호작용의 질을 좌우하는 것이다. 이처럼 대인관계 능력은 업무를 수행하면서 접촉하게 되는 사람들과 문제를 일으키지 않고 원만하게 지내는 능력으로 이를 통해 문제 상황에 효과적으로 대처하고 갈등을 해결해 나갈 수 있어야 한다. 직업인이 조직 내에서 조직구성원으로서 원만한 관계를 유지하여 자신의 역할을 충실히 수행하기 위해서는 대인관계 능력의 함양이 필수적이다.

대인관계 능력이란 직업생활에서 협조적인 관계를 유지하고, 조직구성원들에게 도움을 줄 수 있으며, 조직 내부 및 외부의 갈등을 원만히 해결하고, 상대방의 요구를 파악·충족시켜줄 수 있는 능력이다.

사회적 성공은 이타성에서 나온다!?

일반적으로 사람들은 경쟁이 치열한 현대사회에서는 이타적인 사람보다는 이기적인 사람이 성공할 것이라 생각한다. 왜냐하면 제한된 자원에서 더 많은 자원을 차지하기 위한 경쟁사회에서 개인의 성취를 위한 행동이 아닌 '타인을 위해 베풀고, 양보하고, 헌신하는 행동'은 경쟁에서 도태되고 손해를 본다고 생각하기 때문이다. 하지만 연구결과, 이타적인 사람들이 성공의 사다리에서 최상위층을 차지하며, 이기적인 사람들보다 사회적으로 더 성공한다는 것이 밝혀졌다. 어떻게 경쟁사회에서 이타적인 사람이 사회적으로 성공할 수 있는 것일까? 다소 과소평가 당하는 면이 있는 이타적인 사람이 성공을 하는 이유는 인생은 단거리 경주가 아닌 마라톤이기 때문이다. 누군가에게 더 많이 베푸는 행동은 지금 당장 나에게 이득이 되지 않지만 멀리 보면 사회적으로 좋은 평판을 가지고 온다. 특히 SNS 및 통신 기술의 발달로 어느 시대보다 빠르게 정보가 공유되고 확산되는 오늘날 이러한 사회적 평판은 성공에도 매우 중요한 역할을 한다.

실리콘 밸리의 기업인 애덤 포레스트 리프킨은 2011년 〈Fortune〉이 선정한 '전 세계 유력인사 640인과 가장 많이 연관된 인물'로 밝혀졌다. 그가 이렇듯 사회적으로 최고의 인맥을 쌓을 수 있었던 비결은 무엇일까? "내 인맥은 천천히 구축되었습니다. '나와 관계가 있는 사람들이 보다 나은 인생을 살아가도록 돕고 싶다'는 마음으로 일상생활의 소소한 부분에서 친절한 태도와 행동을 지속하다 보니 시간이 흐르면서 인맥이 구축된 겁니다."라는 대답은 그가 누구보다 타인의 행복을 바랬던 이타적인 사람이라는 것을 보여준다.

또한 우리 현대 사회는 이전보다 더 협업하고 공동의 목표를 위해 팀 단위로 업무를 진행하고 처리하는 시스템으로 변화해 가고 있다. 팀은 특성상 정보를 공유하고, 남들이 꺼리는 일을 자원해야 하며, 희생적으로 돕는 이타적인 사람이 있어야 제 기능을 할 수 있다. 또한 팀 내에 이러한 이타적인 사람이 존재하면 팀의 전반적인 업무 분위기도 변한다. 이런 업무 환경에서 이기적인 사람보다는 이타적인 사람이 조직 내에서 인정받고 성공할 수밖에 없는 것이다. 이밖에도 인생의 성공은 남들보다 뛰어난 머리가 아닌 대인관계 능력이 좌우한다는 것을 보여준 많은 연구들이 있다. '보스턴 40년 연구'를 살펴보면, 헬즈만이라는 보스턴 대학 교수는 사회경제적 지위에 영향을 끼치는 요인을 알아보기 위해 7살짜리 아이 450명을 선정한 후 40년 뒤 그들의 사회경제적 지위를 조사했다. 그 결과, 40년 후 이들의 출세 및 성공을 가장 잘 설명해 준 변수는 좌절을 극복하는 태도, 감정통제능력, 타인과 어울리는 능력 등으로 나타났다.

미국 카네기멜론 대학에서의 조사 연구에서도 유사한 결과가 나타났다. 대인관계가 인생의 성공에 어느 정도 영향을 미치는지에 대한 조사 결과, 지적 능력이나 재능이 성공에 미치는 영향은 15%에 불과했고 대인관계가 성공에 미치는 영향은 85%로 절대적인 것으로 나타났다. 특히 청소년기는 예비사회인으로서 직업인으로서의 삶을 준비하는 과정이기 때문에 바람직한 대인관계에 대하여 깊이 있게 생각하고 삶에 대한 가치관을 재정립할 필요가 있다. 그렇지 않으면 개인에 대한 사회적 기대와 역할, 사회생활과 직업생활의 적응에 따른 문제가 생겨날 수 있다.

출처: 애덤 그랜트(2013). 기브앤테이크. 윤태준 역. 생각연구소, 문용린 교수 서울대학교 특강 수정.

1. 위의 사례를 읽고, 조직생활(직장생활)에서 대인관계 능력이 무엇인지 나름대로의 생각을 기술해 보시오.

2. 대인관계를 향상시키는 방법

1) 균형 있는 대인관계 형성

많은 사람들이 대인관계에서 힘들어 하는 이유는 대인관계의 밸런스가 깨졌기 때문이다. 야구에서 투수나 타자들이 투구와 타격 폼의 균형이 깨지면 좋은 투구나 타격이 나오지 않는다. 삶 또한 마찬가지다. 살아간다는 것은 균형을 찾아가는 과정이다.

균형에 대한 사전적 정의는 '어느 한쪽으로 기울거나 치우치지 않고 고른 상태'다. 동양의 중용(中庸)의 뜻과도 일치한다. 바람직한 균형이란 어느 한쪽으로 치우치거나 부족함이 없는 상태인 역동적 개념의 균형이다. 균형은 사람이나 사물이 지향하는 궁극이라 할 수 있다. 인생의 희로애락(喜怒哀樂) 또한 개별적으로 보면 각각 다른 느낌이지만 인생 전반을 놓고 살펴보면 삶의 균형을 찾아가는 과정이라 할 수 있다.

대인관계는 개인과 타인, 상황 속에서 발생한다. 이 세 가지 조합의 작동 원리가 바로 대인관계의 기본원리 3가지이다(〈표 2-1〉 참고). 대인관계에서는 자기중심 원리가 먼저 작동하지만 그것은 타인과 상황에 따라 다르게 적용되고 결국 균형을 찾아간다. 인간관계에서 일방적인 손해나 이익은 없다. 시간의 관점에서 보면 사람 간의 관계는 이익도 손해도 아닌 균형을 찾아가는 과정이다. 마이크로소프트의 빌 게이츠 역시 천문학적인 돈을 모았지만 지금은 그 돈을 자선사업을 위해 기부했다. 균형 있는 대인관계는 상생(相生)의 관계를 지향한다. 이러한 균형의 개념을 토대로 '균형 있는 대인관계'를 정의하면 '개인의 욕구나 행위가 타인의 기대나 목표 간에 균형을 이뤄 대인관계에서 성과를 창출하는 것'이라 할 수 있다. 개인의 욕구나 행위가 타인의 기대나 목표와 만나는 점에서 균형은 이뤄진다. 그 균형점은 높거나 낮을 수 있다.

또한 개인에 치우치거나 타인이나 집단에게 치우친 균형점일 수도 있다. 그것이 바로 역동적 균형의 개념이다. 균형의 역동을 좌우하는 것은 바로 상황의 힘이다. 그 상황이 어떻게 작용하느냐에 따라 개인에게 타인에게 다르게 영향을 미치기 때문이다.

〈표 2-1〉 대인관계의 기본원리 3가지

1. 자기중심의 원리	사람은 타인이나 사물을 인식할 때 자기중심적으로 인식한다.
2. 상대성의 원리	사람은 상황에 따라 타인 혹은 집단에게 다르게 행동한다.
3. 균형의 원리	개인과 타인 혹은 집단의 관계에서 상호 간의 균형(조화)을 추구한다.

대인관계에 영향을 미치는 핵심요인으로는 상호 간의 방향 정렬, 전문능력, 감정관리, 커뮤니케이션을 들 수 있다. [그림 2-1] 균형 있는 대인관계 모델에서 세로축인 방향정렬과 감정관리는 개인의 마인드(Mind) 차원의 대표적 요인이다. 가로 축인 전문능력과 커뮤니케이션은 개인의 행위(Behavior)의 대표적 요인이라고 할 수 있다.

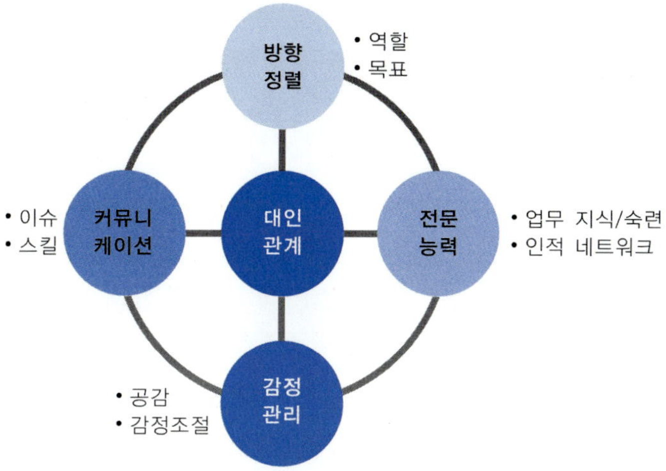

[그림 2-1] 균형 있는 대인관계 모델

- 방향 정렬은 개인의 역할과 목표가 얼마나 명확하며 연계가 돼 있는가를 말한다.

- 전문능력은 개인이 가지고 있는 업무적 지식이나 숙련도, 혹은 인적 네트워크를 의미한다.
- 감정관리는 개인이 느끼는 공감 능력이나 상황에 따른 감정 조절 능력을 말한다.
- 커뮤니케이션은 상황에서의 이슈와 커뮤니케이션의 경청, 질문, 피드백 스킬이다.

종합하면 대인관계는 개인의 마인드와 행위가 작용하는 힘에 따라 달라진다. 특히 개인의 대인관계에서 문제를 파악할 때 이 모델은 유용한 원인분석의 틀을 제공한다. 균형 있는 대인관계는 4가지 요인 간의 균형을 어떻게 이루느냐에 따라 다른 대응책을 필요로 한다.

상황 사례

1) 문제 발생 보고서

오 대리의 등에서 식은땀이 흘렀다. 저녁도 거르면서 프로그램의 문제를 찾고 있지만 도무지 찾을 수가 없었다. '또 밤을 새야 하나. 벌써 3일째인데….' 얕은 한숨이 나왔다. '처음 맡은 팀 프로젝트인데 기간은 이제 한 달 남짓 남았는데….' 오 대리는 샌드위치를 먹으면서 다시 컴퓨터 자판을 열심히 두드렸다.

옆에 있는 직원들도 미안한 듯 모니터만 바라볼 뿐이다. 그동안 각자 3개월 동안 작업한 프로그램을 합체하는 과정에서 원인 모를 충돌이 계속 발생하고 있다. 개발 초기 코드화를 진행할 때 표본 테스트만 하고 모듈별 개발로 진행한 것이 화근이었다. 초기 세팅에서 시간 부족으로 전체 테스트를 하지 못한 것이 합체 과정에서 문제를 발생시켰다.

시계는 밤 12시를 가리키고 있었다. 옆에 있는 두 사람은 어느새 꾸벅꾸벅 졸고 있다. 자리에 붙어 있는다고 해결될 문제가 아니었다. 일단 두 사람을 귀가시키기로 했다. 오 대리는 이 프로그램의 문제가 자신의 능력을 벗어난 문제임을 직감했다. 2년 전 개인 프로젝트를 진행할 때도 이와 비슷한 문제가 발생한 적이 있었다. 3일 밤낮을 매달렸지만 해결되지 않아 결국 선배 프로그래머에게 프로젝트가 넘어갔다. 그때도 다시 만들다시피 해서 문제를 해결했다. 프로그램 개발의 세계에서 아직도 원인을 찾지 못하는 문제는 부지기수다. 단기 프로젝트의 경우 개발시간 연장으로 처리를 할 수 있다. 그러나 장기 프로젝트는 다시 시작하기가 쉽지 않다. 결국은 위약금을 물거나 인력을 대거 투입해서 문제를 해결하곤 했다.

결국 오 대리는 문제발생 보고서를 작성하기 시작했다. 문제의 개요, 원인 분석 결과와 지금까지 수행한 결과 및 요청사항으로 1장 분량의 보고서를 작성했다. 전자보고서를 팀장 앞으로 보내니 시계는 오전 2시 30분을 넘어섰다. 우선 옷을 갈아입으러 집으로 가야 했다. 이틀분의 비상용 옷이 다 떨어졌기 때문이다. 그만큼 상황은 긴박하게 돌아갔다.

2) 실력이 없으면 밤을 새서라도 해야지!

다음 날 오 대리는 서둘러 사무실로 출근했다. 그런데 아침부터 팀장 자리에서 소리가 요란했다. 이 과장이 맡은 신규 게임개발 프로젝트 진척에 문제가 있는 모양이다. 그 역시 3개월째 밤낮으로 작업하고 있지만 진척이 더뎠다. 프로젝트 매니저가 가장 답답할 때가 진도가 나가지 않을 때다. 문제가 터지면 해결하기 위해 뛰면 되지만 개발 진도가 나가지 않으면 뾰족한 수가 없다. 개발자들을 닦달한다고 문제가 해결되는 것도 아니다. 맘 좋은 김 과장은 늦은 진척도의 책임을 고스란히 떠안고 있었다.

오 대리는 김 과장이 깨지는 모습이 남의 모습처럼 보이지 않았다. 오히려 손에서 식은땀이 배어나기 시작했다. 드디어 김 팀장이 오 대리를 불렀다.

"오 대리, 당신 대리 몇 년 차야?"

"대리 3년 차입니다."

"대리 3년 차면 내년이면 과장 달 사람이 아직도 문제를 해결하지 못하면 어떻게 해! 이제 와서 문제 발생 보고서를 올리면 나보고 어떡하라는 거야? 프로젝트 만료가 한 달 남았는데 지금 문제발생 보고서를 올리면 누가 해결할 수 있어? 미리 못하겠으면 못한다고 말을 하던가?"

"죄송합니다. 자체적으로 문제를 해결하려고 해보았습니다만 기존 방법으로는 해결이 되지 않았습니다."

"그건 그렇고. 대체 이 문제를 어떻게 해결할 거야?"

"자체적으로 문제 해결을 위해 노력하겠습니다만 만약을 대비해서 추가 인력이나 개발기간의 연장을 검토해…."

"또 그 소리야. 이제 일 좀 한다 싶어 프로젝트 리더를 맡겨놓으니 첫 프로젝트부터 삑사리야. 개발기간 연장이 누구 강아지 이름이야. 인력 추가 투입은 누굴 보내. 내가 들어갈까. 사람 없는 것 뻔히 알면서 그 소리하고 있네. 문제가 터졌으면 '어떻게든지 해결해 보겠습니다'라고 해야지 문제가 터졌으니 사람 요청하고 납기 연장하면 고객은 '예 알겠습니다, 그렇게 하셔요'라고 하냐. 이런 사람하고는. 프로젝트 멤버들하고 밤을 새서라도 문제 해결해. 내가 1주일 주지."

오 대리는 자리에서 일어나 개발실로 무거운 발걸음을 옮겼다.

출처: 김성완(2011). 일을 잘 못하니 대인관계도 자신 없고…, DBR 10월 Issue 1 중 일부 발췌. https://dbr.donga.com/article/view/1306/article_no/4518/ac/magazine

1. 오 대리의 대인관계 수준을 파악해 보시오.

'[그림 2-1] 균형 있는 대인관계 모델'을 기준으로 오 대리의 대인관계 수준을 파악해 보고, 아래 [그림 2-2]에 오 대리의 현재 상태를 붉은 색으로 그려보시오.

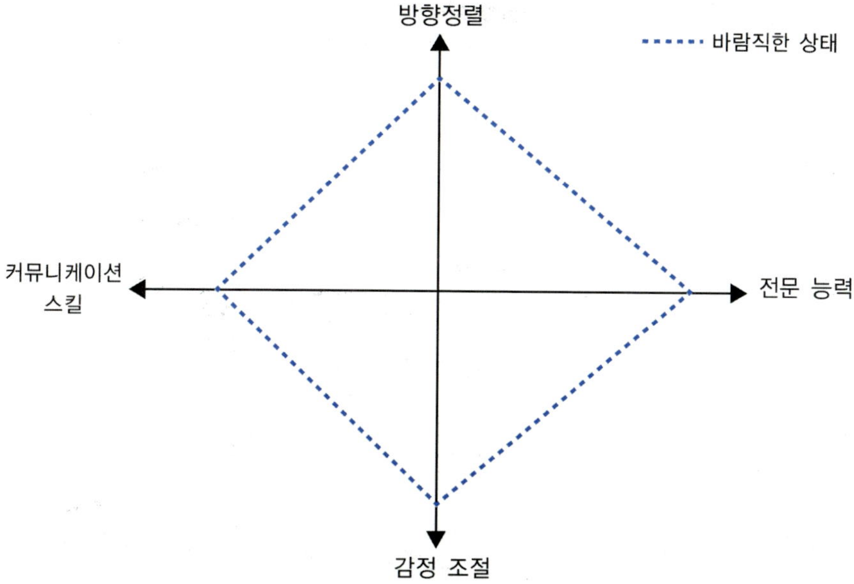

[그림 2-2] 오 대리의 대인관계 모형

2. 오 대리의 대인관계의 문제점은 무엇인지, 어떻게 해결해야 할지 작성해 보시오.

2) 다양한 대인관계 유형

사람마다 관계에 대한 욕구가 다르기 때문에 관계를 맺는 유형 또한 다르다. 대상에 따라 관계를 맺는 유형이 변화할 수 있지만, 일반적으로 사람은 일관성 있는 독특한 대인관계 유형을 지닌다. 따라서 다양한 대인관계 유형에 대해 이해하고, 본인의 대인관계 유형에 대해 파악한다면 관계를 형성하고 유지할 때 도움이 된다. 다양한 대인관계 유형은 지배성(dominance) 차원과 친화성(affiliation) 차원으로 분류된다. 지배성(dominance) 차원은 다른 사람의 행동을 자신의 뜻대로 통제하려 하는 정도를 의미하며, 지배-복종 연속선상에서 대인행동을 평가한다. 친화성(affiliation) 차원은 다른 사람을 호의적으로 대하는 정도를 뜻하며 사랑-미움의 연속선상에서 대인행동을 평가한다. 2가지 차원에 따라 총 8개의 대인관계 유형으로 구분된다. 이제부터 대인관계 유형의 특징과 보완점에 대해서 살펴보도록 하자(한국산업인력공단, 2021).

(1) 지배형

대인관계에서 주도적이고 자신감이 넘치며 자기주장이 강해 타인을 통제하고자 하는 경향이 있다. 지도력과 추진력이 있어서 집단적인 일을 잘 지휘할 수 있다. 그러나 이러한 경향이 과도하게 강한 사람은 강압적이고 독단적인 행동을 보이고, 논쟁적이어서 타인과 잦은 갈등을 겪을 수 있다. 또한 윗사람의 지시에 순종하지 않고 거만하다는 평가를 받을 수 있다. 이런 사람은 타인의 의견을 잘 경청하고 수용하는 자세가 필요하며 타인에 대한 자신의 지배적 욕구를 깊이 살펴보는 것이 바람직하다.

(2) 실리형

대인관계에서 실리적인 이익을 추구하는 성향으로 이해관계에 예민하고 치밀하며 성취 지향적이다. 이런 경향이 강한 사람은 자신의 이익을 우선으로 생각하기 때문에 자기중심적이고 경쟁적이며 타인에 대한 관심과 배려가 부족할 수 있다. 타인을 신뢰하지 못하고 불공평한 대우에 예민하며 자신에게 피해를 입힌 사람에게는 보복하는 경향이 있다. 이런 사람은 대인관계에서 타인의 이익과 입장을 배려하는 노력이 필요하며 타인과 신뢰를 형성하는 일에 깊은 관심을 갖는 것이 바람직하다.

(3) 냉담형

대인관계에서 이성적이고 냉철하며 의지력이 강하고, 타인과 거리를 두는 경향이 있다. 이런 경향이 강한 사람은 타인의 감정에 무관심할 뿐만 아니라 타인에게 쉽게 상처를 줄 수 있다. 타인에게 따뜻하고 긍정적인 감정을 표현하는 것을 어려워하고, 대인관계가 피상적이며 타인과 오랜 기간 깊게 사귀지 못하는 경향이 있다. 이런 사람은 대인관계에서 타인의 감정 상태에 깊은 관심을 지니고 타인에게 긍정적인 감정을 부드럽게 표현하는 기술을 습득하는 것이 바람직하다.

(4) 고립형

혼자 있거나 혼자 일하는 것을 좋아하며 감정을 잘 드러내지 않는다. 이런 경향이 강한 사람은 타인과의 만남을 두려워하고 사회적 상황을 회피한다. 또한 자신의 감정을 지나치게 억제한다. 침울한 기분이 지속되고 우유부단하며 사회적으로 고립될 수 있다. 이런 사람은 대인관계의 중요성을 인식하고 대인관계 형성에 좀 더 적극적인 노력을 할 필요가 있다. 타인에 대한 불편함과 두려움에 대해 깊이 생각해 보는 것이 바람직하다.

(5) 복종형

대인관계에서 수동적이고 의존적이며 타인의 의견을 잘 따르고 주어지는 일을 순종적으로 잘 한다. 그러나 자신감이 부족하며 타인에게 주목받는 일을 피한다. 자신이 원하는 것을 타인에게 명확히 전달하지 못한다. 또한 어떤 일에 대한 자신의 의견과 태도를 확고하게 갖는 것을 어려워하며 상급자의 위치에서 일하는 것을 매우 부담스러워한다. 이런 사람은 자기표현이나 자기주장을 할 필요가 있으며 대인관계에서 독립성을 키우는 것이 바람직하다.

(6) 순박형

대인관계에서 단순하고 솔직하며 겸손하고 너그러운 경향이 있다. 하지만 이런 경향이 강할수록 타인에게 쉽게 설득되어 주관이 없어 보일 수 있으며, 잘 속거나 이용당할 수 있다. 원하지 않을 때에도 타인의 의견에 반대하지 못하고, 화가 난 감정을 타인에게 알리기가 어렵다. 이런 사람은 대인관계에서 타인의 의도를 좀 더 깊게 생각하고 신중하게 행동할 필요성이 있으며, 자신의 의견을 좀 더 강하게 표현하고 주장하는 것이 바람직하다.

(7) 친화형

대인관계에서 따뜻하고 인정이 많으며 타인을 잘 배려하고 도와주는 자기희생적인 태도를 보인다. 때로는 타인을 즐겁게 해주려고 지나치게 노력하는 경향이 있다. 타인의 고통과 불행을 보면 도와주려고 나서며, 타인의 요구를 잘 거절하지 못하고 타인의 필요를 자신의 것보다 앞세우는 경향이 있어 손해를 볼 수 있다. 이런 사람은 타인과의 정서적 거리를 유지하는 것이 필요하며 타인의 이익만큼이나 자신의 이익도 중요하다는 것을 인식하는 게 중요하다.

(8) 사교형

대인관계에서 외향적이고 쾌활하며 타인과 대화하기를 좋아하고 인정받고자 하는 욕구가 강하다. 혼자서 시간을 보내는 것을 어려워하고, 타인의 활동에 관심이 많아서 간섭하는 경향이 있다. 충동적이며 잘 흥분하는 성향이 있으며 타인의 관심을 끄는 행동을 하거나 자신의 개인적인 일을 타인에게 너무 많이 이야기하는 경향이 있다. 이런 사람은 타인에 대한 관심보다 혼자만의 내면적인 생활에 좀 더 관심을 갖고, 타인에게 인정받으려는 욕구를 깊이 생각해 보는 것이 바람직하다.

Workbook Activity 03 | 대인관계 유형

자신의 대인관계 양식을 평가해 보자.

아래 제시된 문항에서 자신의 성격이나 대인관계를 잘 기술하는 정도에 따라 적절한 숫자에 O표를 하시오.

전혀 그렇지 않다	약간 그렇다	상당히 그렇다	매우 그렇다
1	2	3	4

	문항	1	2	3	4		문항	1	2	3	4
1	자신감이 있다					21	온순하다				
2	꾀가 많다					22	단순하다				
3	강인하다					23	관대하다				
4	쾌활하지 않다					24	열성적이다				
5	마음이 약하다					25	지배적이다				
6	다툼을 피한다					26	치밀하다				
7	인정이 많다					27	무뚝뚝하다				
8	명랑하다					28	고립되어 있다				
9	추진력이 있다					29	조심성이 많다				
10	자기자랑을 잘한다					30	겸손하다				
11	냉철하다					31	부드럽다				
12	붙임성이 없다					32	사교적이다				
13	수줍음이 있다					33	자기주장이 강하다				
14	고분고분하다					34	계산적이다				
15	다정다감하다					35	따뜻함이 부족하다				
16	붙임성이 있다					36	재치가 부족하다				
17	고집이 세다					37	추진력이 부족하다				
18	자손심이 강하다					38	솔직하다				
19	독하다					39	친절하다				
20	비사교적이다					40	활달하다				

대인관계 유형	지배형	실리형	냉담형	고립형	복종형	순박형	친화형	사교형
문항 번호	1, 9, 17, 25, 33	2, 10, 18, 26, 34	3, 11, 19, 2, 27, 35	4, 12, 20, 28, 36	5, 13, 21, 29, 37	6, 14, 22, 30, 38	7, 15, 23, 31, 39	8, 16, 24, 32, 40
합계								

〈대인관계 양식 점수 예시〉

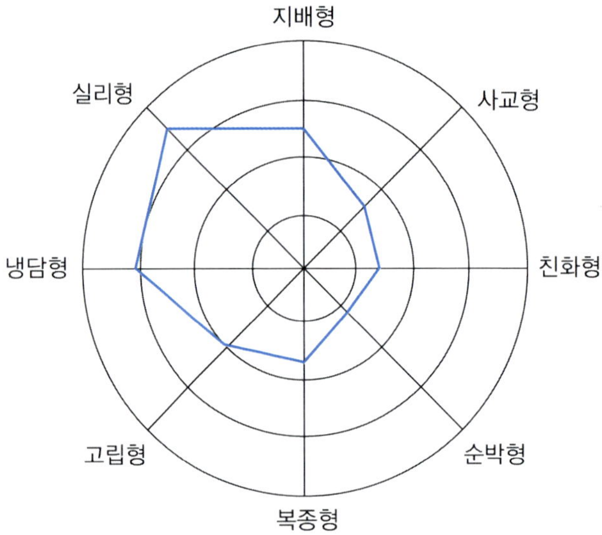

3) 대인관계를 향상시키는 방법

직업인들은 직업생활에서 대인관계 능력이 매우 중요하다는 것을 인식하고 있으면서도 정작 대인관계 능력을 향상시키기 위해서는 어떻게 하여야 하는지 모르는 경우가 많다. 그렇다면 대인관계 능력을 향상시키기 위한 방법은 무엇일까?

우리 모두는 은행계좌가 무엇인지 잘 알고 있다. 우리는 은행에 계좌를 만들고 이를 통해 입금을 하며 필요할 때 인출할 수 있도록 잔고를 남긴다. '감정은행계좌'란 인간관계에서 구축하는 신뢰의 정도를 은유적으로 표현한 것이다.

사람들은 같은 행동이더라도, 누가 했느냐에 따라 그 행동에 대한 원인을 다르게 판단하는 귀인편향을 가지고 있다. 예를 들어, 내가 회사에 지각을 한 이유에 대해서는 그날따라 차가 막혀서 늦었다고 생각한다. 즉, 늦은 이유에 대해서 외부(상황) 귀인을 한다. 그에 비해 다른 사람이 지각을 하면 평소 시간 약속을 잘 지키지 않는 사람, 성실하지 않은 사람으로 생각한다. 즉, 늦은 이유에 대해 내부 귀인을 하는 것이다. 중요한 것은 이러한 귀인편향은 우리 모두가 가지고 있으며 평소 잘 알고 지내는 사람에게는 내부 귀인이 아닌 외부 귀인을 한다는 것이다. 이때 위에서 설명한 것과 마찬가지로 평소 감정은행계좌를 통해 서로 신뢰를 구축한다면 회사 생활을 할 때 불필요한 오해와 편견을 예방할 수 있다. 평소 감정은행계좌의 저축이 두둑한 사람은 회사 생활 중 실수가 있더라도, 주변인들은 원래 저런 사람이라고 평가하지 않고 분명 어떤 이유가 있을 거라 생각하고 그 실수에 대해 이해하고 용서할 가능성이 높다. 그렇다면, 감정계좌에 신뢰를 저축하기 위한 방법에는 무엇이 있을까? 아래에서 감정계좌 저축을 위한 다섯 가지 주요 방법을 살펴보자(한국산업인력공단, 2021).

(1) 상대방에 대한 이해와 배려

대인관계란 바로 이해와 양보의 미덕을 기반으로 이루어지며, 이러한 심성이 주변사람들을 편안하게 해주고 조직을 부드럽게 하는 윤활유 같은 역할을 한다.

상대방의 입장에서 양보하고 배려하는 노력은 타인의 마음속에 저축하는 가장 중요한 방법이 된다. 이 저축은 시간이 갈수록 이자가 늘어 세월이 지나면 큰 가치로 되돌아온다. 감정은행계좌에 저축을 하기 위해서는 나보다 상대방의 입장을 먼저 이해하고 배려하는 노력이 있어야 한다. 다른 사람들에 대한 이해와 양보는 그들과의 유대관계를 강화하고 당신에 대한 인격과 신뢰를 쌓게 되는 것이다. 나의 작은 희생과 양보가 계속 쌓여 나중에는 큰 이익으로 돌아올 수 있는 것이다.

(2) 사소한 일에 대한 관심

약간의 친절과 공손함은 매우 중요하다. 이와 반대로 작은 불손, 작은 불친절, 하찮은 무례 등은 막대한 인출을 가져온다. 인간관계에서의 커다란 손실은 사소한 것으로부터 비롯된다. 사람들은 매우 상처받기 쉽고 내적으로 민감하다. 이 점은 나이나 경험과는 별 상관이 없으며, 비록 외적으로 대단히 거칠고 냉담하게 보이는 사람도 내적으로는 민감한 느낌과 감정을 갖고 있다.

(3) 약속 이행 및 언행일치

책임을 지고 약속을 지키는 것은 중요한 감정 예입 행위이며 약속을 어기는 것은 중대한 인출 행위이다. 사실 어떤 사람에게 대단히 중요한 약속을 해놓고 어기는 일보다 더 큰 인출 행위는 없다. 그러한 인출 행위가 발생하고 나면 다음에 약속을 해도 상대가 믿지 않기 마련이다. 사람들은 대개 약속에 대한 기대가 크다. 만약 당신이 약속을 항상 지키는 습관을 갖는다면 당신과 동료 사이에 이해의 간격을 이어주는 신뢰의 다리를 놓게 될 것이다. 언행일치는 신뢰를 가져오고 감정은행계좌에 많은 종류의 예입을 가능케 하는 기초가 된다. 언행일치는 정직 그 이상의 의미를 갖는다. 정직은 사실대로 말하는 것으로 우리가 하는 말을 사실과 일치시키는 것이다. 언행일치는 사실을 우리의 말에 일치, 즉 실현시키는 것으로 약속을 지키고 기대를 충족시키는 것이다.

(4) 칭찬하고 감사하는 마음

『칭찬은 고래도 춤추게 한다』라는 베스트셀러가 있었다. 상대방에 대한 칭찬과 감사의 표시는 상호 신뢰관계를 형성하고 사람의 마음을 움직이게 하는 중요한 감정 예입 행위이다. 그러나 상대방에 대한 불만과 불평은 커다란 인출을 가져온다. 대인관계의 손상은 서로 신뢰가 무너지고 불신과 불만이 쌓일 때 비롯된다. 사람들은 작은 칭찬과 배려, 감사하는 마음에 감동하게 되지만, 사소한 무관심과 불만에 쉽게 상처를 받는다.

(5) 진정성 있는 태도

진정성 있는 태도는 신뢰 관계 형성에 매우 중요하다. 누군가 나에 대한 태도가 상황에 따라 변한다거나 앞과 뒷모습이 다르다면 그 관계를 유지하는 것은 어렵다. 그렇기 때문에 진정한 태도를 가지고 상대방을 대하는 것은 대인관계를 좋게 하는 데 필수적이다. 하지만 진정성 있는 마음을 가지고 있다하더라도 그것을 전하는 것은 어려울 수 있다. 진정성 있는 태도를 보여줄 수 있는 한 가지 예는 바로 진지한 사과이다. 진지한 사과는 감정은행계좌에 신뢰를 예입하는 것이다. 그러나 반복되는 사과는 불성실한 사과와 마찬가지로 받아들여져 신용에 대한 인출이 된다. 또한 평소 어떤 관계였는가에 따라 사과는 예입이 될 수도 있고 인출이 될 수도 있다. 실수를 저지르는 것과 그것을 인정하지 않는 것과는 완전히 별개의 문제이다. 사람들은 실수를 기꺼이 용서하려고 한다. 왜냐하면 실수란 보통 순간적인 판단 착오로 빚어지기 때문이다. 그러나 사람들은 의도적인 실수, 즉 나쁜 취지나 나쁜 동기 혹은 처음의 실수를 덮어 버리려는 오만한 정당화 등에 대해서는 쉽게 용서하려 들지 않는다.

Workbook Activity 04 | 대인관계 능력 향상 방법

〈사례 A〉
동아리에서 12명의 회원이 지리산에 캠핑을 갔다. 저녁 무렵에 목적지에 도착하자 할 일이 많았다. 짐을 옮기고 텐트를 치고, 식사와 여흥 준비도 해야 했다. 이런 일에 늘 앞장서는 사람은 지우였다. 지우는 부지런히 짐을 나르고 땀을 흘리며 텐트를 치고 식사를 준비하였다. 그런데 연아는 쉬기 편한 곳을 찾아 자리를 깔고 앉아 다른 사람과 이야기꽃을 피우기 시작했다. 이윽고 식사가 마련되자 연아는 가장 좋은 자리를 먼저 차지하고 식사를 하였다. 지우는 모든 일에 솔선수범하고 희생하였고, 연아는 언제나 자신에게 유리한 기회만 찾아다니곤 하였다.

〈사례 B〉
축산가공업 공장에 출근하게 된 신입사원 A씨는 얼마 전, 평소 무뚝뚝하고 표현을 잘 하지 않는 선배 B씨에게 따뜻한 감정을 느끼게 되었다. 아직 업무가 익숙하지 않아 작업 속도가 더뎠던 A씨는 다른 사람들보다 작업 시간이 더 길어지곤 했다. 장시간 작업으로 인해 어깨와 허리가 아팠던 A씨는 힘들게 작업을 이어가고 있었다. 선배 B씨는 평소보다 몸이 불편해 보이던 A씨에게 파스를 건네주며 익숙해지기 위해서는 시간이 필요하니 몸을 너무 혹사하지 말라고 조언해 주었다.

〈사례 C〉
직장동료 H는 업무상의 문제로 나와 자주 갈등을 빚곤 한다. 처음에는 H가 "제 잘못이었습니다. 앞으로 절대 이런 일은 없을 것입니다"라고 사과를 하고 앞으로 같은 일이 반복되지 않을 거라 약속을 하여 좋은 관계를 유지해 왔다. 하지만 같은 일이 반복되면서 그가 정말 자기 잘못이라고 생각하는지 의구심이 들기 시작하였고, 사과와 약속을 하더라도 이제는 별로 신뢰가 가지 않는다.

〈사례 D〉

"L간호사, 우리 병원에 온 지 얼마나 됐지?" "3개월 되었습니다." "얼마 되지 않았는데 벌써 적응도 다하고 맡은 바 일을 정말 열심히 잘해 주고 있네. 난 L간호사가 우리 병원에 와준 게 너무 감사해."

P치과의 원장은 의술이 뛰어날 뿐만 아니라 마음씨가 따뜻하고 사려심이 깊은 사람이다. 그는 병원 내 간호사들에게 친절하게 대하며 업무도 친절하게 잘 설명해 주었다. 반면에, S치과의 원장은 간호사의 실수에 늘 못마땅하여 "아직도 그것밖에 못해?"라고 핀잔을 주기 일쑤였다. 그러다보니 S치과는 간호사가 자주 바뀌었고, 사소한 일들도 원장이 직접 해야 했다. 하지만 P치과는 이직률이 낮고 간단한 일은 대부분 간호사가 다 처리하였다. 따라서 의사가 더 많은 환자를 진료할 수가 있었다.

〈사례 E〉

K씨는 평소 직장 동료인 A씨와 개인적인 이야기도 주고받으며 잘 지냈다. 그런 둘을 보며 나는 둘이 친한 사이라고 생각을 하였다. 그런데 어느 날 나와 단 둘이 있을 때, K씨가 A씨에 대해 험담하기 시작하였다. 나는 순간 K씨에 대해 의심이 들었다. "내가 없을 때, 나에 대한 악담을 하지 않을까?"

위에 제시된 사례를 읽고, 앞으로 자신의 대인관계 능력 향상과 관련하여 느낀 점이 있으면, 자유롭게 적어 보자.

사례	사례를 통해 느낀 점
A	
B	

C	
D	
E	

▸▸▸ 학습성찰

이번 주 학습한 내용 중 본인의 생활에 적용 가능한 내용과 적용계획을 작성해 보시오.

평가내용	자가진단				
	1	2	3	4	5
대인관계의 의미와 중요성을 설명할 수 있다.					
다양한 대인관계 유형을 설명할 수 있다.					
대인관계를 향상시키기 위한 방법을 활용할 수 있다.					

내용	내용
학습내용에 대해 새롭게 발견한 점	
학습내용에 대해 느낀 점	
학습내용 중 본인의 생활에 적용 가능한 점	
적용계획 (구체적으로 작성)	
기대효과	

PART 02

셀프리더의 대인관계

“리더십이 신비롭고 무언가 특별한 것이라는 생각은 잘못된 것이다. 리더십은 카리스마와는 아무 관련이 없으며, 타고난 성격과도 무관하다. 또한 선택받은 소수만이 가질 수 있는 특권도 아니다. 조직을 둘러싸고 있는 다양한 기능들을 효율적으로 다루기 위한 것이 관리라면, 리더십은 변화에 대처하는 것이다. 특히 최근과 같이 급변하는 환경에서는 리더십 능력의 함양은 필수적이다.”

- 리더십 능력, 직업기초능력 가이드북(2021)

CHAPTER

03

리더와 리더십

학습목표

1. 리더의 의미를 설명할 수 있다.
2. 리더십의 의미와 영향력을 설명할 수 있다.

학습내용

1. 리더의 의미
2. 리더십의 의미
3. 리더십의 영향력

1. 리더(Leader)의 의미

1) 리더의 개념

영어로 리드(lead)란 "이끌다, 선두에 서다, 선도하다, 주도하다" 등의 뜻이다. 리더(leader)는 타인에게 긍정적인 영향력을 미치는 사람이다. 리더십(Leadership)에서의 십(ship)은 '배'라는 뜻도 있지만 접미사 역할의 추상적인 의미로 '자격, 신분, 지위, 관계'라는 뜻도 있다. 그래서 주도하는 사람은 리더(leader)이며 주도자의 덕목이 리더십(leader-ship)이다.

프랑스의 황제 나폴레옹은 "리더는 희망을 파는 상인"이라고 말했다. 이처럼 세상에 좋은 영향을 미치고 싶은 리더라면 자신만이 아니라 다른 사람들까지도 더 나은 리더가 될 수 있도록 도와야 한다. 지금 우리가 꿈꾸는 리더는 어떤 사람인가? 리더의 정의에 대해 알아보자

① 리더는 '리다(利多)'다. 홍익인간(弘益人間)의 사상을 바탕으로 '리(利)'는 '이로움' 리더십이다. '이로움' 리더십은 개인이나 조직의 이익에 공헌하기 위한 가치 지향적 활동으로 공동선(共同善)을 목적으로 한다. 리더는 공동선을 위해 '옳은 일을 제대로 하겠다'는 선한 의지가 전제되어야 한다. 다(多)는 '다수'이다. 리더는 집단이나 조직을 전제로 하는 개념으로, 리더와 구성원 간의 상호작용을 바탕으로 한다.
② 리더는 '지도자(指導者)'이다. 나아갈 길을 가리키고 안내하는 사람이다.
③ 리더는 '지도자(地圖者)'이다. 사회구성원이 살아갈 멋진 지도를 그리는 사람이다. 큰 그림을 그리고, 그 큰 그림을 완성하기 위해 사회구성원들과 함께 손잡고 지구 여행을 가는 사람을 의미한다.

리더십의 대가 존 맥스웰(John C. Maxwell)은 "Leader is one who makes the way, goes the way, and shows the way(리더는 길을 만들고, 그 길을 가고,

그리고 그 길을 보여주는 자다)."라고 정의한다.

〈표 3-1〉 리더(Leader) 단어의 함의

단어	함의
way	도착지점(사명 · 비전 · 목표 · 방향)에 이르는 길(과정 · 전략 · 방법 · 방식 · 기준 · 태도)
make	만들다, 개척하다, 창조하다, 결정하다
go	(먼저)가다, 솔선수범하다, 실행하다, 시도하다, 선행하다
show	보여주다, 안내하다, 인도하다, (함께)가다, 희망을 주다

2) 리더(Leader) VS 보스(Boss)

"리더와 보스 자리는 차이점이 있다. 두 가지 모두 권위 있는 자리다. 하지만 보스는 맹목적인 복종을 요구하는 반면 리더는 이해와 신뢰를 통해 권위를 얻어낸다."

- 클라우스 발켄홀(Klaus Balkenhol, 1992년 바로셀로나올림픽 승마 금메달리스트 선수)

리더(Leader)와 보스(Boss)는 어떤 차이가 있을까? 리더와 보스는 비슷해 보이지만 그 뜻 자체가 다르다. 보스는 '실권을 쥐고 있는 최고 책임자'란 뜻이고 리더는 '조직이나 단체 따위에서 전체를 이끌어 가는 위치에 있는 사람'이란 뜻이다. 보스는 단어부터 권력으로 설명하지만, 리더는 행동으로 설명한다. 테오도어 루스벨트 대통령은 '리더는 열려있는 상태로 일하는 반면, 보스는 감추면서 일한다. 리더는 사람들을 이끌고, 보스는 조정하려고 한다.'라고 말한다.

① 목표 달성을 위해 Boss는 부하직원을 이용하고 상처를 주지만, Leader는 부하를 길러주는 영양분 같은 존재이다.

② Boss는 부하의 잘못에 대해 맹렬히 비난하지만, Leader는 부하의 실수에 대처하는 다른 방안을 찾아준다.

③ Boss는 명령하고, Leader는 요청한다.

④ 어떠한 실적이 있는 경우, Boss는 "자신"을 높이고, Leader는 "우리"를 높인다.

⑤ Boss는 '가라'고만 하고, Leader는 '같이 가자'고 한다.

⑥ Boss는 어떻게 하는지 "알려"주고, Leader는 어떻게 하는지 "보여"준다.

⑦ 조직을 움직이는 동기부여로 Boss는 '두려움'을 활용하고, Leader는 '존경'을 활용한다.

출처: website, Facebook

3) 리더(Leader) VS 관리자(Manager)[1]

리더(Leader)와 관리자(Manager)는 어떤 차이가 있을까?

리더는 관리의 기술에 리더의 능력을 더한 사람이다. 단순하게 비교를 해보면, 리더와 관리자의 가장 큰 차이는 비전이 있고 없음에 있다. 즉, 관리자의 역할이 자원을 관리·분배하고 당면한 문제를 해결하는 것이라면, 리더의 역할은 비전을 선명하게 구축하고 그 비전이 팀 구성원의 협력 아래 실현되도록 환경을 만들어 주는 것이다. 따라서 관리자의 관심사가 주로 사람이나 물건을 관리하는 것에 있는 데 비해, 리더의 관심사는 사람의 마음을 중시하고 동기를 부여하는 데 있다. 또한 관리자는 오늘의 구체적인 문제를 대상으로 삼고 일하지만, 리더는 미래를 향한 새로운 상황을 창조한다. 또한, 중요한 차이점은 관리자는 일을 '어떻게 할까(How to do?)'에 초점을 맞추지만 리더는 '무엇을 할까(What to do?)'에 초점을 맞춘다. 바꾸어 말하면 관리자는 '올바르게 하는 것'에 주안점을 두는 대신, 리더는 '올바른 일을 하는 것'에 중점을 두는 것이다.

1) 직업기초능력 가이드북(대인관계 능력) 중 리더십 능력 일부 발췌.

〈표 3-2〉 리더와 관리자의 차이

리더	관리자
- 새로운 상황 창조자 - 혁신 지향적 - 내일에 초점 - 동기 부여 - 사람을 중시 - 정신적 - 계산된 위험(risk)을 취한다. - '무엇을 할까'를 생각한다.	- 상황에 수동적 - 유지 지향적 - 오늘에 초점 - 사람을 관리한다 - 체제나 기구를 중시 - 기계적 - 위험(risk)을 회피한다. - '어떻게 할까'를 생각한다.

2. 리더십(Leadership)의 의미

"위기상황에서 최고의 배(Ship)는 리더십이다(The best ship in times of crisis is leadership)."

- 미국 메릴랜드주 애너폴리스의 해군사관학교

1) 리더십의 개념

리더십에 대해 정확히 규정된 정의는 없다. 하지만, 리더십에 대한 공통된 특성을 이해하는 것이 효과적인 리더가 되는 첫 번째 단계라고 할 수 있다. 리더십에 대한 일반적인 정의나 개념은 다음과 같다.

〈표 3-3〉 리더십의 일반적인 개념

1. 조직 구성원들로 하여금 조직목표를 위해 자발적으로 노력하도록 영향을 주는 행위
2. 목표달성을 위하여 어떤 사람이 다른 사람에게 영향을 주는 행위
3. 어떤 주어진 상황 내에서 목표 달성을 위해 개인 또는 집단에 영향력을 행사하는 과정
4. 자신의 주장을 소신 있게 나타내고 다른 사람들을 격려하는 힘

출처: 한국산업인력공단(2021). 직업기초능력 가이드북(대인관계 능력), 리더십 능력, p.60.

리더십(Leadership)의 'lead'는 바이킹의 언어에서 유래한 단어로 배의 방향을 정하는 사람을 뜻한다. 그래서 리더가 배를 목표로 하는 방향으로 이끄는 선장이라면 리더십은 그 선장이 행사하는 영향력과 작용을 의미한다. 이를 조직의 관점에서 정리하면 리더는 조직의 목표를 달성하기 위한 방향을 정하고, 리더십은 그 구성원들이 함께 목표를 달성하도록 영향력을 미치는 과정 전반을 의미한다(Joseph & Richard, 2000).

리더란, 리더십을 가진 사람을 말하여 본 교재에서는 '리더십'을 다음과 같이 정의한다.

리더십이란 조직의 공통된 목표 달성을 위하여 개인이 조직원들에게 영향력을 미치는 과정이다.

2) 리더십(leadership) 힘(영향력)의 원천[2)]

리더십은 어떤 한 가지 능력이나 권한을 의미한다기보다는 누구에게 영향력을 미치는지, 어느 정도 영향력을 미치는지, 무엇을 위하여 영향력을 행사하고 어떤 방식으로 사용하는지, 언제 발현이 되는지, 리더십이 발휘되어 그 결과와 연결이 되는지 등 이러한 일련의 과정을 모두 포괄하는 개념을 담고 있다. 결국, 리더십은 단순히 앞에서 이끌어가는 것이 아니다. 다른 사람들에게 어떤 형태의 영향력을 얼마나 미치느냐에 대한 문제이다. 『리더십 불변의 법칙』을 쓴 존 맥스웰은 "영향력이 없다면 절대 리더가 될 수 없다."라고 말한다.

영향력이란 나의 말이나 행동에 따라 그들의 행동이 변한다는 것을 의미한다. 그리고 타인에게 영향력을 행사하려면 리더로서 다양한 형태의 힘 또는 권력(power)을 가지고 있어야 한다. 여기서 권력이란 '상대방을 내 의지대로 움직이는 힘'이라 정의할 수 있다. 그 과정에서 리더가 사용할 수 있는 영향력의 원천은 〈표 3-4〉와 같이 다섯 가지 종류가 있다.

2) 정동일(2012). 강압 or 설득: 리더인 당신은 어떤 힘을 쓸 것인가, DBR 104호 참고, 일부 발췌함.

〈표 3-4〉 리더십 영향력의 원천 및 특징

영향력의 종류	영향력의 원천	특징
강압적 권력 (Coercive Power)	처벌이나 위협	위기 시나 악습 타파 등 상황에 따라 효과적일 수 있음 부하 직원들에게 저항을 불러일으킬 수 있음
합법적 권력 (Legitimate Power)	조직 내 지위	강압적 권력보다는 바람직 부하 직원들에게 기대할 수 있는 수준은 순응에 불과
보상적 권력 (Reward Power)	돈, 승진 등의 보상	단기적으로 직원의 동기 부여 및 성과 창출에 기여 장기적으로 상대적 박탈감과 불만족 유발할 수 있음
전문적 권력 (Expert Power)	전문적인 기술, 지식 혹은 정보	부하들에게 자발적 추종을 불러일으킬 수 있음 리더의 지식수준이 다른 사람보다 뛰어나야만 효과
준거적 권력 (Reference Power)	개인적인 특성 (카리스마, 인간미, 존경심 등)	장기적이고 지속적인 영향력 행사가 가능 부하들에게 리더의 가치를 내재화시킬 수 있음

(1) 강압적 권력(Coercive Power) 'Bad'

"이번에 성과 못 내면 알아서들 해. 가만히 있지 않을 테니까!" 혹은 "내 말 안 들으면 알지? 지옥 같은 곳으로 갈 각오해!" 같은 식의 강압적 방식을 통해 주로 자신의 영향력을 행사하려고 한다면, 이를 강압적 권력이라고 한다.

강압적 권력이란 여러 가지 제재나 처벌 혹은 부정적인 결과 등을 통해 타인에게 영향력을 행사하는 힘을 의미한다. 위와 같은 직접적인 협박이 일반이지만 공포분위기를 조성해 부하들에게 무언의 위협이나 공포가 느껴지게 하는 것도 강압적 권력의 행사에 해당된다.

강압적 권력이 무조건 나쁜 것은 아니다. 예를 들어 조직에 큰 위기가 찾아와 급하게 어떤 의사결정을 하고 이를 실행해야 할 때는 이런 류의 권력 행사가 필요할 수 있다. 또한, 리더가 선택한 방법이 성과를 창출하는 데 더 좋은 방법이라는 확신이 있는데 부하들이 각자의 이익이나 편함 때문에 따르려 하지 않을 때도 유용한 방법이 될 수 있다. 조직이나 팀에 만연돼 있는 나쁜 습성(예를 들면 인종차별, 성희롱, 금전적 비리 같은 비윤리적인 행동)을 없애고 싶을 때도 효과적이다. 때론 이런 방식을 통해 리더로서 누가 보스인지를 부하들에게 종종 상기시키는 게 필요할 수도 있다.

하지만 이러한 권력에 대한 부하들의 반응은 대부분 '저항' 내지는 어쩔 수 없는 '복종'일 것이다. 이렇게 되면 리더와 부하의 관계는 지나치게 일방적이 돼 리더 주변에는 아첨하는 부하들만 남게 된다. 강압적 권력을 주로 행사하는 리더의 지위는 불안할 수밖에 없으며 부하들은 기회가 날 때마다 리더의 영향권에서 벗어나려 할 것이다.

(2) 합법적 권력(Legitimate Power) 'Good'

만약 부하 직원들에게 일을 시키면서 "시키는 대로 하지 뭔 말이 그렇게 많아? 누가 상사야?" 혹은 "내가 팀장이니 시키는 대로 해!"같이 조직이 부여한 지위를 바탕으로 영향력을 주로 행사하는 경향이 있다면 당신이 주로 의존하는 영향력의 바탕은 직급이나 특정지위에 있고, 이를 합법적 권력이라고 한다.

합법적 권력은 조직이 부여한 권한을 바탕으로 부하들에게 영향력을 행사하는 것이기 때문에 강압적 권력에 비해 조금은 바람직하다. 합법적 권력을 행사하는 리더에 대한 부하의 반응도 저항이나 마지못한 복종이 아닌 '순응(compliance)'에 가깝다.

하지만 리더십의 본질이 그들의 '자발적' 추종을 일으키는 것이라는 점에 비춰 볼 때 합법적 권력을 바탕으로 한 부하들의 순응은 장기적으로는 바람직하지 못하다. Compliance라는 단어의 뜻을 생각해 보면 합법적 권력이 왜 그리 이상적이지 못한가를 쉽게 깨달을 수 있다. Compliance란 법이나 명령 등을 준수하고 따른다는 의미다. 그래서 응종(應從)이라고도 한다. 운전자들이 교통신호를 준수하고 금융기관이 나라에서 제정한 법규를 준수하는 것도 여기에 해당한다. 결국 내가 원하든 원하지 않던 공공의 가치를 높이고 질서를 유지하기 위해 내 의지와는 상관없이 지켜야 하는 강제조항이다.

(3) 보상적 권력(Reward Power) 'Better'

만약 부하들에게 일을 열심히 하게 만들기 위해 "당신, 연말 보너스 두둑하게 받게 해줄 테니 이번 프로젝트 잘해 봐!"와 같은 방식을 사용한다면 보상적 권력을 영향력의 기본 바탕으로 사용하고 있는 리더다. 보상적 권력은 잘만 사용하면 부하들의 동기부여와 성과창출에 상당히 긍정적인 영향을 미칠 수 있다.

보상적 권력은 강압적·합법적 권력보다는 긍정적이지만 그 한계를 인식하지 못하고 너무 습관적으로 의존하다 보면 많은 부작용이 따를 수 있다. 지난 수십 년간의 연구를 종합해 보면 보상에 의해 부하들의 동기를 유발하는 데는 한계가 있고 그 효과 또한 단기적이다.

물질적 보상에 기반한 영향이 장기적으로 바람직하지 않은 가장 중요한 이유는 사람들이 가지고 있는 적응성 때문이다. 물질적 보상에 익숙해지다 보면 그것이 있음으로써 얻어지는 혜택보다 없음으로써 생기는 박탈감 및 억울함과 같은 부정적인 것들에 사람들이 더 초점을 맞추게 된다는 사실을 잊지 말아야 한다. 그리고 그들은 일이 주는 즐거움과 이를 통해 자신이 성장한다는 기쁨보다 '돈'될 일들을 찾아 나서게 된다.

(4) 전문적 권력(Expert Power) 'Better'

그렇다면 리더가 어떤 권력을 바탕으로 영향력을 행사해야 좀 더 긍정적인 반응을 보일까? 저항과 어쩔 수 없는 복종이 아닌 긍정적인 반응이란 무엇일까? 권력의 원천과 영향력이란 측면에서 더 바람직한 부하들의 반응은 바로 헌신(commitment), 동일화(identification), 그리고 내재화(internalization) 같은 반응이다. 조직과 일, 리더에 대한 헌신과 동일화, 그리고 리더와 조직의 가치에 대한 내재화가 이뤄진다면 일하는 과정이 질적으로 바뀔 수 있다. 이게 바로 리더십에서 말하는 긍정적 영향을 통한 자발적 추종을 불러일으키는 핵심이다.

리더가 가지고 있는 전문적인 기술이나 지식 정보 등을 부하들과 공유하고 이를 바탕으로 영향력을 행사한다는 건 그런 의미에서 앞에서 언급한 3가지 힘의 원천보다 더 바람직하다. 이를 전문적 권력이라 한다. 시장과 기술에 대한 탁월한 지식을 바탕으로 부하들을 이끌었던 리더들은 수없이 많다. 애플의 스티브 잡스, 구글의 에릭 슈밋, IBM의 샘 팔미사노와 같은 CEO가 여기에 해당된다.

지식과 전문적 역량 자체가 리더의 영향력을 넓히는 데 도움이 되지만 이를 적극적으로 부하들에게 전수해 주려는 노력을 끊임없이 해나간다면 이는 리더가 가진 긍정적인 영향력을 넓히는 데 가장 좋은 방법이 될 수 있다. 리더십에서 코칭이 중요한 이유가 바로 여기에 있다. 부하 입장에서 리더가 가진 노하우나 기술을 전달받는다는 구체적인 혜택을 경험하는 것도 좋지만 그것보다 더 중요한 건 리더가 구성원을 위해 무엇인가를 해주려는 관심과 애정이 있다는 사실이 부하를 지속적으로 감동시킬 수 있다.

(5) 준거적 권력(Reference Power) 'Best'

지적 역량과 이의 적극적인 공유는 영향력 있는 리더로 만들어 주지만 이는 리더가 가지고 있는 지식이 다른 사람보다 뛰어나고 유용해야 한다는 가정이 필요하다. 그래서 전문적 권력을 통한 영향력에도 한계가 있을 수 있다. 하지만 리더가 가지고 있는 개인적인 매력과 존경심 등을 바탕으로 한 준거적 권력은 부하들로부터 헌신과 동일화, 내재화를 지속적으로 이끌어낼 수 있는 가장 훌륭한 권력의 원천이다. 준거적 권력은 리더가 지니고 있는 인간적인 매력에서 출발한다. 지식이나 기술 노하우 등은 업무가 바뀌거나 환경이 바뀌면 그 가치가 없어질 수도 있지만 개인적 특성은 상황에 따라 변하거나 사라지는 성질이 아니다. 따라서 장기적이고 지속적으로 부하나 주위사람들에게 영향력을 행사하고 싶다면 준거적 권력이 전문적 권력보다 더 바람직하다.

Workbook Activity 01 | 리더의 의미

최고의 리더는 L.E.A.D.E.R에 강하다.

LEADER란?

L: Listen

E: Experience

A: Attitude

D: Drama

E: Emergency

R: Reader

L: Well Listen(잘 들어 주십니다.)

듣는다는 것은 어떤 의미이고, 특히 잘 듣는다는 것은 어떻게 듣는 것일까? 수천 년을 내려오는 표의 문자인 한자에 그 뜻이 고스란히 들어 있어 대신합니다. 들을 '청'과 들을 '문'이 그 의미를 포함하고 있고, '聽'이라고 쓰고, '聞'이라고 씁니다.

청(聽)을 가만히 뜯어보면 귀 '이(耳)', 임금 '왕(王)', 열 '십(十)', 눈 '목(目)', 하나 '일(一)', 마음 '심(心)'으로 되어 있습니다. 들을 때는 임금님의 말씀을 듣는 것처럼 귀를 쫑긋 세우고, 열 개의 눈을 모으고, 하나의 마음으로 듣는 것. 그것이 바로 듣는 것의 진수를 보여주는 것입니다.

문(聞)은 '문(門)'과 귀 '이(耳)'로 되어 있습니다. 듣는다는 것은 마음의 문을 활짝 열고 귀를 기울이는 것을 의미한다는 설명입니다. 어려운 뜻이 아니더라고 잘 들어주는 것은 세 가지만 하면 됩니다.

말하는 사람 쪽으로 몸을 돌리시고 눈을 응시해 주세요. 그리고 가끔은 고개를 끄덕여 주시고, 추임새도 넣어 주면 더 좋습니다. 마지막으로 가장 중요한 것은 열린 마음, 긍정의 마음으로 들어주는 것입니다.

E: Extream Experience(극한 경험을 잘 극복합니다.)

직장에서의 극한 경험은 사람을 성장시킵니다. 그 어려움을 극복한 사람이 좋은 리더가 될 수 있는 자격을 갖춘 사람입니다.

까탈스럽고, 항상 도전적이고, 혁신적인 리더를 보스가 좋아하는 이유가 무엇인지 아십니까? 독하고 강한 리더가 있어서 프로젝트의 성공 확률이 높아지는 것도 있지만 그렇게 성장한 구성원들이 '일당백의 전사'로 성장하기 때문이기도 합니다. 그 조직의 DNA가 혁신과 도전과 성공으로 바뀌기 때문입니다.

마라톤 완주를 해 본 사람은 10km, 하프 코스를 두려워하지 않습니다. 2천 미터급 산을 경험한 사람은 천 미터급 산에 대해 두려움이 없습니다. 1~4개 프로젝트를 병행해 운영해 본 리더는 프로젝트를 새롭게 시작하는 것에 머뭇거리지 않습니다.

극한의 경험을 많이 해 본 리더, 성공만 경험한 리더보다는 실패도 많이 겪어 본 리더가 좋은 리더가 될 가능성이 높습니다. 좋은 리더는 평상시가 아니라 어려움이 닥쳤을 때 더 눈에 띄기 때문입니다.

A: Polite Attitude(좋은 태도를 가지고 있습니다.)

회사에서 필요한 역량은 KSA입니다. K는 Knowledge, S는 Skill, 그리고 A는 Attitude입니다.

예전에는 K를 매우 중요하게 여겼습니다. Knowledge로 대표되는 항목은 학교 순위, 대학교 학점, 영어 점수 등 그래서 좋은 학교에 들어가려고 하고, 학점 좋게 받으려고 하고, 특히 어학성적 미리 따고 등 이러한 것들이 곧 회사에서 필요한 역량이라 생각했기 때문입니다.

그러다가 회사에서 정작 필요한 것은 K가 아니라 S가 더욱 필요하다는 것을 느끼고, 회사에서 바로 쓰일 수 있는 Skill이 각광받는 시기가 있었습니다. 대학

교보다는 특화된 과가, 대학 성적보다는 전공 성적이, 영어 성적보다는 말하는 능력이, 회사에서 필요한 Six sigma Belt까지 스킬이 가치를 인정받는 시대가 있었습니다.

하지만 인생은 성적순이 아니듯이, 회사의 성과도 성적순이 아니라는 것이 이제 일반화되었습니다. 그래서 가장 필요한 덕목은 바로 Attitude, 태도라는 것이 요즘의 트렌드이자 꼭 필요한 항목이 되었습니다.

개인이 가진 역량은 KSA의 곱인 K*S*A로 나타내게 됩니다. 여기서 중요한 것은 K와 S는 0~100까지 움직이는 것에 비해, A는 0~100까지 움직이는 것과 함께 '+'와 '−'도 결정을 한다는 것입니다. 능력이 아무리 뛰어나도 태도가 '−'로 향한다면 어떻게 되겠습니까? 끔찍하지 않습니까?

좋은 리더란, 역량도 충분히 갖추면 좋겠지만 항상 긍정적이고 조직에 플러스가 되는 태도를 가진 그런 리더입니다.

D: Popular Drama(좋은 드라마 속 주인공의 굴곡을 이해하고 있습니다.)

'회사 생활은 20부작 드라마와 같은 것이다'라는 것을 이해하는 리더입니다.

유명한 드라마를 생각해 보세요. 20부작의 드라마가 진행되면 온갖 고통과 괴로움을 겪는 사람이 누구인지 보시면 됩니다. 바로 주인공이죠. 가장 어려운 고통과 어려움을 겪으며 그것을 멋지게 헤지고 우뚝 서는 사람이 주인공입니다.

여러분이 드라마의 주인공입니다. 지금 내가 겪고 있는 어려움은 주인공이 되기 위한 관문이고, 드라마의 재미를 더하고 내 인생을 더욱 풍요롭게 해주는 필수 요소입니다.

지금 어렵고 힘드십니까? 내 인생이, 내 직장 생활이, 내 리더십이 더욱 성장하는 시기라고 생각하시면 편하지 않을까 합니다.

그리고 "힘들면 힘들수록 드라마의 하이라이트로 향해 가고 있구나. 그 고비를 넘기면 평화로운 해피엔딩을 맞을 수 있구나, 행복하지 않아도 내가 그렇게 만들어서 드라마를 해피엔딩으로 종료하면 되겠구나."라고 생각하면 되지 않을까요?

E: Overcome Emergency(응급상황 같은 어려움을 극복하고 다시 태어납니다.)

의사들이 처음 필수로 근무해야 하는 곳이 응급실이라고 합니다. 가장 힘들고 가장 많은 환자유형과 긴급 환자를 대하면서, 병원에 오는 환자의 유형을 파악하고 자신의 역량을 극적으로 끌어올리는 과정을 겪게 하는 것입니다.

응급실에서 잘 이겨낸 의사가 훌륭한 의사가 될 수 있듯이, 위급 상황을 겪으며 긴급한 문제를 많이 풀어본 사람이 좋은 리더가 될 가능성이 높습니다. 회사에서 긴급한 상황이 발생했을 때 그 문제를 중심으로 끌고가는 사람이 좋은 리더일 가능성이 크다고 보면 되겠습니다.

Emergency를 잘 분석해 보면 'E + Merge'가 들어가 있습니다. 팀을 Energy로 이끌고 팀의 Energy를 하나로 Merge할 수 있는 리더가 좋은 리더라는 뜻이기도 합니다. Emergence라는 글자도 찾을 수 있습니다. 우화, 허물을 벗고 나비로 태어나는 것을 뜻하는 의미의 단어가 숨어있습니다.

조직을 고치에서 나비로 성장시키는 리더, 자신의 역량도 끊임없이 발전시키는 리더가 좋은 리더라는 의미를 말해 주고 있기도 합니다.

R: Crazy Reader(책을 읽어 좋은 리더의 경험을 간접적으로 흡수합니다.)

인생에서, 직장에서 가장 주요하고 파워풀한 지식은 직접 체험하는 것입니다. '보고할 때, 제가 해보니, 결과로 보면, 직접 현장을 보고난 후의 결과는'이라는 수식어가 앞에 붙으면 거의 모든 결과들이 술술 풀려 나가는 경우를 보게 됩니다. 그만큼 경험의 위력이 대단하다는 것을 의미하기 때문입니다. 그런데 모든 리더가 모든 것을 더 많이 경험할 수는 없습니다. 새로운 부서에 배치받을 수도 있고, 새로운 지역에 부임할 수도 있고, 생판 모르는 일을 풀어 나가야 할 경우도 생기고, 전문가들을 이끌어가야 할 경우도 생기기 때문입니다.

이럴 경우 직접 체험 다음으로 효과적인 체험이 바로 간접 경험입니다.

새로운 부서로 배치되거나 새로운 일을 하게 될 경우 가장 좋은 방법으로 선배들의 보고서를 리뷰하거나, 구성원들의 경험을 많이 듣고 간접 체험하는 것입니다. 일반적이기는 해도 어려운 경우를 어떻게 헤쳐 나갔는지에 대한 경험을 축적한 좋은 리더에 대한 책을 읽는 것도 강력히 추천하는 방법이기도 합니다. 이와 같이 직접 체험을 하고, 간접체험을 듣기도 하고, 책을 읽으면서 정신적인 체험도 겸비하는 그런 리더가 좋은 리더일 가능성이 크다고 봅니다.

여섯 가지 리더의 덕목을 말씀 드렸고, 모든 것을 한 문장으로 정리하며 마무리합니다.

Good Leader is good at L.E.A.D.E.R.

출처: 박헌건(2014). 최고의 리더는 L.E.A.D.E.R.에 강하다. Social LG전자, https://social.lge.co.kr/people/leader_1 일부 발췌하여 수정함.

사례: 롯데리아의 신입사원

어느 날 롯데리아의 신입사원이 △△ 검색 사이트에서 롯데리아를 검색했다가 각 영업점이 두서없이 나열되어 나타나는 것을 발견하였다. △△ 검색 사이트는 업계 1위로, 많은 사람들이 주요 정보 수집 수단으로 활용을 하는데, 롯데리아로서는 △△ 검색 사이트를 통한 좋은 광고 기회를 놓치게 되는 셈이었다. 신입사원은 자기 상사와 홍보팀에 이 같은 상황을 이야기하고 △△ 검색 사이트의 검색 결과를 보다 유용하게 바꿀 필요성을 주장했다. 그 주장이 유용하다고 생각한 홍보팀은 신입사원에게 업무 처리를 의뢰하였다. 신입사원은 그 즉시 △△ 검색 사이트에서 롯데리아를 검색하면 롯데리아에 관련된 정보들이 체계적으로 검색될 수 있도록 조치했다. 그 결과 많은 고객들이 검색 사이트를 통해서 롯데리아의 여러 정보를 얻을 수 있었고, 그 덕에 매출이 상당히 오르기도 했다. 그 후 롯데리아는 인터넷의 위력을 실감하고 이를 더욱 전략적으로 활용할 수 있는 방안을 구상하고 있다.

출처: 한국산업인력공단(2016). 대인관계 능력 학습자용 워크북.

1. 롯데리아 신입사원 사례를 읽고 리더십의 의미가 무엇인지 본인의 생각을 적으시오.

Workbook Activity 03 | 리더십의 의미

1. 내가 생각하는 리더십이란?

성공적이고 매력적인 리더를 생각할 때, 자신의 분야에서 성공한 리더나 조직구성원들에게 선한 영향력을 행사함으로써 성공적으로 조직의 목표를 달성한 몇몇 사람들의 이름을 떠올릴 수 있을 것이다. 그들은 부하나 조직구성원들을 격려하고 업무가 원활히 수행될 수 있도록 특별한 비결을 가지고 사람들이다. 그렇다면 리더십이란 무엇인가?

본인의 경험을 바탕으로 가슴에서 우러나오는 "나에게 리더십은 이런 것이다"를 아래 칸에 써보기 바란다. 여기서 중요한 것은 어디서 보았던 멋진 리더십의 정의를 옮겨 적는 게 아니라 내 가슴에서 우러나오는 나만의 리더십에 대한 정의를 쓰는 것이다.

나에게 리더십은.........

____

____

____

____

______________________________________ 이다.

2. 각자의 생각을 정리한 후 팀원들과 토의하여 리더십에 대한 정의를 합의해 봅시다. 우리 팀이 합의한 리더십의 정의에 대해 발표해 봅시다.

▸▸▸ 학습성찰

이번 주 학습한 내용 중 본인의 생활에 적용 가능한 내용과 적용계획을 작성해보시오.

평가내용	자가진단				
	1	2	3	4	5
리더십에 대해 설명할 수 있다.					
리더십의 영향력에 대해 설명할 수 있다.					

내용	내용
학습내용에 대해 새롭게 발견한 점	
학습내용에 대해 느낀 점	
학습내용 중 본인의 생활에 적용 가능한 점	
적용계획 (구체적으로 작성)	
기대효과	

시대마다 달라진 리더십

시대	리더십
2000년대	• 글로벌 리더십 • 창조 리더십 • 팔로워십
1990년대 후반	• 서번트 리더십 – 리더십의 시작은 아래서부터!
1990년대	• 셀프 리더십 – 구성원 모두 '리더'가 될 수 있도록 자기계발에 집중을!
1980년대 후반	• 변혁적 리더십 – 리더는 비전을, 조직원은 믿음을…
1980년대	• 카리스마 리더십 – 자신감으로 구성원의 능력을 끌어올리는 리더
1970년대	• 상황론 리더십 – '상황'에 따라 달라진 리더의 가치!
1950~1960년대	• 행동주의 리더십 – 구성원의 행동과 관계 속에서 '만들어진 리더'
1940년대	• 특성론 리더십 – '성공한 리더는 뭔가 있어'

CHAPTER

04

리더십 유형

학습목표

1. 리더십 이론의 변천과정을 설명할 수 있다.
2. 리더십의 유형을 구분할 수 있다.

학습내용

1. 리더십 이론의 변천
2. 리더십의 유형

1. 리더십 이론의 변천

리더십 이론은 시대와 환경에 따라 지속적으로 변화해 왔다. 리더십은 산업사회에서 정보사회로 바뀌면서 [그림 4-1]처럼 수직적 구조에서 가능한 모든 방향에 영향을 끼치는 전방위적 구조 형태로 바뀌게 되었다. 즉, 상사가 하급자에게 발휘하는 형태뿐 아니라 조직원이 동료나 상사에게까지도 발휘하는 형태인 것이다. '리더'라고 하면 은연 중 그 대답 속에 어떤 직위가 있어야 한다고도 생각할 수 있다. 그러나 리더는 반드시 직위를 수반하는 것은 아니다. 직급에 따라 요구하는 리더십 능력이 다를 뿐이다. 오늘날처럼 변화의 속도가 빠른 시기에는 각자의 위치에서 각각 신속하고 효율적인 의사결정을 내려야 하기 때문에 개개인마다 별도의 주체적인 리더십이 필요하다.

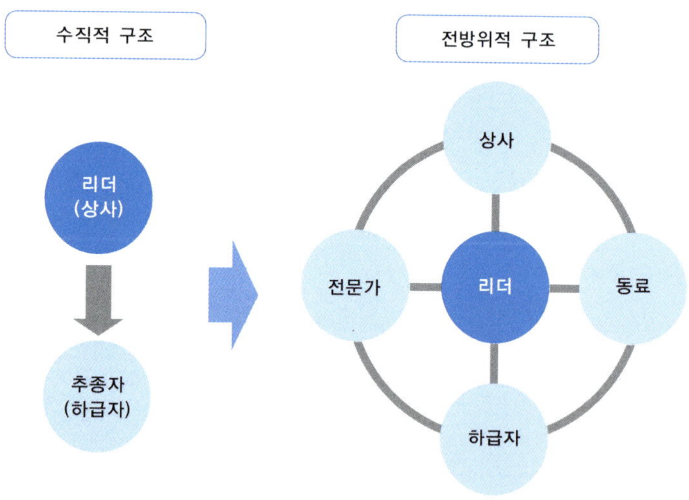

[그림 4-1] 리더십 발휘 구조의 변화

편의상 리더십 개념을 전통적/현대적 입장으로 구분하여 비교해보면, 핵심적인 차이점을 〈표 4-1〉과 같이 요약할 수 있다. 전통적 관점의 리더십 연구들은 '집단의 목표를 달성하기 위해 리더가 구성원에게 동기를 부여하고, 그들에게 영향력을 행사하는 과정(Hempill & Coons, 1957)'으로 리더십을 정의했다. 이것은 리더가 집단의 성패를 좌우하는 핵심적인 인물(agent)로서, 부하에 대한 동기부여 능력과 영향력 발휘 기술이 중요하다는 인식이 전제된 것이다. 한편, 현대적 관점의 리더십 연구들은 리더, 부하, 상황변수들을 반영한 통합적 개념으로 리더십을 정의하고 있다. Forsyth(2006)는 '리더십이란 조직과 집단의 목표 달성을 위해 각 구성원들이 다른 구성원들에게 영향을 미치고, 동기부여시키는 교환적[1) 과정'이라고 정의하고 있다.

〈표 4-1〉 전통적/현대적 관점의 리더십

	전통적 관점의 리더십	현대적 관점의 리더십
정의	집단의 목표를 달성하기 위해 구성원들을 동기부여하고 그들에게 영향력을 행사하는 과정	조직과 집단의 목표 달성을 위해 각 구성원들이 다른 구성원들에게 영향을 미치고, 동기부여시키는 교환적 과정
리더-부하 관계	– 상-하의 관계 "나를 따르라." – 리더가 집단 승패의 핵심인물 – 부하에 대한 동기부여가 핵심	– 수평적 관계 "함께 하자." – 리더와 구성원의 상호작용을 중시
연구의 초점	– 어떤 인물이 리더가 되는가? – 그들은 어떤 행동을 하는가? – 어떤 과정과 방법을 통해 리더가 되는가 등에 초점	– 리더-구성원의 상호작용, 리더의 역할, 구성원의 반응 등 다양하고 넓어짐

1) 전통적 리더십 이론

20세기 초반부터 리더십은 과학적으로 연구하기 시작하였고, 다양한 이론을 등장시키면서 발전되어 왔다. 리더십 연구 중에서 가장 먼저 시작된 연구는 리더십 '특성이론'이다. '특성이론(Trait Theory)'은 리더를 중심으로 성공적인 리더의 특성을 연구하는 데 초점을 맞추고 있으며, '행동이론(Behavior Theory)'은 리더와 부하의 관계를 중심으로 리더의 행동스타일을 집중적으로 연구했으며,

1) 교환적: 리더-구성원은 서로의 역할과 수행결과에 따라 금전적 또는 심리적, 사회적 보상을 주고 받는 것

'상황이론(Situational Theory)'은 리더십 과정에서 작용하는 중요 상황을 중심으로 리더와 환경적 상황과의 관계를 연구했다.

이러한 다양한 리더십 연구가 이루어진 배경에는 성공한 리더에게는 공통적인 리더십의 속성이 있을 것이라는 과학적 호기심에서 비롯되었고 예외는 있을지 언정 오랜 연구들을 통해 성공한 리더들의 공통된 속성을 어느 정도 규명하는 데 의미 있는 진전을 이룬 것도 사실이다. 또한 리더의 행동 분석을 통해 리더십이 타고난 것이 아닌 학습 가능한 영역이라는 의미 있는 이론을 도출했으며 조직이 처한 상황의 중요성도 인식하게 되었다.

그렇지만 이러한 전통적 리더십 이론은 공통적으로 다음과 같은 한계를 가지고 있다. 전통적 리더십 이론은 조직 내의 상사와 하위자와 관계를, 상사는 하위자를 통제하고 감독하며 하위자는 상사의 통제나 감독에 복종하는 관계로 암묵적 가정을 했던 경향이 있다. 또한 전통적 리더십이론은 변화를 주도하기보다는 현상유지와 관련된 리더십에 치중해 왔고, 이에 대한 논의가 상대적으로 부족했다는 평가이다.

결론적으로 예측이 불가능한 만큼 빠르게 변화하는 오늘날의 환경 안에서 전통적 리더십이론은 많은 한계를 지니고 있다고 할 수 있다. 이후 현대적 리더십에 대한 연구 경향은 좀 더 체계적이고 통합적인 접근으로 시도되고 있다. 1940년대부터 1970년대 후반까지 리더십 연구의 주류를 형성해 온 전통적 리더십 이론의 발전과정을 살펴보면 다음과 같다.

〈표 4-2〉 전통적 리더십 이론과 내용

기간	리더십 이론	중심 주제 및 접근 방법
1940년대 후반 이전	특성이론 (Trait Theory)	리더십은 타고 나는 것 즉, 효과적인 리더는 일련의 특성을 가지고 있다는 전제하에 리더의 지성, 성격 및 신체적 특성 등 효과적인 리더의 특성을 탐색
1940년대 후반~1960년대 후반	행동이론 (Behavior Theory)	리더십 유효성은 리더의 행동에 따라 달라지며, 리더십은 개발될 수 있음 즉, 리더 행동의 특정 유형이 모든 상황에서 효과적이라는 전제하에 리더가 부하에 대해 어떻게 행동하는지에 대해 연구

1960년 후반~1980년대 초반	상황이론 (Situational Theory)	리더십은 상황에 따라 달라짐 즉, 모든 상황에 적합한 최선의 리더십 유형은 없다는 전제하에 상황에 따른 효율적 리더십 유형에 대해 연구

2) 현대적 리더십 이론

1980년대 초반부터 변화된 시대 상황에 맞게 요구되는 신리더십 이론(New Leadership Theories)이라고 불리는 현대적 리더십 이론이 등장한다. 현대적 리더십 이론 연구의 주요 내용을 요약하면 〈표 4-3〉과 같다.

〈표 4-3〉 현대적 리더십 이론과 내용

리더십		주요 내용
1980년대 초반 이후	카리스마 리더십	리더의 개인적 능력에 의해 구성원들에게 특별한 영향력을 미칠 수 있는 리더십으로 팔로워들이 불가항력적으로 리더를 따르게 하는 천부적 리더십
	변혁적 리더십	조직 변화의 필요성을 감지하고 변화를 이끌어 낼 수 있는 비전을 제시할 수 있는 변화를 창조하는 리더십
	거래적 리더십	지도자와 부하 간의 타협이나 거래적인 활동(비용-효과의 거래관계)을 수행하는 리더십
	서번트 리더십	팔로워, 이해관계자, 사회에 대한 도덕적 윤리적 책임에 초점을 맞춰 구성원의 성공 및 성장을 촉진시키며 조직과 구성원의 성공을 위해 봉사하고 헌신하는 리더십
	슈퍼 리더십	조직 구성원들이 스스로를 리드 할 수 있는 역량과 기술을 갖출 수 있도록 인도하는 리더십
	셀프 리더십	과업수행에 필요한 자기지시와 동기 부여를 고양시키기 위해 스스로에게 영향력을 행사하는 리더십
1990년대 이후	LMX(리더-구성원 교환관계) 이론	리더와 구성원 간 영향관계를 교환하는 리더십이론으로 구성원의 기술, 능력, 동기 수준, 관계에 따른 상호작용에 근어하여 내집단(in-group)과 외집단(out-group)을 분류하는 이론
	감성 리더십	리더가 구성원을 이해하고 배려하며 공감을 불러일으켜 관계를 형성해 조직의 감성 역량을 높여 목표를 달성하는 리더십
	임파워먼트 리더십	리더가 조직 구성원들과의 파워를 공유하고 의사결정 과정에 참여하도록 하여 조직 구성원들에게 권한을 위임하는 리더십
	팀 리더십	과업조직인 팀제 운영에 필요한 리더십, 팀제의 특성상 1인의 리더 중심으로 리더십이 형성되는 수직형 팀 리더십(vertical

		team leadership)과 다수의 팀원이 리더십 기능을 나누어서 수행하는 공유형 팀 리더십(shared team leadership)이 존재함
	윤리적 리더십	리더가 조직 구성원들의 신뢰를 바탕으로 기업 경영에 대한 윤리적 비전과 목표를 제시하고 경영 과정에서 윤리적 합리성을 추구하는 리더십
	진정성 리더십	명확한 자기인식을 바탕으로 확고한 가치와 원칙을 세우고 투명한 관계를 바탕으로 내적인 자아(private self)와 외적인 자아(public self)의 격차를 최소화해 주고 주위 사람들에게 긍정적인 영향을 끼치는 능력을 갖춘 리더십
	언 리더십 (Un-leadership)	유연하고 개방적인 조직을 이끄는 21세기형 리더십. 창의성과 열정이 필요한 현대의 기업에서는 계급을 떠나 직원 하나하나가 CEO처럼 스스로 생각하고 일할 수 있도록 해야 한다는 이론

출처: 배정훈, 송경수(2014), 강정애 외(2016), 박경록, 라미경(2014) 참고하여 재정리.

2. 리더십 유형

‘리더’하면 어떤 이미지가 떠오르나? 카리스마 넘치는 사람, 변화를 주도하는 사람, 구성원들을 위해서 몸소 희생하는 사람 등 다양한 이미지가 떠오를 것이다. 성공적인 리더는 이끌고 나가야 할 집단에 따라 아마도 리더십의 한 가지 유형을 엄격히 고수하거나 여러 상황에서 다양한 유형의 리더십을 혼용할 것이다. 다양한 리더십의 종류를 살펴보면서, 당신은 전체 조직의 문화 속에서 당신의 그룹이 도전적인지, 성공적인지, 변화지향적인지 등에 따라서 어떠한 유형을 활용할 것인지 결정할 수 있을 것이다.

1) 카리스마 리더십(Charismatic leadership)

“진정한 카리스마란 실력과 내공을 갖춘 사람이 겉으로 강하게 말하고 힘(위치, 직위, 돈)으로 제압하는 것이 아니라 아주 부드러우면서도 멋진 이념을 가지고 사람을 이롭게 하고, 덕을 세우며 겸손한 품성으로 리드하는 것을 말한다.”

- 진정(정법 강의 저자)

카리스마 리더십은 정서적인 영향력으로 리더의 열정과 비전, 용기와 혁신에 매료된 추종자들이 스스로 리더를 추종하고 리더에 몰입하여 자기희생과 양보를 바탕으로 여러 장애 요인을 극복하고 기대 이상의 탁월한 성과를 내도록 하는 리더십을 말한다.

카리스마 리더십의 카리스마(charisma)는 '신이 주신 재능(Endowed Gift)'이란 뜻의 그리스어 Kharisma로부터 유래하였다. 때문에 기독교 교리에서는 성령이 예언 능력, 치유의 은사 같이 특별한 은혜를 주신 능력을 뜻하기도 했다. 신 중심 사회에서 탈피한 현대에서 카리스마의 대중적 의미는 '특별히 끌리는 힘', '남을 압도하는 힘', '특출한 지도력' 등으로 쓰인다. 이러한 카리스마와 리더십이 합쳐진 카리스마 리더십은 탁월한 비전, 압도적인 인간적 매력을 소유한 지도자가 구성원들의 헌신적인 복종과 충성을 바탕으로 나타내는 강력한 영향력을 뜻한다. 또는 리더가 될 만큼 비범(非範)한 능력, 초인(超人)적인 능력을 보유한 사람이 구성원을 원하는 대로 이끌 수 있는 특출한 힘이라고 정의하기도 한다. 어원에서 알 수 있듯이 카리스마는 후천적으로 학습되기도 하지만 선천적으로 주어지는 것이 일반적이다. 조직의 위기 상황을 극복하는 데 강력한 카리스마를 가진 리더는 매우 효과적이며 혁신과 변화를 통한 새로운 비전을 제시하므로 조직의 체질 개선에 유용하다. 하지만, 주로 리더 자체의 개인적인 자질에 의존하여 하향식으로 의사결정이 이루지는 경향이 있어 다양한 의견 수렴은 어렵다는 단점이 있다.

카리스마 리더의 대표적인 사례로는 포병 장교 출신에서 유럽 대륙을 차지하는 황제에 이른 나폴레옹 보나파르트가 있다. 나폴레옹은 뒷받침이 될만한 출신 배경이 없음에도, 개인적인 자질과 카리스마로 유럽 전역을 휩쓴 리더가 된 사례라고 할 수 있다.

카리스마 리더십에는 양면성이 존재한다. 나폴레옹, 간디, 마틴 루터 킹 목사와 같이 긍정적인 방향으로 주로 사용되지만 스탈린과 히틀러와 같이 부정적인 방향으로 사용될 수도 있다. 부정적 카리스마 리더는 스탈린과 히틀러처럼 인격과 도덕적 의식이 결여되어 구성원 전체가 비도덕적인 행동을 하게 만들기도 하고, 자만감에 빠져 잘못된 판단을 내려 조직의 성패를 좌우하기도 한다.

(사례 1) 히틀러의 부정적인 카리스마 리더십

부정적인 카리스마 리더십의 대표적인 예는 아돌프 히틀러이다. 그는 반유대주의, 백색인종주의, 제국주의, 반사회주의, 민족주의가 합쳐진 나치즘을 공식이념으로 채택한 독일 독재자였다. 히틀러는 뛰어난 웅변실력을 바탕으로 한 카리스마를 가지고 있었다. 하지만 그 과정에서 선동을 통해 대중의 열광을 유도하였고, 선거 등에서 인위적인 조작을 가해 개인의 신격화를 유도하였다. 그는 잘못된 이념 아래 독일 국민들을 이끌었고 결국 제2차 세계대전을 일으켜 전 세계적으로 5천 만 명의 희생자를 발생시켰다.

2) 변혁적 리더십(Transformational Leadership)

"나머지 인생을 이렇게 보내고 싶습니까, 아니면 세상을 바꿔놓을 기회를 갖고 싶습니까?"
- 스티븐 잡스(Steven Paul Jobs, 1955년 2월 14일~2011년 10월 5일, 미국의 기업인)

21세기 "변화해야 생존한다"를 부정하는 조직 구성원은 없을 것이다. 급변하는 환경에 적응 대처하기 위해서 변화가 필수인 시대이다. 이런 시대에 요구하는 리더십이 바로 변혁적 리더십이다.

변혁적 리더십에서 변혁이란 단어를 자세히 살펴보면, 변혁(變革)은 어떤 것을 혁신(革新)적으로 바꾸게 한다는 뜻을 가지고 있다. 그러면 혁신(革新)은 무엇일까? 혁신은 가죽 혁(革)과 새로울 신(新)의 한자가 합쳐져 있는 단어로 '가죽을 벗겨 내 새롭게 변신하는 것처럼 고통스럽고 어려운 것'라는 뜻이다. 정리하자면 변혁이란 고통스럽고 어려울 정도의 노력을 통해 어떤 것을 변화시킨다는 뜻을 가진다.

제임스 맥그리거 번스(James Macgregor Burns)가 제시한 변혁적 리더십은 구성원들에게 미래 비전을 제시하고 이를 달성하기 위한 공동목표를 제시하여 변화를 이끄는 리더이다. 이러한 리더는 이상적 영향력, 영감적 동기부여, 지적자극, 개별적 배려 등 4가지 요소를 갖추고 있다. 즉, 개인적 이익보다는 조직의 이익을 우선시하는 도덕성을 바탕으로 리더는 팔로워들에게 이상적 영향적을 미쳐야 한다. 또한 수행하고 있는 과업에 대한 의미를 부여함으로써 영감적 동기부여를 해야 한다. 구성원들의 창의성을 격려하며 기존의 틀을 넘어선 문제해결책을 유도하는 지적 자극과 구성원 개개인의 자기 개발과 발전에 관심을 기울이는 개별적 배려를 할 줄 아는 리더가 바로 변혁적 리더십을 갖추었다고 할 수 있다.

변혁적 리더의 대표적인 사례로는 2002년 월드컵 당시 대한민국의 축구 국가대표 감독을 맡았던 거스 히딩크가 있다. 히딩크는 국가대표 선수들을 오직 실력만으로 평가하고 그들의 능력이 최대치로 이끌어낼 수 있도록 격려하여 대한민국 역사상 최초로 월드컵 4강 진출이라는 결과를 이끌어 냈다.

(사례 2) 스티브 잡스의 변혁적 리더십

변혁적 리더십을 실천한 대표적인 인물로는 누가 있을까? 포춘지에서 최고의 CEO로 선정되고 보스턴 컨설팅 그룹에서 '세계에서 가장 창의성 있는 경영자'로 선정된 유명한 인물이 있다. 바로 애플을 창업하고 스마트폰을 이용하여 애플을 세계 최고 IT 기업으로 변모시킨 스티븐 잡스(Steve Jobs)이다. 그는 변혁적 리더십의 대표 인물로 뽑히며 실제로 스티븐 잡스와 함께 일했던 마케팅 총괄 임원이었던 Tony lee는 애플의 배경에 대해서 다음과 같이 말했다.

"무엇보다 중요한 것은 비전입니다. 비전을 제시하는 리더십이 있기에 직원들이 발휘한 창의력이 한곳으로 집중될 수 있습니다. CEO에 대한 무한한 존경심, 그리고 그가 제시하는 비전에 대한 신뢰감 이것이 혁신의 원동력이라고 봅니다."

스티븐 잡스는 과거에 사로잡히지 않았다. 그는 항상 미래지향적인 사고를 가졌고 구성원들로 하여금 명확한 비전을 제시하고 이를 적극적으로 공유했다. 또한 개인적으로 완벽한 제품에 대한 예술가적 열정을 가졌고, 더 완벽한 제품을 위해 최고의 인재를 뽑아 애플에서 일하게 하였고 그 최고의 인재들에게 끊임없이 도전하게 함으로서 애플을 세계적인 기업으로 성장시켰다.

3) 서번트 리더십(Servant Leadership)

"너희 가운데서 높은 사람이 되려는 이는 섬기는 사람이 되어야 한다. 또한 너희들 가운데 첫째가 되려는 이는 그들의 종이 되어야 한다."

- 마태복음 20장

서번트 리더십(Servant Leadership)은 미국 최대의 전화회사 AT&T 부회장이었던 로버트 그린리프(Robert K. Greenleaf)가 그의 에세이 『The Servant as Leader(섬김의 리더)』에서 처음 사용하며 알려진 용어이다. 그는 "It(Servant Leadership) begins with the natural feeling that one wants to serve, to serve first(서번트 리더십이란 타인을 섬기고자 하는 (보상 없이 도와주고자 하는) 자연스러운 감정에서 시작되는 것)."이라고 이야기하며 의미를 밝혔다. 이른바, '섬김의 리더십'이자 '봉사적 리더십'이라 할 수 있다.

서번트 리더십은 팀의 목표나 자기 자신을 위해서가 아니라, 구성원을 위해서 행동하는 리더의 유형을 말한다. 구성원에 대한 존중과 신뢰를 기반으로 하여 구성원들의 입장과 이익을 우선으로 하는 솔선수범의 리더이다. 리더의 권력은 구성원들로부터 기인한다는 민주주의적 원칙에 기반한 리더십 유형이라고 할 수 있다. 이를 잘 보여주는 서번트 리더의 행동특성으로는 경청, 공감, 통찰력, 직관 등 〈표 4-4〉와 같이 다양하게 나타나며, 이는 추종자의 방향제시자이자 추종자의 판단력 함양에 도움을 주고, 미래를 예측해 비전을 제시하고 추종자가 상황에 알맞은 대처를 하도록 유도한다.

한편, 서번트 리더십의 조직은 일사불란한 조직운영에 어느 정도 한계가 있다. 의사결정 시 구성원 개개인의 의견을 존중하느라 시간이 소요되고, 이에 따라 업무가 지연되어 효율적인 업무 수행이 불가능해지는 것이다. 또한 구성원들이 리더의 봉사를 당연시 하게 되는 순간 리더의 권한 행사는 문제가 있을 정도로 축소되며, 반면 구성원들이 리더에게 바라는 요구사항은 폭발적으로 증가할 수 있는 우려가 있다. 따라서 서번트 리더십을 적용할 때 리더들은 기본적으로 자신의 희생과 봉사의 가치관을 정립하되 상황에 맞게 융통성을 발휘할 수 있다는 것을 명심해야 한다.

〈표 4-4〉 서번트 리더십의 행동 특성

구분	내용
경청 (Listening)	서번트 리더십의 가장 기본이 되는 자질로 추종자의 요구를 이해하여 조직의 방향을 설정한다.
공감 (Empathy)	자신보다 상대방의 입장에서 상황과 입장을 이해하고 그에 부합하려는 것으로 다양성의 포용을 포함하는 개념이다.
통찰력 & 직관 (Foresight & Intuition)	경험과 직관을 이용해 현재와 미래를 예측하는 능력이다.
인지 & 지각 (Perception & Awareness)	자신을 알고 주변 상황을 분석하여 전체 상황과 역학관계를 정확히 파악하는 능력이다.
설득 (Persuasion)	상호 존중과 이해를 통해 추종자들의 합의를 이끌고 양방향의 의사소통으로 추종자에게 영향력을 행사하는 것이다.
비전 제시 (Conceptualization)	조직의 비전을 명확히 제시하고 제시한 비전을 목표와 연결시켜 방향을 설정한다.
치유 (Healing)	업무와 경쟁 환경에서 요는 정신적·육체적 스트레스와 조직 내 인간관계에서 발생하는 스트레스를 치유한다.
공동체 구축 (Building Community)	조직목표를 달성하기 위하여 조직 내 구성원의 의사소통이 활발해지도록 노력하고 서로 협력하도록 한다.
봉사의식 (Stewardship)	리더의 개인적 욕구보다 다른 사람의 욕구를 우선으로 생각하고 배려하는 것을 의미한다.
추종자의 성장에 기여	추종자가 역량을 발휘하도록 기회를 제공하고 환경을 조성하며 다양성올 존중하고 자기 성장을 하도록 돕는다.

출처: Spears(1996).

서번트 리더십의 대표적인 방송인 유재석이 있다. 유재석은 촬영에 처음 임하는 동료들을 배려하고 먼저 적극적으로 다가가 챙겨주는 미화가 잘 알려져 있다. 함께 일하는 동료를 배려하는 마음 덕분에 그는 오랜 기간 국민 MC자리를 유지할 수 있었다.

(사례 3) 박항서 감독의 서번트 리더십

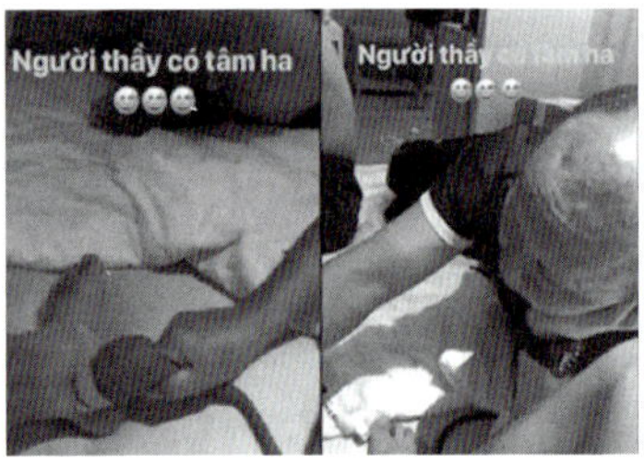

2018년, 여론조사 전문기관 리얼미터가 전국의 성인 501명을 대상으로 진행하여 발표한 2018년 최고의 인물에서 무려 세계적으로 유명한 K팝 그룹 방탄소년단을 제친 인물이 있다. 바로 2002년 한일 월드컵에서 코치를 맡았고, 현재 베트남 축구 대표팀 감독을 맡은 박항서이다. 그는 서번트 리더십을 바탕으로 한 파파 리더십으로 유명하다. 파파라는 말처럼 선수들이 믿고 의지할 수 있도록 박항서는 선수들을 따뜻하고 세심하게 보살펴준다. 그는 약팀으로 평가받았던 베트남 축구팀에 감독으로 취임하자마자 선수 한 명 한 명에게 관심을 가지고 살펴 약점을 빠르게 파악하였고, 베트남어가 미숙함에도 선수들에게 마음을 전달하고 다가갈 수 있는 방법으로 선수들에게 마사지를 해주었다. 몸이 불편한 선수에겐 기꺼이 비즈니스석을 양보해 주었다. 이러한 박항서의 따뜻한 면모에 베트남 축구팀 선수들은 그를 진심으로 믿고 따를 수 있게 되었으며 2018 AFC U-23 축구 선수권 대회에서 준우승을 달성하는 쾌거를 이룬다.

4) 감성 리더십(Emotional leadership)

"자기 자신은 머리로 다스리고, 다른 이들은 가슴으로 대하라."

- 엘리너 루즈벨트(Anna Eleanor Roosevelt, 1884년 10월 11일~1962년 11월 7일, 미국 제32대 대통령인 프랭클린 D. 루스벨트의 영부인, 미국의 정치가이자 사회운동가)

감성 리더십이란 리더 스스로 자신의 내면을 파악하고, 구성원의 감성을 이해하고 배려함과 동시에 자연스럽게 조직 구성원들과 관계를 형성해 조직의 감성 역량을 높이는 능력을 말한다(다니엘 골만 외, 2003). 조직 구성원이 다양해지고 가치관이 빠르게 변하면서, 일상생활에서 구성원들이 느끼는 감성을 이해하고 이들과 긍정적인 관계를 유지하는 감성 리더십의 중요성이 부각되어 왔다.

감성 리더십은 다음과 같은 4단계를 거쳐 구축되며, 결과적으로 구성원의 협력을 이끌어내고 새로운 방식의 문제 해결을 촉진함으로써 창조적인 조직성과

창출에 기여할 수 있다.

① 자기통제

자기통제 단계는 리더 자신의 단계로, 자신의 감정을 알고 조절 및 통제하는 단계이다. 리더는 자신의 감정 표현이 조직 전체에 미치는 영향을 정확히 인식하고 부정적인 감정을 스스로 조절할 수 있어야 한다. 같은 집단에서 일하는 사람들 간에는 불안, 시기, 행복 등의 감성이 전이(emotional contagion)되며, 이는 조직의 성과나 분위기에 영향을 미친다.

② 조직 내 신뢰 구축

리더가 조직의 구성원을 대상으로 하는 단계이다. 구성원을 대상으로 마음에서 우러난 신뢰와 존중을 표현해 감성 리더십의 기반을 마련하는 과정이다. 이를 위해 리더들은 구성원들과 정기적인 티타임, 온라인 대화 등 다양한 소통 채널을 갖는 것이 필요하다.

③ 개별적 관심과 배려

리더가 조직 구성원 개개인을 대상으로 하는 단계이다. 개별적 관심과 배려로, 구성원에게 맞춤형 배려를 제공해 감동을 줄 수 있다.

④ 긍정적 집단 감성 형성

긍정적인 집단감성의 형성 단계로, 리더와 구성원의 개별 관계를 넘어, 조직 전체의 우호적, 협조적 관계를 구축하는 것이다.

(사례 4) 오바마의 감성 리더십

감성리더십의 대표적인 인물에는 미국의 44대 대통령이자 최초의 흑인 대통령, 버락 오바마(Barack Hussein Obama II) 대통령이 있다. 그는 매력적인 연설로 미국인들의 마음을 사로잡았다. 오바마의 매력과 리더십의 중심은 감성이었다. 그의 감성 리더십에는 다음과 같은 능력이 있었다. 먼저 상대방의 감정을 정확하게 읽고 자신의 감정을 설득력 있게 표현하는 감정인식 능력이었다. 그리고 사람의 감정이 생각에 어떤 영향을 미칠 지를 잘 아는 감정활용 능력이었다. 그는 이 두 개의 능력을 자신의 연설에 활용하였다. 오바마의 연설엔 항상 인물이 등장하였다. 어떤 정책을 제안할 때 통계적인 수치를 제안하기 보다는 인물을 등장시키고 그 인물의 사연을 소개한다. 이것은 청중의 이성이 아닌, 감성을 자극한다. 분명한 장단점이 존재하겠지만 오바마의 감성을 표현하는 능력과 연설은 때에 따라서 도움이 되었다. 사회복지와 평화처럼 수치만으로는 다 할 수 없는 분야에서 특히 말이다. 실제로 오바마는 비핵화에 대한 비전과 성과로 노벨 평화상을 수상하였다.

뿐만 아니라 오바마는 감정이 어떻게 될지를 미리 예측하는 감정이해 능력이 있었고 흥분된 감정을 드러내지 않는 감정관리 능력이 있었다. 그는 언론이나 보수 정치가들의 비난에도 절대로 화를 내지 않았다. 누군가는 오바마를 답답하다고 평하기도 했지만, 오바마는 항상 따뜻한 감성을 유지함으로서 다른 후보자가 쉽게 가지기 어려운 국민들에게 항상 열려있는 소통과 공감의 이미지를 주는 데 성공했고, 이는 대통령 연임으로 이어질 수 있었다.

Workbook Activity 01 | 리더의 특징

에로틱 자본(Erotic Capital)

에로틱 자본은 영국의 사회학자인 캐서린 하킴이 자신의 논문(Erotic Capital, European Socialogical Review, 2010)에서 언급한 이론으로, 돈이나 땅과 같은 경제적 자본(Economic Capital), 문학과 예술에 대한 식견 같은 문화적 자본(Culture Capital), 인적 네트워크로 대표되는 사회적 자본(Social Capital)과 더불어 제4의 자본으로 불린다. 에로틱 자본은 얼굴과 몸매의 아름다움(Beauty), 섹시한 매력(Sexual Attractiveness), 상대를 즐겁게 하는 사회성(Social Skill), 건강미가 느껴지는 활력(Liveliness), 사회적 표현력(Social Presentation), 성적 능력(Sexuality)의 여섯 가지 요소로 구성되며 모두가 지니고 있는 것은 아니다. 에로틱 자본은 선천적으로 가지고 있기도 하지만 기술적인 진보를 활용한 적극적인 교육과 투자로 후천적으로 갖출 수 있으며, 남성과 여성 모두 에로틱 자본을 갖출 수 있지만 일반적으로 여성이 남성보다 많은 에로틱 자본을 갖는다. 현대 자본주의 사회에서는 에로틱 자본을 활용하여 부를 창출할 수 있고 지위를 획득할 수도 있다.

출처: 국가공무원인재개발원 연구개발센터(2018), 공공조직의 리더십은 무엇이 다른가.
http://terms.naver.com/entry.nhn?docId=3569049&cid=58783&categoryId=58783
참고하여 일부 발췌.

1. '에로틱 자본'을 읽고 다음을 생각해 봅시다.

- 조직의 관점에서 에로틱 자본은 필요한 것인가?
- 리더와 추종자의 에로틱 자본은 무엇인가?
- 조직 내에서 에로틱 자본이 갖는 강점과 약점은 무엇인가?

카리스마, 양면성을 지닌 폭군의 리더십

- 영화 '위플래시'에 투영된 리더십을 중심으로 -

'위플래시'의 사전적 의미는 채찍질이라는 뜻이다. '위플래시' 영화를 보며 많은 사람들은 불편해했고, 누군가는 '광기의 영화'라고도 평하였다. 왜 사람들이 이 영화를 '광기의 영화'라고 평한 본질, 이 리더십이 우리 사회에서 갖는 관점에 대해서 살펴보겠다.

영화의 폭군 선생인 플레처는 무한한 잠재력을 끌어올리기 위함이라는 합리화를 통해 제자에 대해 인격모독, 폭력도 마다하지 않는 카리스마 리더십을 보이며, 역경을 딛는 과정보다는 최고의 결과만을 중요시 한다. 어떠한 주인공의 노력도 자신의 디렉션에 따라오지 못하지만 하찮게 보일 뿐이다.

우리 한국 사회는 산업화 과정을 겪으면서 결과 중심, 목적형 중심 사고로 생각하면서, 이따금씩 플레처와 같은 이러한 카리스마 넘치는 리더에 열광하곤 했다. 과거 드라마 '베토벤바이러스'의 강마에 캐릭터가 선풍적인 인기를 끌었던 바와 같이, 매년 드라마나 영화에서 괴팍하지만 최고의 결과를 이끌어내는 리더의 매력에 열광하는 이유는 고약한 카리스마의 이면 열정의 모습에 끌리는 매력 때문이 아닐까? 명확한 목표를 제시하고, 자발적 복종을 이끌어 내어 성과향상에 자연스레 이끌릴 수밖에 없는 리더십에 우리는 이미 많은 사회적 사례를 보곤 하였다.

"리더의 명확한 목표와 동기부여에 우리는 과정이 가혹한 줄 알면서도 강한 팔로워십이 일어난다."

그래서 이러한 리더십의 평가에는 항상 양면이 존재하기 나름이다. 그러한 맥락으로서 위플래시 해석의 이미지 표현 또한 포스터에 고스란히 드러난다. 영화 관점의 해석에 따라 잔인한 리더십으로 표현할 수도, 열정적인 천재 드러머와 그를 이끄는 위엄 있는 카리스마 리더로 바라볼 수 있다.

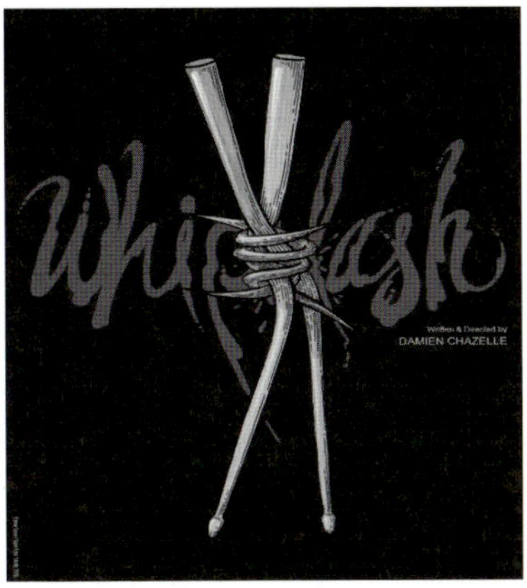

위의 포스터는 잔인하고, 호러물을 연상케 하는 이미지를 갖고 있다. 이는 포스터 디자이너의 해석이 플레처 리더십의 해석을 잔인하고, 오싹한 느낌으로 해석한 것을 알 수가 있다.

앞서 포스터와 달리, 위 카리스마 리더십 해석으로의 포스터들은 매우 위엄

있고, 카리스마 넘치는 플레처의 모습을 담은 이미지를 갖고 있다. 존경하고, 따르고 싶은 리더십으로써의 모습을 묘사한 것으로 알 수가 있는데, 이는 같은 리더십을 우리는 얼마나 다양한 모습으로 받아들일 수 있는가를 알 수가 있는 대목이다.

우리는 위플래시가 갖고 있는 카리스마와 폭군의 양면성의 모습을 지닌 리더십이 우리에게 어떻게 개개인의 가치에 따라 다가올 수 있는가를 생각해 보아야 할 것이다. 개인적으로 플레처를 카리스마 있다며 박수를 보내거나 혹은 폭군이라며 비난하는 양면의 평가는 뒤로 하고 싶다.

출처: 전재환(2017). 카리스마, 양면성을 지닌 폭군의 리더십. 매거진 무비 소사이어티. https://brunch.co.kr/@videsign20/2 일부 발췌하여 수정함.

1. 위플래시의 플래쳐는 어떤 리더일까?

위플래시 영화를 보고 만약 내가 플레처의 제자일지 생각해 본다. 나는 플레처를 카리스마 있는 선생님으로 모시며 고통을 겪으면서도 따르겠는가? 아니면 괴물같은 폭군이라며 강하고 거센 비난의 화살을 쏠 건가? 나라면 플레처를 어떤 리더로 평가할 것인지, 그리고 그 이유를 아래 칸에 작성해 보자.

나에게 플레처는 리더이다. 왜냐하면 ______ ______ ______ ______ ______ ______ ______

Workbook Activity 03 | 리더십 유형

직업생활에서 어느 한 가지 유형의 리더십을 고수하기보다는 다양한 형태의 리더십을 유연하게 적용하는 것이 필요하다. 다음 사례를 읽고 독재자 유형, 민주주의에 근접한 유형, 파트너십 유형 그리고 변혁적 유형 중 가장 적절하다고 생각하는 것을 적어 보자.

① 기획부장 K씨는 부하직원들의 생각을 듣기보다는 자신의 생각에 도전이나 반항 없이 순응하도록 요구한다. 이에 따라 부하직원들은 자신에게 주어진 업무만을 묵묵히 수행하며, 조직에 대한 정보를 잘 알지 못하고 있다. (   )

② 팀장 L씨는 아침마다 직원회의를 열고 그 날의 협의 내용에 대한 개요자료를 부하직원들에게 나누어 준다. 그러면 직원들은 자신의 의견을 제시하거나 완전히 새로운 안을 제시할 수도 있다. L씨는 이러한 부하직원들의 생각에 동의하거나 거부할 권한을 가진다. (   )

③ 팀장 J씨는 스스로가 팀원 중 한 명일뿐이라는 생각을 가지고 있다. 이에 따라 자신이 다른 팀원들보다 더 비중 있다고 생각하지 않으며, 모든 팀원들은 팀의 성과 및 결과에 대한 책임을 공유하고 있다. (   )

④ 팀장 P씨는 그동안 자신의 팀이 유지해 온 업무 수행 상태에 문제가 있다고 생각하고 있었다. 이를 개선하기 위해 그는 팀에 명확한 비전을 제시하고, 팀원들로 하여금 업무에 몰두할 수 있도록 격려하였다. (   )

출처: 한국산업인력공단(2016). 대인관계 능력 학습자용 워크북.

Workbook Activity 04 | 리더십 유형

방시혁 PD의 리더십과 BTS

BTS(방탄소년단)는 불과 4년 만에 유튜브 조회 수 25억 회 이상, 트위터 팔로어 1200만 명 이상, 역대 최다 음반판매량 등 전대미문의 기록을 달성하고 이 시간에도 새로운 기록들을 만들어 내고 있다. BTS를 지금의 위상으로 만들어 낸 데는 아무래도 빅히트엔터테인먼트의 수장인 방시혁 PD의 역할이 핵심적이었다. 신생 기획사였음에도 불구하고 방시혁 PD는 BTS 멤버들에게 한국 시장이 아닌 글로벌 시장을 지향한다는 점을 지속적으로 각인했다. 별다른 기반이 없었음에도 불구하고 데뷔 초반부터 일본, 유럽, 미주 등을 지속적으로 방문해 BTS를 노출하려는 노력을 기울였다. 모바일 시대로의 전환을 주목하고 지속적으로 SNS, 유튜브 등을 통해 팬들과 직접 소통하는 부분에 노력을 가한 것으로 보인다. 그러한 노력이 2~3년간 꾸준히 지속되자 서서히 글로벌 팬층이 반응을 보이기 시작했다. 회사의 재무적인 여력과 미래에 대한 불안감을 감내하는 것은 최고경영층의 책임이지만 이러한 과정을 이겨냈을 때의 성과는 더욱 눈부시다. 자율성에 기반한 육성으로 이제 BTS 멤버 각자의 역량이 한층 강화된 것은 더 큰 소득일 것이다. 명확한 가치와 목표를 제시하고, 자율성에 기반한 육성 지원을 하면서, 인내하고 기다릴 수 있는 것, 그리고 마침내 성과를 함께 나누는 것이야말로 밀레니얼세대와 함께 일하는 최고경영진의 역할은 아닐까.

〈방시혁 PD가 BTS에게 보낸 편지〉

To. 석진 윤기 남준 호석 지민 태형 그리고 정국에게

처음 만났을 때 너희들은 모두 정말 어렸더랬지.
만난 시기는 모두 다르지만 다들 무언가 겁에 질려 있었고
나를 어떻게 바라봐야 할지 모르겠다는 듯 시선을 잘 마주치지 못하기도 했어.
그런 너희를 나는 참 많이도 다그쳤던 것 같다.
워낙 욕심이 많은 내 기준에 맞춰서 왜 자신을 믿지 못하느냐고
왜 더 멀리 보려 하지 않는 거냐며 몰아세웠고
다들 내가 가리키는 곳이 너무 멀고 막막해서 잠을 설친 기억이 있을 거야.
그래도 너희는 항상 어떻게든 길을 찾아내 줬어.
내가 가리킨 곳보다 항상 더 높게 뛰어올랐고 더 멀리 솟구쳐 올랐다.
너희와 함께 걸으며 어느 순간 깨달았다. 너희의 불안함이 절실함의 다른 얼굴이라는 것을
그것이 너희를 밤새워 연습하게 하고 한계를 넘어서까지 스스로를 지독하게 밀어붙였다는 것을
그리고 이제 나는 한걸음 뒤에서 너희들이 나아가는 모습을 바라본다.
이제는 내가 손가락을 들어 어딘가를 가리킬 필요조차 없어졌으니까
너희는 자신들의 힘으로 자신들의 길을 찾아 날아가고 있으니까
그리고 내가 감히 바랄 수도 없었던 곳을 넘어서고 있으니까
그래도 고맙다 대견하다는 말은 아직 아껴둘 게. 나는 욕심이 많은 사람이거든
그 말은 언젠가 세계 최고의 그룹이 되는 날 1년 뒤, 아니면 3년 뒤 6월 12일을 위해
남겨두도록 하자.
그날 너희 한명 한명의 눈을 맞추면서 꼭 내 입으로 직접 말해줄 게
"함께 해줘서 고맙고 여기까지 데려와 줘서, 꿈꾸게 해줘서 고맙다고"

2016년 5월, 데뷔 3주년 한 달여 남겨놓고 쓴다. 방시혁

출처: 길태민(2018), 자율성, 안정감, 역할 중심 리더십., BTS는 밀레니얼 세대의 새로운 경영 교과서, 동아비즈니스리뷰(DBR).에서 일부 발췌하여 수정함

1. 위의 BTS사례를 읽고 방시혁 PD의 리더십 유형에 대해 각자 생각을 적어 보자.

▸▸▸ 학습성찰

이번 주 학습한 내용 중 본인의 생활에 적용 가능한 내용과 적용계획을 작성해보시오.

평가내용	자가진단				
	1	2	3	4	5
리더십 이론의 변천과정을 설명할 수 있다.					
다양한 리더십의 유형에 대해 설명할 수 있다.					

내용	내용
학습내용에 대해 새롭게 발견한 점	
학습내용에 대해 느낀 점	
학습내용 중 본인의 생활에 적용 가능한 점	
적용계획 (구체적으로 작성)	
기대효과	

“어떤 기업이 성공하느냐 실패하느냐의 실제 차이는 그 기업에 소속되어 있는 사람들의 재능과 열정을 얼마나 잘 끌어내느냐 하는 능력에 의해 좌우된다고 나는 믿는다.”

- IBM CEO

CHAPTER

05

리더십 능력 강화

동기부여, 임파워먼트 및 변화관리 능력

학습목표

1. 직업생활에서 조직구성원의 동기를 부여할 수 있는 방법을 활용할 수 있다.
2. 임파워먼트의 의미를 설명할 수 있다.
3. 직업생활에서 주도적으로 변화를 이끌 수 있다.

학습내용

1. 동기부여 능력
2. 임파워먼트 능력
3. 변화관리 능력

1. 동기부여 능력의 의미

미디어계의 거장 루퍼트 머독은 '조직원 스스로 조직의 일원임을 느끼도록 일깨우는 것만큼 좋은 것은 없다'라고 말하였다. 여기서 동기부여의 핵심은 조직원들의 마음과 가슴으로 들어가는 것임을 알 수 있다. 직업생활 중 직장동료나 상사 혹은 부하에게 동기를 부여하기 위한 방법은 무엇일지 알아보자.

1) 동기부여의 개념과 중요성

우리는 능력 있는 사람을 우대하고 부러워한다. 어떤 사람은 악기를 참 잘 다루고, 어떤 사람은 그 어려운 외국어도 척척 해 낸다. 그리고 기계를 다루고 컴퓨터를 조작하는 데 있어서도 능력의 차이는 크다. 그래서 기업체에서는 가능한 한 능력 있는 사람을 뽑으려고 하고, 또 능력 있는 사람에게 월급도 많이 주려고 한다. 그런데 능력보다 더 중요한 문제가 있다. 바로 의욕이 문제인 것이다. 능력이 없어서 문제가 되는 경우도 있지만 능력이 있는데도 그 능력을 발휘하지 않는 경우가 더 많은 것이다.

동기는 무엇인가를 성취하고자 하는 의욕이다. 따라서 동기부여는 어떤 행동을 하는 데 있어 열정과 지속성을 유발하는 내적 혹은 외적인 힘을 의미한다. 그래서 심리학자들은 P=f(A×M)라는 공식을 쓴다. 즉, 성과(P: Performance)는 능력(A: Ability)과 의욕(M: Motivation)의 곱의 함수라는 것이다. 그러니까 능력이 아무리 높더라도 의욕이 없으면 성과가 나오지 않고, 의욕이 아무리 높더라도 능력이 낮으면 역시 성과가 떨어지게 된다. 그렇다면, 능력을 향상시킬 것인가, 의욕을 북돋울 것인가. 물론 둘 다를 위해 노력해야 하지만, 당장 능력을 높이는 것보다는 의욕을 높이는 것이 쉽다. 그리고 능력을 높이기 위해 교육을 한다고 하더라도 학습에 대한 동기가 부여되지 않으면 안 될 것이다.

그래서 의욕 북돋우기 또는 동기부여는 리더십 이론에서 가장 중요하게 다루어지는 부분이다. 능력, 성격, 태도도 중요하지만, 동기부여야말로 이런 것에

선행하는 관리변수가 된다. 우선 의욕이 높고 노력을 많이 기울인다면 다른 것들은 보완이 되고 뒤따르게 마련이다.

2) 동기부여 이론

그러면 어떻게 동기를 부여할 것인가. 동기부여 이론에는 크게 두 가지 부류가 있다. 하나는 욕구이론이고, 다른 하나는 과정이론이다. 욕구이론은 인간에게 기본적으로 채워져야 하는 욕구가 있어, 그 욕구를 충족시켜 주면 의욕이 생긴다는 이론이고, 과정이론은 인간에게 어떤 욕구가 있는지 모르지만 의욕이 생기는 과정(절차)은 이렇다는 것을 밝히는 이론이다.

(1) 매슬로우의 욕구단계 이론(Need Hierarchy Theory)과 동기부여 방법

• 동기부여에 관한 오해 1: 모든 사람에게 동기부여 요인이 동일하다?

욕구이론 중에서 대표적인 이론이 매슬로우(Maslow)의 욕구 5단계론이다. 매슬로우는 인간에게는 다섯 종류의 욕구가 있고 이들은 서로 계층을 이루고 있다는 것이다. 생리적 욕구, 안전욕구, 사회적 욕구, 존경욕구, 자아실현욕구가 그것이다. 욕구 단계에 관해 매슬로우는 세 가지 원칙을 제시한다.

① 결핍의 원칙: 사람은 결핍된 욕구를 충족하는 방향으로 동기가 유발된다. 물론 결핍을 느끼는 정도가 강할수록 욕구의 강도는 높아진다. 그러므로 리더는 구성원의 결핍된 욕구를 자극하여 동기를 유발해야 한다.

② 충족의 원칙: 이미 충족된 욕구는 더 이상 동기유발 요인이 되지 않는다. 배가 고픈 사람은 일단 배가 부르면 동기유발의 과정은 종료되는 것이다. 그러므로 리더는 한 번 충족된 욕구가 아닌 새로운 결핍욕구를 찾아서 동기를 유발해야 한다.

③ 진행의 원칙: 생리적 욕구와 같은 하위욕구가 충족된 후에 자아실현과 같은 상위욕구의 충족을 향하여 진행된다는 것이다. 그러므로 리더는 각 단계별

욕구의 내용을 잘 파악하여 단계적으로 동기를 유발하도록 고려해야 한다.

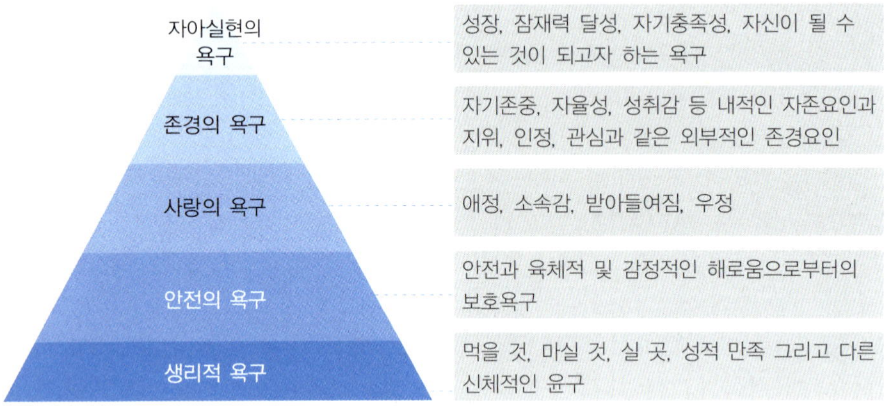

[그림 5-1] 매슬로우의 욕구 5단계

출처: 주삼환 외 (2015). 교육행정 및 교육경영.

매슬로우의 견해를 현실에 적용하여 구성원의 동기수준을 높이고자 한다면 다음과 같은 점들을 참고할 필요가 있다.

첫째, 리더는 구성원들의 욕구를 정확히 진단하는 것이 중요하다. 직무동기를 활성화하기 위하여 어떤 욕구에 관심을 두고 자극해야 하는가를 알아야 한다.

둘째, 결핍·충족·진행의 세 원칙이 모든 사람에게 똑같이 적용되는 것이 아니다. 사람에 따라 욕구 단계의 순서를 건너 뛸 수도 있다. 모든 사람들이 다섯 욕구를 다 추구하는 것이 아니라 일부 욕구만 추구할 수도 있다. 아울러 욕구단계가 역방향으로 진행될 수도 있다. 예를 들어 예술적 자아실현을 추구하고 나중에 생리적 욕구인 돈을 추구하는 경우도 있다. 그러므로 세 원칙을 이론대로 적용할 것이 아니라 개인들의 욕구 특성에 맞도록 동기를 부여하는 것이 좋다.

셋째, 한 단계의 욕구가 충족되면 그 욕구는 다시 유발되지 않는다고 하지만, 이는 단기적인 상황이거나 일회적인 경우이다. 사회적 소속감을 바라는 사람이 어떤 친목단체에 가입하고 나면, 더욱 높은 수준의 단체에 가입하고 싶을 수도 있는 것이다. 따라서 구성원들의 욕구가 일시적으로 충족되었다고 하더라도 더 높은 욕구가 있음을 고려할 필요가 있다.

(2) 맥그리거(McGtrgor)의 X, Y관점과 동기부여 방법

• 동기부여에 관한 오해 2: 인간은 자발적일까? 아니면 피동적일까?

X, Y관점은 인간본성에 대한 하나의 가정이다. 맥그리거(McGregor)는 인간의 본성에 대해, 인간을 피동적으로 보는 관점(X관점)과 능동적으로 보는 관점(Y관점)으로 나누어 본 것이다. 만일 X관점의 리더라면 구성원들에게 자율권을 주기보다는 지시와 감독으로 통제할 가능성이 크다. 반면에 Y관점의 리더는 권한을 위임하는 리더십을 발휘할 가능성이 클 것이다. 인간관에 따라 리더십행동이 달라지는 것이다.

〈표 5-1〉 맥그리거의 인간본성에 관한 X와 Y의 관점

X관점(인간을 피동적으로 보는 관점)	Y관점(인간을 능동적으로 보는 관점)
• 인간은 본질적으로 일을 싫어한다.	• 인간은 스스로 일을 찾아서 수행한다.
• 인간은 책임을 회피하려 한다.	• 인간은 스스로 책임지려 한다.
• 인간은 창의력을 발휘하지 않는다.	• 인간은 자발적인 창의력을 발휘한다.
• 인간은 생리 및 안전욕구에 의해 동기화된다.	• 인간은 자존 및 자아실현욕구에 의해 동기화된다.
• 인간은 자기통제력이 약하다.	• 인간은 자기통제력을 가지고 있다.

맥그리거의 관점을 적용하여 구성원의 동기수준을 향상시키려고 할 때 다음과 같은 점을 고려할 필요가 있다.

첫째, 리더는 자신이 어떤 인간관을 가지고 있는가를 먼저 살펴야 한다. 두 관점은 각각 긍정적인 점과 부정적인 점을 가지고 있어서 한 쪽의 치우친 시간은 구성원을 편협하게 이해할 가능성이 크다. 먼저 자신을 알아야 한다.

둘째, 구성원이 어떤 성향인지 파악해야 한다. 구성원의 자율적 의지와 능력이 높은 수준이라면 Y관점의 리더십이 효과적일 것이다. 그러나 구성원이 책임과 자율성을 싫어하고 정형화된 직무수행을 선호한다면 X관점의 리더십이 더욱 타당할 수 있을 것이다.

셋째, 맥그리거는 Y관점을 장려하지만 Y관점의 리더십이 더 높은 성과를 나타낸다는 확증이 있는 것은 아니다. 그럼에도 인간 존중을 중시하는 현대사회의

시대흐름을 고려할 때 Y관점은 바람직한 관점이다. 다만, 현실적으로 동기부여를 적용할 때 구성원의 특성과 성과향상을 고려해야 할 것이다.

(3) 허즈버그(Herzberg)의 2요인 관점과 동기부여 방법

• 동기부여에 관한 오해 3: 금전적 보상이 최고다?

허즈버그는 수백 명의 직장인을 면담한 후, 직무 환경이 매우 만족스러운 경우와 매우 불만족스러운 경우로 구분된다는 사실을 발견했다. 이를 토대로 동기·위생 요인의 2요인의 이론을 제시했다. 위생 요인은 작업조건, 급여, 회사 정책 등과 같은 작업 환경에 따라 직무의 불만족 여부를 결정한다. 즉, 위생 요인이 충족되면 불만족이 유발되지 않고, 충족되지 않으면 불만족하게 된다는 것이다. 그런데 여기서 중요한 점은, 직무에 불만족이 생기기 않는다고 해서 직무에 만족한다는 의미는 아니라는 것이다. 단지 직무 불만족과 관련된 것이다.

반면, 동기요인은 직무 만족과 관련이 있다. 즉 성취감, 인정, 책임감, 성장 등과 같은 고차원적 욕구와 연관되어 있다. 이러한 요인이 많으면 직무 만족이 유발된다. 그러나 이러한 욕구들이 적다고 해서 직무 불만족이 발생하지는 않는다.

정리하면, '만족'의 상반된 개념은 '불만(dissatisfaction)'이 아니라 '만족 없음'이며, '불만'의 상반된 개념은 '불만 없음'이 되는 서로 다른 차원의 것이다.

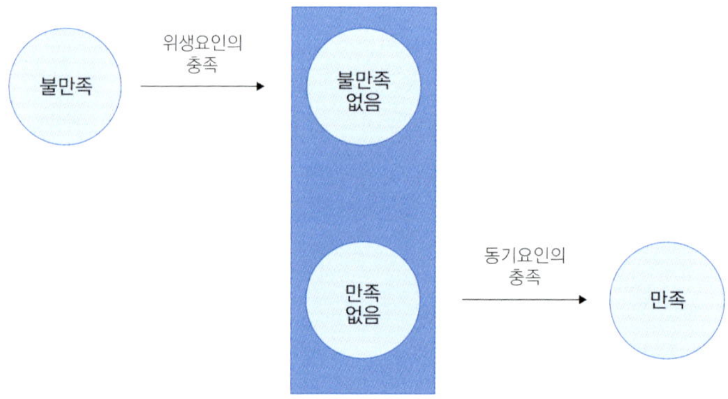

[그림 5-2] 허즈버그 2요인

동기·위생 요인을 동기부여에 적용하고자 할 때에는 리더는 구성원들의 불만족을 가져오는 위생 요인을 제거하고, 만족을 가져오는 동기 요인을 지속적으로 강화해야 한다.

(4) 브룸의 기대이론과 동기 유발 방법

• 동기부여에 관한 오해 4: 노력을 기울이면 성과를 낼 수 있는가?

과정이론에서 대표적인 것은 브룸(Vroom)과 포터(Porter) 등이 개발한 기대이론(Expectancy theory)이다. 기대이론은 인간이 노력을 기울이게 될 때에는 미래 사건을 예측해 보고 확률을 계산하여 결정을 한다는 것이다. 노력을 기울이면 성과를 낼 수 있는가. 성과를 낼 수 있는 확률이 어느 정도인가. 성과가 나면 내가 좋아하는 보상이 따라오는가 하는 것을 추론해 본다는 것이다.

기대이론을 세 단계로 나누어 이해해 보자.

첫 단계: 철민이는 자신이 열심히 공부하면 평균 A학점이 될 수 있는가를 판단 할 것이다. 즉 노력이 성과를 가져 올 것인가를 가늠하는 것이다. A학점 이상이 가능하다고 생각하면 성취의 기대치(expectancy)가 높아지고, 어렵다고 생각하면 기대치가 낮아지며, 불가능하다고 생각하면 제로가 된다. 물론 기대치가 높을수록 학습동기유발이 잘 될 것이다.

두 번째 단계: A학점이라는 성적은 새 스마트폰의 보상을 가져오는 수단(instrumentality)인데, A학점을 넘으면 과연 아버지가 새 스마트폰을 사주실 것인가? 믿음이 강할수록 학습동기는 강화되고 믿음이 약할수록 동기는 약화된다.

세 번째 단계: 보상의 매력을 유인가(valence)라고 한다. 과연 새 스마트폰이 내가 얼마나 갖고 싶은 것인가? 새 스마폰이 얻고 싶은 것일수록 학습동기는 더욱 유발되고 별로 중요하게 생각하는 것이 아니라면 동기는 잘 유발되지 않을 것이다.

기대이론은 위와 같이 동기의 유발과정을 기대치와 수단성 및 유인가의 세 가지 개념으로 설명한 이론이다. 따라서 구성원의 동기수준은 M = f(기대치 × 수단성 × 유인가)의 함수이다. 즉, 노력하면 성과를 달성할 수 있다고 믿을 때, 성과를 달성하면 보상을 얻을 수 있다고 믿을 때, 그리고 보상이 나에게 가치 있는 것일 때 동기 유발수준이 높아지고, 그 반대이면 동기유발수준이 낮아진다는 것이다.

기대이론을 동기부여에 적용하고자 할 때에는 다음의 몇 가지를 참고하는 것이 도움이 될 것이다.

첫째, 먼저 구성원의 기대치, 즉 '노력하면 성과를 달성할 수 있다'는 구성원들의 믿음을 높여야 한다. 아무리 매력적인 보상을 제시해도 성과달성에 자신이 없으면 그림의 떡이다. 자신감이 부족한 구성원에게는 과업수행방법을 알려주고 용기를 북돋아 주어야 한다.

둘째, 성과가 보상을 가져다준다는 수단성을 높이기 위해서는 리더의 보상약속에 대한 신뢰를 지켜야 하고 아울러 보상능력을 높여야 한다. 과거에 약속을 어겼거나 능력 밖의 비상식적인 보상을 약속하는 경우 신뢰감이 떨어진다.

셋째, 보상으로 무엇을 제공할 것인가를 리더의 기준에서 독단적으로 판단할 것이 아니라 구성원의 선호에 따라 유인가가 높은 보상을 잘 선별하여 제공해야 한다.

Workbook Activity 01 | 동기부여

원숭이도 스스로 동기부여가 되는가?

다니엘 핑크는 그의 책 『드라이버(Drive)』에서 생존을 위한 투쟁이 동기부여 1.0의 시대, 채찍과 당근을 이용한 외적 동기부여가 2.0의 시대였다고 한다. 지금은 직원의 내적 동기를 자극하는 동기부여 3.0이 중요하다고 강조한다.

동기부여 3.0의 핵심 구성은 세 가지다. 일의 목적, 업무 전문성 그리고 자율성이다. 특히, 자율성은 가장 중요한 동기부여의 핵심요소이다.

다음은 '자율성'에 대한 실험 내용이다.

원숭이에게도 동기부여가 필요할까? 미국의 심리학자 해리할로는 원숭이를 대상으로 동기와 관련한 아주 재미있는 실험을 진행했다. 이 실험 이전에는 동물에 대해 동기부여라는 말이 없었다. 그 유명한 '파블로의 개' 실험과 같은 조건화의 관점으로만 동물 실험을 진행했었다. 그런데 해리할로가 세계 최초로 동물과 동기 부여의 관계를 살펴본 것이다. 원숭이를 대상으로 한 동기 부여 실험의 결과는 매우 흥미롭다. 먼저 그의 실험을 간단히 살펴보겠다.

• **실험 1**

실험은 크게 두 가지로 진행되었다. 첫 번째 실험은 8마리의 원숭이를 A와 B 두 그룹으로 나누어서 총 14일 동안 진행했다. A그룹의 원숭이들에게는 잠금 장치가 되어 있는 경첩을 주고, B그룹의 원숭이들에게는 잠금 장치가 풀려 있는 경첩을 줬다. 그러니까 두 그룹의 원숭이가 빈방에서 14일간 경첩과 함께 생활한 것이다. 그중 A그룹 원숭이들에게 주어진 경첩은 아래 그림과 같이 잠겨 있어서, 핀을 뽑고 걸쇠를 들어 올려야만 풀 수 있다.

그룹 A
잠금장치가 되어 있는 경첩을
12일간 갖고 있는 원숭이들

그룹 B
잠금장치가 풀려 있는 경첩을
12일간 갖고 있는 원숭이들

그런데 실험에 참여한 원숭이들은 생후 6개월밖에 안 된 원숭이들이었고, 잠겨 있는 경첩을 푸는 일은 겨우 6개월 된 원숭이들에게는 굉장히 어려운 문제이다. 연구자들은 어린 원숭이들이 12일 동안 어떤 것을 학습하는지 지켜봤다. 경첩을 푼다고 해서 원숭이들에게 어떤 보상이 주어지지는 않았다. 그러고 나서 13~14일째에 두 그룹의 원숭이들에게 똑같이 감겨 있는 경첩을 주었다.

A그룹 원숭이들은 앞서 12일 동안 잠겨 있는 경첩을 푸는 경험을 했고, B그룹은 풀려 있는 경첩만 보았다. 경첩을 풀었을 때 아무런 보상을 받지 않았음에도 A그룹의 원숭이들은 13~14일째에 31번 경첩 풀기에 성공하고, B그룹은 단 4번만 성공한다. 추가적으로 60초의 제한 시간 안에 경첩을 풀 수 있는지를 살펴보았는데, 이때 이 두 그룹의 차이는 더욱 확연하게 나타났다. A그룹은 60초 안에 경첩을 푸는 횟수가 22번인데 비해 B그룹은 단 한번도 60초 안에 경첩을 풀지 못했다.

아주 흥미로운 결과가 나왔다. 생후 6개월밖에 안 된 원숭이들도 과제가 주어지면 이를 해결하려고 노력하고, 시간이 지나면서 저절로 해결 방법을 학습한다는 것을 확인했다. 이들 원숭이들에게는 어떠한 보상도 없었고 누가 의도적으로 행동을 훈련시키지도 않았는데, 스스로 경첩을 푸는 행동을 한 것이다. 그러니까 일정한 시간 동안 문제에 노출되면 스스로 풀려고 한다는 것이다. 이 결과도 흥미롭지만, 더 재미있는 결과가 실험 2에서 나온다.

〈14일차 문제 해결 횟수〉

전체 문제 해결 횟수				60초 이내 문제 해결 횟수			
그룹 A		그룹 B		그룹 A		그룹 B	
대상	해결	해결	대상	대상	해결	해결	대상
138	8	1	140	138	5	0	140
143	6	1	146	143	3	0	146
150	9	2	142	150	7	0	142
151	8	0	147	151	7	0	147
총합	31	4		총합	22	0	

• 실험 2

해리 할로는 추가 실험을 진행하기로 하였다. 이번에는 경첩을 풀면 보상으로 음식을 주는 조건을 추가했다. 원숭이 입장에서는 '파블로프의 개'가 되는 것이다. '내가 이걸 풀면 먹이를 주는구나' 하는 조건화 과정을 학습시킨 것이다.

일반적으로 보상으로 먹이를 줄 때와 안 줄 때, 어느 쪽이 더 효과가 좋을까? 당연히 먹이를 주는 쪽이 효과가 있을 것이라고 생각한다. 이게 지금까지 진행되어온 동물 대상 심리학 연구의 전반적인 결과이다.

그런데 해리 할로는 말도 안 되는 생각을 했다. 동물 역시 사람과 마찬가지로 자유 의지가 있으며, 의사결정력이 있고, 동기 부여가 되는 존재일 것이라고 생각한 것이다. 진짜 그런지 확인하기 위하여 앞의 실험과 동일한 상황을 만들어 놓고, 원숭이를 먹이를 주는 조건과 안 주는 조건으로 나주어 실험을 진행했다. 먹이를 주는 조건에서 더 많은 문제 풀이가 이루어졌을까? 아니면 먹이를 주지 않은 조건에서 더 많은 문제 풀이가 이루어졌을까?

• 먹이를 주는 조건

실험 결과는 우리의 일반적인 생각과 많이 달랐다. 일반적으로는 먹이를 주는 조건에서 더 좋은 결과가 있을 것이라고 예상했는데, 실제 결과는 반대였다. 먹이를 주는 조건에서 더 많이 실패했고, 반면 먹이를 주지 않는 조건에서 더 많이 성공했다. 정말 재미있는 결과가 나온 것이다. 이 연구를 통해서 동물 역시 외부로부터 주어지는 동기부여보다 자발적인 동기가 훨씬 더 중요하다는 것을 발견할 수 있다.

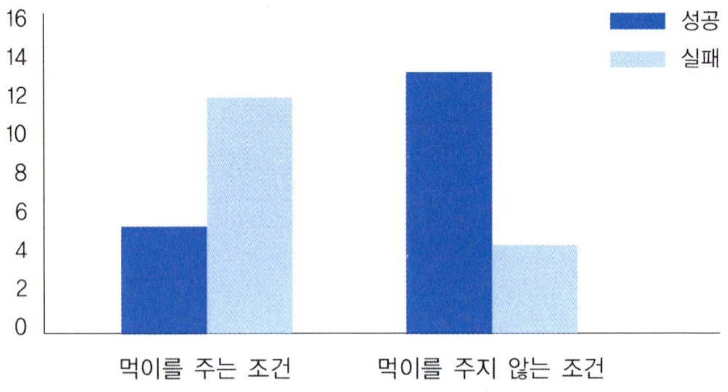

〈문제풀이 성공 / 실패 빈도〉

하지만 이 연구는 당시 동료 연구자들로부터 말도 안 되는 연구를 했다는 비난과 함께 연구비 중단 등의 압력을 받게 된다. 그 이유는 당시 테일러의 과학적 시간관리, 행동관리가 유행하고 있던 때라서 내적 동기가 중요하다는 해리 할로의 연구는 주변의 연구자들로부터 환영받기가 쉽지 않았기 때문이다. 이런저런 압력으로 해리 할로는 이런 류의 연구를 중단하고 다른 연구 주제로 넘어가게 된다. 그래서 원숭이의 행동에 대한 원리나 구조 등이 밝혀지지 않은 채 실험이 종료되고 말았다.

하지만 해리 할로의 실험을 통해, 동물이라 하더라도 내적 동기가 외적동기보다 훨씬 더 중요할 수 있다는 명제가 제기되었다. 내적 동기란 태어날 때부터 갖고 있는 동기를 말합니다. 외적 동기란 외부의 보상에 의해 발생한 동기를 말한다. 그러니까 스스로 좋아서 하는 행동은 내적 동기가 높아서 나오는 행동이고, 상을 주어서 하는 행동은 외적 동기가 높아서 나오는 행동이다.

해리 할로의 연구의 시사점은 동물이라 하더라도 태어날 때부터 스스로 무언가를 해내려는 동기를 갖고 있고, 그걸 무시할 수는 없다는 것이다.

출처: 신병철(2018). 논백 리더십 전략, 일부 발췌 수정함.

Workbook Activity 02 | 효과적인 동기부여 방법

'동기부여'는 리더십의 핵심 개념이다. 이루고자 하는 성과와 목표의 실현은 동기부여의 직접적인 결과라고 해도 결코 지나치지 않다. 팀의 구성원으로서 일을 하든 다른 사람의 지도를 받지 않고 자기 소신껏 하던 일을 멋지게 처리하도록 자기 자신에게 동기를 부여해야만 좋은 결과를 얻을 수 있다. 더군다나 팀의 리더라면 구성원들이 좋은 성과를 내도록 동기부여 할 수 있는 능력을 반드시 갖추어야 할 뿐만 아니라, 스스로에게 동기를 부여할 수 있어야 한다.

다음 상황에서 당신이라면 어떻게 이들에게 동기부여 할까?

상황 1

팀의 프로젝트 진행에 문제가 생겨서 일정이 지연되고 있다. 팀원인 소민이는 프로젝트를 일정 안에 끝내기 위해 밤늦게까지 일에 매진하고 있다. 그녀는 조금도 불평하지 않은 채, 최선을 다해 프로젝트를 수행하고 있다. 그녀의 노력에 힘입어 프로젝트는 예정된 일정대로 무사히 마무리되었고, 기대 이상의 좋은 결과도 얻었다.

당신은 어떻게 행동할 것인가?

상황 1의 해결책

____

____

____

____

____

상황 2

미숙의 업무 속도가 점점 나빠지고 있다. 그녀는 업무에 눈꼽만큼도 관심이 없는 것 같고, 업무 자체를 지겨워하는 것처럼 보인다. 당신은 이 상황을 어떻게 해결할 것인가?

상황 2의 해결책

상황 3

상철은 부서에서 최고의 성과를 올리는 영업사원으로 명성이 자자하지만, 서류 작업을 정시에 마친 적이 한 번도 없다. 그가 서류 작업을 지체하기 때문에 팀 전체의 생산성에 차질이 빚어지고 있다. 당신은 이 상황을 어떻게 해결할 것인가?

상황 3의 해결책

상황 4

명성은 2년간 당신의 부하직원으로 일했는데, 업무능력이 대단히 뛰어났다. 최근 들어 당신은 그에게 회사 뉴스레터를 새로 디자인하라고 지시했는데, 결과물은 의외로 좋지 않았다. 깔끔하지 못했고 아마추어 분위기가 심하게 났다. 당신을 이 상황을 어떻게 해결할 것인가?

상황 4의 해결책

Workbook Activity 03 | 동기부여 문장 완성

가족, 동료 및 구성원, 상사 등을 위해 각각 이 동사들과 같은 목표를 달성할 방법을 찾는다.

누구를 + 어떻게(어떤 방법으로) + 동사

누구를		동사
가족 동료 구성원 상사	↓	고취시키다. 고무시키다. 동기부여하다. 영향을 주다. 달성하다. 조성하다. 촉진하다. 기여하다. 기쁘게 하다. 봉사하다.

Workbook Activity 04 | 자신의 동기부여 성찰

1. 당신은 과거 누구에 의해 동기부여 되었는가?

지금까지 생활해 오면서 가장 힘들었을 때, 혹은 의욕과 동기가 저하되었을 때, 나에게 동기부여해 준 사람을 떠올려봅시다. 그리고 그분의 어떤 행동 또는 말이 나에게 힘이 되었는지 생각해 보고 적어봅시다.

2. 내가 이렇게 열심히 대학을 다니면서 공부하는 이유는 무엇인가? 본인이 다니고 있는 대학은 당신에게 어떤 의미인가?

3. 지금까지 생활해 오면서 어떤 성공을 경험했나? 그것은 당신의 어떤 강점이 발휘된 것인가?

4. 대학생활을 하면서 가장 중시하는 것은 무엇인가?

5. 조직(가족, 사회, 대학 등)에서 이것만은 알아주었으면 하는 것은 무엇인가?

6. 아무런 제약이 없다면 꼭 도전해 보고 싶은 것은 무엇인가?

7. 앞으로 어떤 변화를 해보고 싶은가?

2. 임파워먼트 능력의 의미

리더가 되기 전에는 성공이란 그저 자기 자신의 성장만을 의미한다. 즉 성공은 나의 성과, 나의 실적, 나의 개인적인 기여에 달려있다. 리더가 된 뒤의 성공이란 다른 사람을 키우는 것에 좌우된다. 성공은 나를 위해 일하는 사람이 더 영리해지고 큰 그릇이 되도록, 더욱 대담해지도록 키워주는 일을 통해 달성한다.

- Jack Welch(GE 최고경영자)

1) 임파워먼트 개념과 중요성

'임파워먼트(Empowerment)'는 리더십의 핵심 개념 중 하나이다. 즉 '권한 위임'이라고 할 수 있다. 임파워먼트는 사전적으로 "파워 또는 권한을 주다."는 뜻이 있으며, 이외에 'enabling'과 같은 뜻으로 정의되고 있는데, 단순히 권한을 주는 것을 넘어 자신의 능력에 대한 강한 자신감과 신념을 갖도록 지원해 주는 것을 의미한다.

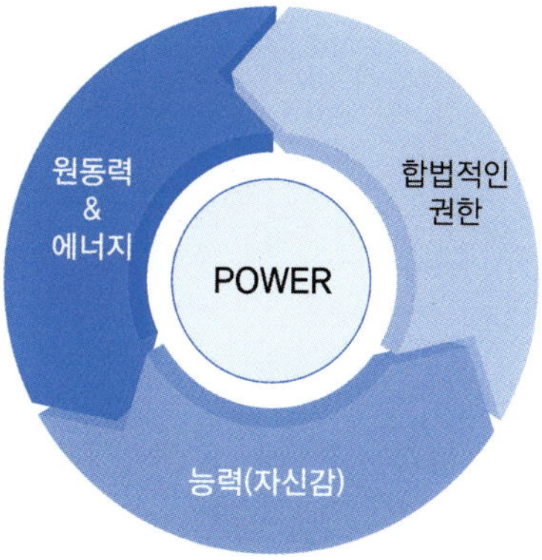

[그림 5-3] 임파워먼트의 3가지 의미

즉, 임파워먼트에는 다음 3가지 의미가 포함된다.

첫째, 합법적인 권한이라는 의미, 올바른 권력의 올바른 행사라는 "정당한 권한의 부여", 둘째, 무엇인가를 해낼 수 있는 능력이라는 의미의 "업무수행에 대한 자신감", 셋째, 에너지 또는 원동력의 의미의 "에너지 불어넣기 또는 활력을 갖도록 하기"이다.

따라서 '임파워먼트'란 '조직구성원들을 신뢰하고 그들의 잠재력을 믿으며, 그 잠재력의 개발을 통해 고성과(high performance) 조직이 되도록 하는 일련의 행위'로 정의할 수 있다.

2) 임파워먼트의 실행방안

진정한 임파워먼트는 혁신성과 자발성을 이끌어 내고 조직 전체의 목적에 헌신하도록 유도함으로써 High Performance 조직을 창출하게 한다. 진정한 임파워먼트를 위해서는 다음의 3가지 기준이 반드시 충족되어야 한다.

① 여건의 조성

임파워먼트는 사람들이 자유롭게 참여하고 기여할 수 있는 일련의 여건들을 조성하는 것이다. 그것은 사람들에게 행해지는 어떤 행동이 아니다.

② 재능과 에너지의 극대화

임파워먼트는 사람들의 재능과 욕망을 최대한으로 활용할 뿐만 아니라 더 나아가 확대할 수 있도록 하는 것이다.

③ 명확하고 의미 있는 목적에 초점

임파워먼트는 사람들이 분명하고 의미 있는 목적과 사명을 위해 최대의 노력을 발휘하도록 해주는 것이다.

효과적인 리더는 사람들이 능력을 발휘할 수 있도록 조직 내의 임파워먼트 여건들을 창출해야 한다. 임파워먼트가 안 된 환경에서는 많은 경우 사람들의 능력이 발휘되지 못하지만 임파워먼트 여건들은 사람들을 성장하게 한다. 또한 사람들이 의미 있는 목적을 성취하기 위해 그들이 가진 잠재력과 창의성을 최대한 발휘할 수 있게 한다. 리더는 임파워먼트 환경이 가져다주는 혜택과 임파워먼트 환경을 갖춘다는 것이 의미하는 바를 잘 알고 있어야 한다. 임파워먼트 환경에서는 직원들의 에너지, 창의성, 동기 및 잠재능력이 최대한 발휘되는 경향이 있다. 특히, 높은 성과를 내는 임파워먼트의 여건에는 다음과 같은 것들이 포함된다.

① 도전적이고 흥미 있는 일
② 학습과 성장의 기회
③ 높은 성과와 지속적인 개선을 가져오는 요인들에 대한 통제
④ 성과에 대한 지식
⑤ 긍정적인 인간관계
⑥ 개인들이 공헌하며 만족한다는 느낌
⑦ 상부로부터의 지원

다음으로 어떤 사람을 어떻게 동기부여하고 임파워먼트해야 할까? 대상별 역량을 고려한 팀원들의 '역량×주도성 매트릭스'을 통해 살펴보자.

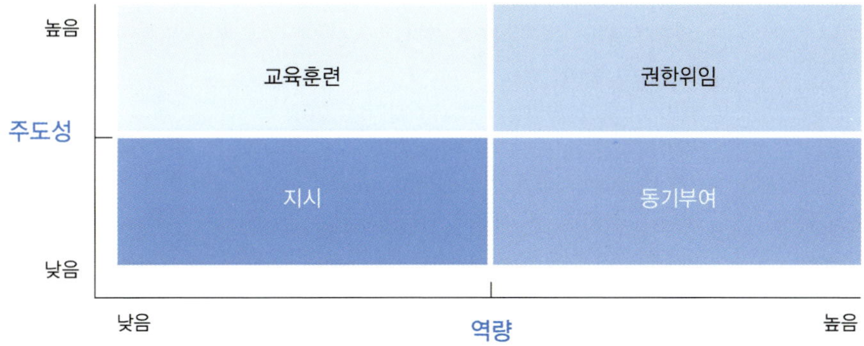

[그림 5-4] 역량 x 주도성 매트릭스

역량도 높고 주도성도 높은 팀원들은 업무에 대한 권한과 책임을 부여하고,

즉 임파워먼트(Empowerment)하고 결과나 성과에 대해서만 챙기면 된다. 역량은 낮은데 주도성이 높은 팀원은 교육 훈련을 통해 역량을 강화해 주면 된다. 문제는 역량은 높은데 주도성이 낮은 팀원이다. 이들이 바로 동기부여 리더십을 발휘해야 하는 우선순위 대상이다.

한편, 리더들은 임파워먼트의 여건을 마련하는 일과 대상자별 역량을 고려하여 동기부여나 임파워먼트를 해야 하는 일 외에 임파워먼트에 장애가 되는 요인들에 대해서도 알고 있어야 한다. 다섯 가지 차원과 관련된 장애요인들을 다음 〈표 5-2〉를 통해 살펴보자.

〈표 5-2〉 임파워먼트의 장애요인

개인 차원	- 주어진 일을 해내는 역량의 결여 - 동기의 결여 및 결의의 부족 - 책임감 부족 - 높은 의존성
대인 차원	- 다른 사람과의 성실성 결여, 약속의 불이행 - 성과를 제한하는 조직의 규범 - 갈등처리 능력 부재 - 승패의 태도
관리 차원	- 권위적이고 통제적 리더십 스타일 - 부정적 스타일(실패를 추궁) - 행동/결과에 대한 이유 설명 결여(비합리적 스타일) - 정책 및 기획의 실행 능력 결여 - 비전의 효과적 전달 능력 결여
조직 차원	- 역할 명확성의 결여 - 훈련, 기술적 지원 등 필요한 자원의 결여 - 비현실적인 목표 - 적절한 권한/자유재량의 결여 - 낮은 과업 다양성, 매우 일상적인 작업 - 직무성과에 직접적 효과를 지니는 프로그램, 회의, 의사결정에 참여 제한 - 네트워크 형성 기회의 결여, 상사와의 제한된 접촉 - 의미 있는 목표/과업의 결여 - 높은 규율 구조

보상제도 차원	- 능력제가 아닌 임의적인 보상제 - 보상에 대한 낮은 인센티브 가치 - 능력급제 보상의 결여 - 혁신에 대한 보상의 결여

경쟁이 치열해지고 환경의 변화가 가속화되고 있는 지금에 이르러서는 의욕을 북돋우는 것만으로는 부족하다. 의욕이 높아지면 능력도 향상될 것이라고 생각하고 기다릴 시간이 없다. 의욕을 높이는 것을 넘어서 사원들의 역량을 강화하고 氣를 살려야 한다. 능력과 의욕을 동시에 높여 사원 모두를 종업원이 아닌 리더가 되게 해야 한다. 대상자별 역량을 고려하고, 무력감을 제거하고, 목표를 공유하고, 권한을 위양하며, 적극적으로 보상을 실시하는 임파워먼트 문화를 만들어야 한다.

다음은 임파워먼트 7가지 실천 방안이다.

① 명확한 비전과 원칙 제시
② 인적자원을 중시하는 기업문화 구축
③ 실패에 대한 격려
④ 공정한 보상
⑤ 역할 재정립의 마인드 개발
⑥ 능력과 리더십의 조화
⑦ 신뢰 구축

Workbook Activity 05 | 임파워먼트의 의미

• 상황 1

리더 A는 구성원 철민에게 지난 몇 달 동안의 매출액 수치를 정리해 줄 것을 요청했다. 즉, 데이터베이스를 업데이트하고 또 회계 부서에서 받은 수치를 반영해 새로운 보고서를 만들어 달라는 것이다. 그런데 철민은 업무에 대한 관심과 열의를 전혀 갖추지 않은 채 일을 진행했다. 그러자 리더는 그가 업무에 열정을 쏟지 않는 이유, 매출을 증진하기 위해 그녀가 개선안을 제시하지 못한 이유에 대해 고민하기 시작했다.

• 상황 2

리더 B는 구성원 소민에게 지난 몇 달 동안의 판매수치를 정리해 줄 것을 요청했다. 그녀는 업무를 정확히 처리했지만, 철민과 마찬가지로 업무에 열의를 보이지 않았다. 그래서 리더 B는 소민이가 제출한 데이터를 꼼꼼히 검토한 후 그녀를 격려하며 마케팅 계획을 수립할 것을 요구했다. 그러자 소민이는 책임감을 갖고 자신의 판단에 따라 효과적인 개선안을 제시했다.

다음 두 상황을 살펴보고, 두 상황의 차이는 어디에 있는지 각자의 생각을 적어보자.

Workbook Activity 06 | 임파워먼트의 환경

높은 성과를 내기 위해 임파워먼트 환경을 구축하려면 조직은 어떠한 조건을 갖추어야 할지 각자의 생각을 적어보자.

1. ______________________________

2. ______________________________

3. ______________________________

4. ______________________________

5. ______________________________

3. 변화관리 능력의 의미

변화는 개인의 독주가 아니라, 여럿이 함께 가슴 뛰는 삶을 향해가는 협연이다.

- 존 코터(John P. Kotter, 하버드 비즈니스 스쿨의 명예교수,
리더십 및 변화관리 분야의 세계적인 권위자)

변화는 세 가지 미래를 가지고 온다. 첫 번째는 현재와 비슷하지만 조금 더 발전된 미래이고, 두 번째는 현재보다 더 퇴보하거나 나빠진 미래, 마지막 세 번째는 지금과는 전혀 다른 패러다임이 통용되는 미래이다. 변화는 현재의 시각에서 다루어지지만 어떤 방식으로 접근하고 대처하는가에 따라 미래는 달라진다. 변화 앞에서 두려움을 극복하고 위기와 갈등을 잘 예측하여 개인과 조직이 성장하게 만드는 변화관리 능력이 오늘날 중요한 이유다.

1) 변화관리의 개념과 중요성

변화란 세상에 존재하는 물체의 형상, 성질 등의 특징이 달라지는 것을 말한다. 특징이 강해지거나 약해지는 것, 혹은 새롭게 되는 것, 즉 시간이 흘러감에 따라 어떤 것이 과거의 상태에서 벗어나 현재의 상태가 되고 미래의 상태로 다시 달라지는 것을 의미한다. 조직관점에서 변화관리(變化管理, Change management)란 기업에 일어나는 중대한 변화를 기업 성과가 향상되는 방향으로 관리하는 것을 말한다.

유기체의 속성을 지닌 기업에게 '변화'는 일종의 생존 본능이다. 끊임없이 변하는 환경 속에서 변하지 않는 것 자체가 도태를 의미한다. 그래서 조직 안의 업무도 따지고 보면 대부분 변화와 관계된 것이다. 그럼에도 불구하고 역설적이게도 변화에 성공한 기업은 매우 적다. 하버드 경영대의 마이클 비어 교수에 따르면 변화를 시도한 기업의 약 70%는 실패한다. 와튼스쿨에서 리더십과 조직변화를 연구한 그레고리 세어 박사는 "변화는 리드 독(Lead dog, 우두머리 개)이

이끈다."고 말한다. 리더가 조직 변화의 출발이라는 의미다. 조직 변화 관리의 대가 존 코터는 "변화는 한 조직이 좋은 지도자를 새로 맞이하고, 그가 변화에 대한 필요성을 절감할 때 비로소 시작된다."고 말한다. 새로운 리더십 없이 진정한 변화는 시작되기 어렵다는 점을 짚어 주는 것이다.

조직의 변화이론에는 레빈(Lewin)의 3단계로 설명하였다. 원하는 미래 상태로 나아가기 위해서는 현재 힘이 이루고 있는 균형을 깨뜨려서 원하는 상태로 이동한 다음 그 지점에서 균형을 유지해야 한다고 변화의 과정을 설명하였다. 그는 변화과정을 해빙(Unfreezing) – 이동(Moving) – 응고(Refreezing)의 3단계로 보았다.

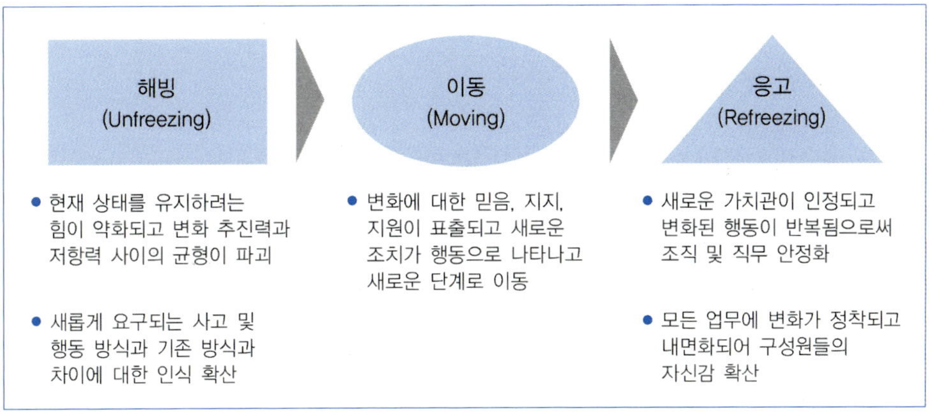

[그림 5-5] 커트 레빈의 변화 관리 3단계 모델

출처: 강진구(2017). 위기를 기회로 바꾸는 힘 "Change Management", LG경제연구원.

① 해빙(Unfreezing)단계

해빙단계는 변화의 필요성을 인지하는 단계이다. 변화의 필요성을 강조하기 위하여 개인이 갖고 있는 힘을 재편성하여 변화를 준비하는 과정이다. 이 해빙기에서는 개인에게 익숙한 관습 및 전통, 즉 일을 처리하는 낡은 방식을 무너뜨리고 새로운 행동양식을 받아들이기 위한 준비를 하는 과정이다.

② 이동(Moving)단계

이동단계는 새로운 가치, 태도 행동의 개발을 통해 구체적으로 변화가 발생하는 활동 지향적 단계이다. 일단 이동단계에서 변화 인지가 이루어지면서 개인 변화에 대한 동기부여가 나타나 새로운 행동패턴을 받아들일 준비를 하게 된다.

③ 응고(Refreezing)단계

응고단계에서는 일어난 변화를 안정시키는 단계이다. 이동단계에서 일어난 변화 상태가 유지 지속되어 현상으로 나타나는 것을 말한다. 즉 새로이 나타나는 행동이 개인의 인지, 성격과 같은 정서부문과 함께 정형화되어 굳어지는 과정이 응고단계에서 이루어진다.

2) 성공적인 변화관리를 위한 전략

(1) 변화관리 단계

효과적으로 변화에 대처하는 최상의 방법은 적극적으로 자기 자신을 변화시키는 것이다. 리더가 효과적인 변화관리를 하기 위한 과정은 다음과 같이 3단계(변화를 이해하기, 변화를 인식하기, 변화를 수용하기)로 설명할 수 있다.

① 변화관리 1단계: 변화를 이해하라

리더는 변화에 대처하려는 직원들을 어떻게 도울 것인가를 고민하기에 앞서, 변화와 관련한 몇 가지 공통 기반을 마련하고 변화 과정에 어떤 것들이 있는지를 파악해야 한다. 먼저 변화의 실상을 정확하게 파악한 다음, 익숙했던 것들을 버리는 데서 오는 감정과 심리적 상태를 어떻게 다룰 것인가에 대해 심사숙고해야 한다. 변화관리에서 변화를 다루는 방법만큼 중요한 것은 없다.

1. 변화가 왜 필요한가?

직업 세계에서 현재의 자리에 안정적으로 머물러 있겠다는 생각은 환상에 가깝다고 할 수 있다. 변화는 더디게 일어날 수도 있으며, 그날그날의 변화를 일일이 알아차릴 수는 없지만, 변화가 일어나고 있다는 사실만은 부인할 수 없다. 변화는 발전을 더욱 가속화한다.

2. 무엇이 변화를 일으키는가?

믿을 수 없을 정도로 과학기술이 발전하면서 세계적으로 경쟁이 치열해지고 있다. 이러한 경쟁에서 살아남도록 외부에서 자극을 주는 것으로부터 변화는 시작된다. 변화는 가히 역동적이다. 조직 내부에서는 위에서 아래로 이루어지며, 지위고하를 막론하고 모두에게 영향을 미친다.

3. 변화는 모두 좋은 것인가?

한마디로 말하면 그렇지 않다. 변화를 단행하기 전에 반드시 현재의 상황과 변화와 관련되는 사항들을 면밀히 검토해야 한다. 이렇게 단계적으로 진행해 가면 변화를 서둘러 실패를 초래하는 위험을 막을 수 있으며, 직원들이 변화를 자신의 일처럼 생각하게 된다.

② 변화관리 2단계: 변화를 인식하라

변화가 일어나면 모든 직원들이 눈치를 채기 마련이다. 이들은 변화에 대한 소문이 돌거나 변화 내용에 대한 설명도 하기도 전에 그것을 알아차린다. 불확실하고 의심스러운 분위기가 조성되면 직원들은 두려움과 스트레스에 시달리며, 사기는 땅으로 떨어진다. 그러므로 리더가 할 수 있는 최고의 결정은 직원들에게 변화와 관련된 상세한 정보를 제공하는 것이다. 무엇보다 직원들 자신이 변화를 직접 주도하고 있다는 마음이 들도록 이끌어야 한다. 사람은 누구나 자신의 능력을 발휘하는 데 도움이 되는 아이디어 및 변화에 열정적으로 대응한다. 다음은 변화에 저항하는 직원들을 성공적으로 이끄는 데 도움이 되는 방법들이다.

1. 개방적인 분위기를 조성한다.

솔직히 지금까지는 '개방'이란 말을 싫어했을지도 모른다. 하지만 이 방법만큼 직원들을 자신의 편으로 만드는 데 좋은 것은 없다. 직원들에게 되도록 많은 사실을 알려준다. 직원들이 거리낌 없이 질문하게 하고, 이에 솔직하게 답변하도록 한다.

2. 객관적인 자세를 유지한다.

가능한 객관적인 자세로 업무에 임한다. 변화를 수행하는 것이 힘들더라도 변화가 필요한 이유를 직원들이 명확히 알도록 한다. 변화의 유익성을 밝힐 수 있는 객관적인 수치 및 사례를 직원들에게 직접 확인시킬 필요가 있다.

3. 구성원의 감정을 세심하게 살핀다.

사람은 본능적으로 안정을 추구하기 때문에 자신의 안전을 해칠 것으로 생각되는 것들은 거부하려는 성향이 있다. 따라서 변화가 이루어지면 자신에게 도움이 될 만한 이익이 생기는 한편, 자신이 중요하게 여기는 것을 잃거나 포기해야 할 수도 있다는 점을 구성원에게 알려야 한다.

4. 변화의 긍정적인 면을 강조한다.

구성원이 변화의 긍정적인 측면을 인식하도록 돕는다. 또한 변화를 긍정적으로 받아들이는 방법을 찾도록 용기를 준다. 변화의 잠재적인 문제점을 최소화하고 긍정적인 면을 최대한 드러냄으로써, 구성원 스스로 변화가 주는 긍정적인 영향을 깨닫게 한다.

5. 변화에 적응할 시간을 준다.

기존의 방식에 새로운 것을 접목함으로써 구성원에게 적응하는 시간을 충분히 주는 것이 중요하다. 기존의 업무를 바탕으로 직원들이 새로운 것에 집중하도록 자극하며, 긍정적인 목표들을 달성하도록 이끌어 내는 것이 중요하다.

③ 변화관리 3단계: 변화를 수용하라

변화를 받아들이도록 이끄는 방법은 다양하다. 변화를 바라보는 리더의 자세, 변화에 동기를 부여하는 행위, 변화에 필요한 행동 등은 구성원을 변화시키는 데 상당히 중요하다. 구성원은 리더가 자신들이 모르는 것을 알려주는 한편 긍정적이고 신뢰하는 태도로 대한다고 느낄 때, 리더의 방식을 신뢰하며 따른다.

그러므로 리더는 왜 변화가 일어나야 하는지를 구성원에게 상세하게 설명하고, 변화를 위한 구성원의 노력에 아낌없이 지원해야 한다. 부정적인 행동을 보이는 구성원은 개별 면담을 통해, 늘 관심 있게 지켜보고 있다는 사실과 언제든지 대화를 나눌 수 있다는 점을 주지시킨다. 자신에게 관심을 가져주고 고민을 말할 수 있다는 사실에 구성원은 마음이 편해질 것이다. 변화에 스스로 대처하려는 직원들에게도 도움을 주어야 한다. 이런 구성원에게는 '인간은 자기실현적 예언자'라는 점을 인식시키면 좋다. 자기 자신에게 긍정적인 말을 함으로써 성공을 불러오는 경우도 많기 때문이다.

스스로 동기를 부여하도록 '나는 할 수 있다'와 같은 신념이 담긴 말을 들려준다면, 변화와 성공의 가능성이 더욱 높아진다. 무엇보다도 구성원과 수시로 커뮤니케이션하는 것이 중요하다. 정기적인 회의를 하고, 변화에 대한 구성원의 반응을 계속 주지한다. 규모에 관계없이 변화는 적어도 부서의 한두 직원에게 영향을 미치게 마련이다. 시간을 내어 변화와 관련해 자주 논의하고, 직원들이 자신의 생각이나 제안을 직접 말할 수 있는 분위기를 만드는 데 최선을 다하는 것이 중요하다.

(2) 변화관리를 위한 전략

인생은 일련의 변화의 과정이다. 그중에서도 질풍노도의 청소년기를 지나면서 학업과 입시, 진학, 구직과 취업, 업무 스트레스, 질병 등 우리의 삶에 수많은 변화 상황을 맞이할 수 있다.

하지만 변화는 필연적으로 저항을 불러일으킨다. 심리학자들에 따르면 누구나 새로운 방식을 배워야 할 때, 스스로가 일시적으로 무능하게 느껴지거나 유능한 집단에서 제외되고 극단적으로 자신의 기득권을 잃게 만들 수 있다는 불안감을 갖게 된다고 한다. 그 결과 변화가 필요 없다는 자기 합리화를 무의식적으로 강화한다는 것이다. 미국 하버드대 교육대학원에서 성인학습 분야를 연구하고 있는 로버트 케건 교수는 사람들이 변하지 않으려는 이유에 대해 무의식 중에 자신의 에너지를 다른 곳에 쏟음으로써 변화와 경쟁하기 때문이라고 설명하기도 한다. 저항은 그냥 그대로 있고 싶다는 관성이 아니며 사실은 변화에 대응하는 일종의 면역 방법이라는 것이다. 이런 관점에서 보면 저항 없는 변화는 본질적인 변화가 아니며 저항은 매우 자연스러운 것이 된다.

보스턴 경영대학원의 리처드 베카드 교수와 동료 루벤 해리스는 변화 관리의 성공을 결정하는 요소와 저항과의 관계에 주목하여 '베타드와 해리스의 변화 방정식(C=DVF〉R)'이라는 공식을 만들었다. 여기서 C는 변화(Change), D는 현재 상태에 대한 불만족 정도(Dissatisfaction), V는 도달하고자 하는 바람직한 상태를 나타내는 비전(Vision), F는 비전 달성을 위해 할 수 있는 확실한 조치들(First Steps), R은 비용을 포함한 저항(Resistance to Change)을 뜻한다. 즉, 변화를 일으키는 요소들의 곱이 저항보다 클 때 변화가 일어난다.

그러면, 세상의 변화에 효과적으로 대처하기 위해 12가지 전략을 살펴보자.

1. 우리의 생각을 명확히 할 '5가지 행동의 선택'에 관한 질문을 활용하라.
   가. 우리가 이 변화를 활용해야 할 이유는 무엇인가?
   나. 이 변화는 언제 일어날 것인가?
   다. 어떻게 이 변화를 다룰 것인가?
   라. 다른 사람에게 이 변화는 무엇을 의미하는가?
   마. 이 변화는 어떤 사람에게 영향을 미치는가?
2. 변화에 대처하는 속도를 높여라. 늦은 반응은 기업과 개인의 경력에 도움이 되지 않는다. 불필요한 절차와 과정을 생략하라.
3. 신속히 의사결정을 하라. '망설이면 뒤처진다.'라는 말이 요즘처럼 실감나는 때는 없다. 정확한 정보를 수집하고 능력을 최대한 발휘해 수집한 정보를 현실과 업무에 적용해라.
4. 업무를 혁신해라. 뒤처지지 않으려면 변화에 따라 끊임없이 조직을 혁신하고 업무를 재편해야 한다.
5. 자기 자신을 책임져라. 우리는 스스로 자신의 경력, 자기개발, 업무 혁신, 사기를 관리해야 한다. 누구도 변화에서 자유롭지 않다. 새로운 기술을 습득하고 남보다 열심히 변화에 적응하려는 노력을 기울이며 새로운 역할과 기회에 준비를 해야 한다.

6. 상황을 올바로 파악해 제어할 수 있고 타협할 수 있는 부분을 정해라. 소귀에 경 읽기 식으로 변화를 인정하지 않느라 시간을 허비해서는 안 된다. 또 현실적으로 변화할 수 있는 것과 그렇지 못한 것들을 구별할 수 있는 지혜를 가져야 한다.

7. 가치를 추구해라. 변화에 대처하면서 손실보다 기여를 많이 하도록 노력해라. 변화를 회피하면서 현재 지위를 유지하려 하지 말고 기여할 부분이 무엇인지 생각하는 것이다. 즉, 필요한 변화를 위해 기여할 부분을 찾아 행동하라.

8. 고객 서비스 기법을 연마해라. 향후 고객의 요구가 어떠할지 미리 예상하고, 고객의 변화를 면밀히 관찰하면서 고객의 의견을 수렴해야 한다.

9. 빠른 변화 속에서 자신을 재충전할 시간과 장소를 마련해라. 해변을 거닐거나 정원 가꾸기, 친구와 차 마시기, 독서하기 등 다양한 방법으로 자신을 재충전할 기회를 가져야 한다.

10. 스트레스를 해소하라. 일할 때와 쉬어야 할 때를 분명히 구분하고, 적당한 휴식을 통해 쌓인 스트레스와 피로를 해소하고 관리할 수 있어야 한다. 아무리 체력이 좋아도 쉬지 않고 일만 하는 사람은 결국 건강 문제가 생기고, 일의 능률과 효율성도 떨어지게 된다.

11. 의사소통을 통해 목표와 역할, 직원에 대한 기대를 명확히 해라. 우리뿐만 아니라 직원들도 변화에 적절히 대처할 필요가 있다. 회사 직원들이 변화 때문에 스트레스를 받고 있다면 회사 자체가 위험에 처한다. 약점을 아는 만큼 경쟁력이 높아진다.

12. 주변 환경의 변화에 주목하라. 새로운 추세나 행동양식의 변화가 무엇인지 세심하게 살펴야 한다. 무엇이 변하고 있는지 그 징후를 포착해야 한다. 새로운 추세를 파악하면 그 추세를 활용할 기회가 생긴다.

출처: 한국산업인력공단(2016), 대인관계 능력 학습자용 워크북.

Workbook Activity 07 | 변화관리 방법

1. 효과적으로 변화에 대처할 때 생기는 이점 중 자신에게 중요하다고 생각하는 것에 체크해 보자.

   a. 직업 안정
   b. 커리어 발전
   c. 자신의 '몸값' 향상
   d. 직업 만족도 향상

2. 각 이점에 대해서 좀 더 자세히 살펴보자.

a. (직업안정) 우선 직장에서 직면하게 될 3가지 변화를 적고, 그 다음에 각 변화에 대한 적절한 대처방법을 적은 다음, 마지막으로 각 변화가 자신의 직업에 도움이 될 부분을 적으시오.

가능한 변화	필요한 대처법	직업상 안전성
1)		
2)		
3)		

b. (커리어 발전) 가까운 미래에 승진을 바란다면, 다음의 2가지 질문에 답을 하시오.

- 새로운 직위에서 당면하게 될 변화는 무엇인가?

- 그러한 변화에 대처할 수 있는 능력이 있다는 것을 어떻게 보여줄 것인가?

c. (자신의 '몸값' 향상) 오늘 이력서를 쓴다고 가정하면, 융통성과 창의성을 보여줄 만한 경력에는 어떤 것이 있는가?(예: 새로운 분야의 수업 듣기, 새로운 업무팀 소속, 수준 높은 전문과 과정 수료, 4명의 각기 다른 팀 리더 밑에서의 업무 등)

d. (직업 만족도 향상) 다음 직업만족도의 요소들 중 변화에 잘 대처할 경우 얻을 수 있는 것들은 무엇인가?

☐ 스트레스 감소	☐ 생산성 향상
☐ 시간 활용 개선	☐ 능률 향상
☐ 사기 진작	☐ 자신감 상승
☐ 재미 증폭	☐ 팀에서 받는 존중 증대

출처: 한국산업인력공단(2024). 대인관계 능력 학습자용 워크북.

Workbook Activity 08 | 변화관리 방법

1. 본인이 변화관리를 해야겠다고 생각하는 포인트는 무엇인가?

2. 그것을 실천하기 위하여 무엇을 계획하고 행동으로 옮길 예정인가?

▸▸▸ 학습성찰

이번 주 학습한 내용 중 본인의 생활에 적용 가능한 내용과 적용계획을 작성해보시오.

평가내용	자가진단				
	1	2	3	4	5
동기부여할 수 있는 방법을 활용할 수 있다.					
임파워먼트의 의미를 설명할 수 있다.					
변화관리를 위한 전략을 활용할 수 있다.					

내용	내용
학습내용에 대해 새롭게 발견한 점	
학습내용에 대해 느낀 점	
학습내용 중 본인의 생활에 적용 가능한 점	
적용계획 (구체적으로 작성)	
기대효과	

PART 03

조직리더의 대인관계

"우리는 'We all rise(우리는 모두 함께 성장한다)', 'We are all leaders(우리는 모두 리더다)'라는 기본 철학을 바탕으로 인재를 육성하고 있다."

- GE(제너럴 일렉트릭)

CHAPTER

06

팀워크 능력

학습목표

1. 효과적인 팀의 특성을 설명할 수 있다.
2. 팀워크의 의미와 중요성을 설명할 수 있다.
3. 팀워크를 촉진시키기 위한 방법을 활용할 수 있다.

학습내용

1. 팀의 개념과 특징
2. 팀워크의 개념과 개발 방법

불개미들은 홍수가 나서 집이 잠기게 되면 서로 한 덩어리로 뭉쳐 물위를 떠다니며 새로운 안전 장소를 찾아간다. 개미 한 마리, 한 마리가 전체의 일부가 되지 않거나, 서로서로 뭉치지 않는다면 결국 모두가 죽게 된다.

당신은 어떤 조직에 속해 있는가? 당신은 어떤 조직을 이끌고 있는가? 당신의 조직은 어떤 성과를 내고 있는가? 당신에게 필요한 것은 "팀워크(Teamwork)"이다. 이번 장에서는 팀워크 능력에 대해 알아보자.

1. 팀의 의미

1) 집단과 팀의 개념

팀과 집단의 개념은 일상에서 통합되어 사용되고 있지만 다소 차이가 있다. 집단이란 두 명 이상의 사람들이 정보를 공유하는 것을 주목적으로 직무를 수행하는 상태를 의미하는 반면 팀이란 팀원들 상호 간에 공동의 목표에 몰입하여, 환경의 변화에 따라 적절하고 신속하게 문제를 해결하는 집단을 의미한다. 즉, 모든 팀은 집단으로 볼 수 있으나 모든 집단은 팀으로 볼 수 없다.

집단에서 팀으로 발전하기 위해서는 리더의 역할과 책임이 개인으로부터 집단으로 확장되어 공유되어야 한다. 집단과 팀을 크게 목표, 의사결정, 시너지, 책임, 기술 영역으로 구분하여 정의 내릴 수 있다.

〈표 6-1〉 집단과 팀의 차이

	집단	팀
목표	집단 구성원들 간의 정보 공유	팀 직무 수행 및 생산성 향상
의사 결정	다수결에 의해 결정되거나 소수의 영향권자에 의해 결정됨	모든 사람의 의견 반영, 합의하여 결정됨
시너지	관계없음(가끔 부정적임)	긍정적임
책임	개인에게 있음	개인 및 팀에게 있음
기술	다양하나 임의적	상호 보완적

출처: 정은희 외(2017).

2) 팀 조직과 전통적 조직의 차이

단순히 여러 사람이 모이면 조직일까? 백화점 할인 행사에 많은 사람들이 모였는데 그것을 하나의 조직으로 볼 수 있을까? 동물들도 집단을 만들어 생활하는데 그것도 일종의 조직일까?

기업에서 말하는 조직은 두 사람 이상이 모여서, 서로 연결되어 상호 작용을 해나가며, 공동의 목표를 달성하는 모임이나 그룹을 의미한다. 기업을 경영하고 운영하는 일은 개인 혼자서는 할 수 없는 일이기 때문에, 여러 사람이 모여서 함께 일을 하게 된다. 여기서 효율적으로 일을 하기 위해 필요한 것이 바로 조직 구조다. 어떤 구성원을 배치하고, 어떤 업무를 부여하고, 어떤 업무 방식을 채택할 것인가를 결정하는 것이 기업에서의 조직 구조이며, 조직 구조에 의해 조직의 효율성이 결정된다.

전통적인 조직은 분업화의 원리에 의해 조직의 체계가 '~과' 또는 '~부서'와 같이 수직적으로 세분화되어 있으며, 관리자들의 권한 집중과 지시적 업무스타일의 형태를 보인다. 또한 승진과 보상이 연계된 인사 체계이며, 각각의 조직들은 상호 견제와 엄격한 통제 기능을 가지고 있다.

팀 조직은 자율성이 부여된 작은 규모의 소집단으로 운영된다. 또한 팀 조직은 동료 간의 관계가 강조되는 수평적인 조직 구조를 바탕으로 자체적으로 완수해야 하는 업무 프로세스 단위로 운영된다, 여기에 권한도 팀원들에게 위임되는 분권화를 유지하고 있고 직무 스타일도 자율적이고 가치 지향적이며 보상은 개인 및 팀의 성과와 능력에 의해 주어지는 조직이다.

〈표 6-2〉 전통적인 조직과 팀 조직

	전통적인 조직	팀 조직
조직 구조	수직적 계층/부, 과	수평적 팀
조직화의 원리	기능 단위	업무 프로세스 단위
직무 설계	분업화	다기능화
권한	권한의 집중	분권화
관리자의 역할	지시/통제	코치/촉진자
리더십	지시적, 하향적	후원적, 참여적, 설득적
정보의 흐름	통계적, 제한적	개방적, 공유적
보상	개인/직위, 근무기간	개인, 팀/성과, 능력

출처: 정은희 외(2017).

현대사회에서 팀 제도 도입은 매우 중요하다. 그 이유를 몇 가지로 정리하면 다음과 같다. 첫째, 급변하는 시대적 패러다임에 부응하기 위해서다. 급변하는 경영환경에 능동적이며 신속하고 적절하게 대처할 수 있도록 종전의 수직적인 조직이 수평적인 팀제로 전환되고 있다.

둘째, 인력운영의 유연성 및 합리성을 제고하기 위해서다. 전통적인 피라미드 조직은 의사 결정의 지연 및 권한 집중 등으로 경영의 비효율성, 간접 비용증가, 조직의 경직성을 초래하였다. 또한 부서의 수는 늘어나지 않으면서 관리자의 수만 증가하는 현상으로 인해 승진 적체 현상이 심화되었다. 따라서 이러한 조직의 경직성 및 승진 적체 현상을 해결하기 위한 인력 운영의 유연성과 합리성을 제고하기 위해서 팀 제도가 필요하다.

셋째, 조직구성원의 욕구를 충족시키기 위함이다. 조직 공동체 구성원들이 자신의 존재 가치를 인식하고 직무를 수행할 때 완성도 높은 직무를 수행하고 자신의 산출물에 대해 높은 만족과 몰입이 증가 할 것이다. 팀 제도는 이러한 직무수행 환경을 조성하여 구성원들에게 동기를 부여할 수 있다.

3) 팀의 구성 요소

팀은 소수의 인원, 공동의 목표, 공통의 접근 방법, 상호 책임, 상호보완적 기술을 가진 팀원들로 구성되어 있다.

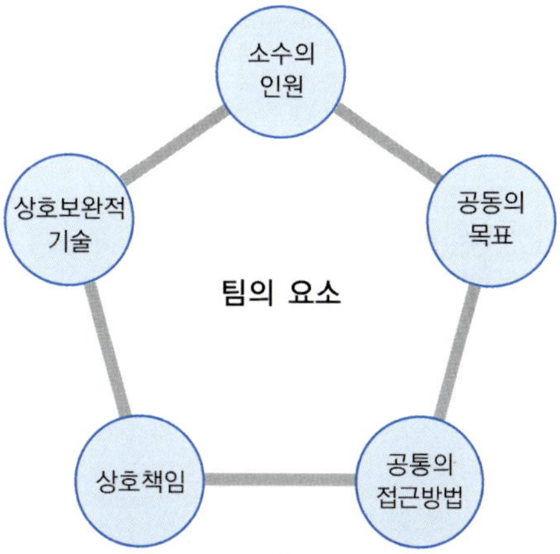

[그림 6-1] 팀의 구성 요소

첫째, 소수의 인원으로 구성되어야 한다. 이는 팀 구성원들 간의 긴밀한 상호작용을 가능하게 하고 팀의 유연성을 보장하기 위해서 필요한 요건이다. 팀 구성의 적정 규모는 과업의 특성에 따라 차별적으로 운영되지만 대체로 7~15명 정도가 적절하다.

둘째, 공동의 목표를 공유한다. 목표는 팀원들을 하나의 방향으로 결집시켜주는 역할을 한다. 이때 목표는 업무수행에 지침이 될 수 있도록 구체적이어야 하며, 충분한 의미를 갖추도록 설정되어야 한다. 또한, 조직의 전략과 전체 목표를 염두에 두고 팀원들 간의 협의를 통해서 목표가 설정되어야 한다.

셋째, 공통의 접근방법을 사용한다. 팀이 효과적으로 운영되기 위해서는 업무의 배분과 작업방법, 일정계획, 문제해결방법 등과 같은 제반 업무수행방식에 대한 합의가 필요하다. 이는 팀 구성원 간 발생할 수 있는 잠재적인 갈등을 방지하는 역할을 한다.

넷째, 상호 책임을 공유한다. 팀은 팀원들 간의 긴밀한 상호작용과 협조를 통한 업무 수행을 바탕으로 하고 있으므로, 팀 전체가 팀의 업무 수행 결과에 대한 상호 책임감 의식을 가져야 한다. 이러한 상호책임감은 팀 구성원 간에 상호신뢰의 형성과 협조정신을 배양하는 역할을 한다.

다섯째, 상호 보완적 기술을 보유하여야 한다. 팀의 성과가 시너지효과를 가지기 위해서는 개별 구성원이 보유한 기능은 상호 보완적이어야 한다. 팀의 역량에 요구되는 기능으로는 분야의 전문성, 문제해결 및 의사결정 능력, 대인관계 기술 등을 들 수 있다.

4) 팀의 유형

기업에서 많이 볼 수 있는 유형으로 문제해결팀, 자율관리팀, 다기능팀, 가상팀 등이 있다.

① 문제해결팀(Problem-solving Team)

관리자와 5~21명의 팀원들로 구성되어 있으며, 연구과제를 스스로 파악하고 실천 가능한 해결책을 개발하는 팀 유형으로 대부분의 조직이 이 유형을 이용하고 있다. 팀원들은 원래의 직무에 부가하여 문제해결팀의 일원이 되는 복수직무 수행의 형태를 갖게 되며, 이 유형의 팀은 조직 내에서 비교적 장기간 유지된다.

② 자율관리팀(Self-managed work team)

팀 목표 설정, 목표 달성 방법, 팀원 충원 등 일의 수행에 있어 많은 자율권한과 스스로 관리하는 책임이 부여되는 팀의 형태이다. 유연하고 자율적인 운영을 원리로 하는 특성 상 다수의 팀원이 리더십 기능을 나누어 수행하는 공유형 팀 리더십(shared team leadership)이 보이며, 최근 기업에서 주목하는 팀의 형태이다.

③ 다기능팀(Cross-functional Team)

팀 내에서 연구개발, 생산, 기획, 마케팅 등의 기능을 모두 수행할 수 있도록 구성하는 팀 형태로 1980년대 들어 유행하기 시작하였다. 효율적인 수행이 어려운 목표과제를 달성하기 위해 몇몇 관련 부서의 전문가를 한데 묶어 운영하는 형태이다. 특히, 신제품 개발의 경우, 제품 개발 기간을 단축하여 고객 요구에 신속히 대응하고 시장을 선도함으로써 제품의 시장 경쟁력을 확보하는 경우에 매우 적합한 조직이다.

④ 가상팀(Virtual Team)

물리적으로 떨어져 있으면서, 조직의 목표를 위해 네트워크, 화상 회의, 이메일 등 컴퓨터 기술을 사용해 같이 일하는 팀을 말한다.

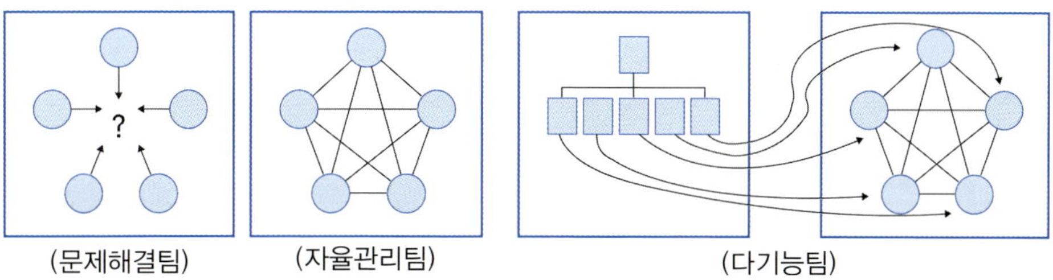

[그림 6-2] 다양한 팀 유형

5) 팀의 발전 단계

잘 구성되고 좋은 팀이 있는 반면에 매우 수준 낮은 팀도 존재한다. 브루스 터크먼(Bruce Tuckman)은 팀의 발달을 4단계로 구분해서 팀의 수준을 설명할 수 있는 이론적 틀을 제공하고 있다.

(1) 1단계: 형성기(Forming)

일명 탐색기라고도 하는 이 단계에서는 많은 것이 생소하고 불명확하다. 일하는 방법이나 프로세스도 정립되어 있지 않고 아직 서로에 대한 이해도도 낮아 팀원 간의 관계도 서로가 조심스럽다. 팀이 무엇을 해야 할지 명확하지도 않고 팀과의 관계도 약한 수준인 경우에는 팀이 무언가를 한다는 게 쉽지 않다.

(2) 2단계: 혼돈기(Storming)

형성기를 극복하고 나면 혼돈기(Storming) 단계로 넘어가게 된다. 소위 갈등기라고도 부르는 이 단계에서는 팀원 간의 상호작용이 본격화되면서 서로가 가진 생각과 생활방식의 차이가 나타나는 한편, 갈등과 혼란이 자주 발생하게 된다. 그래서 일이 지연되거나 팀 구성원 간의 갈등이 빈번해져서 다양한 문제가 야기되거나 팀 리더를 믿지 못하고 운영방식이나 절차에 대해 계속 불만을 토로하게 된다. 이 단계에서는 팀의 성과는 개인이 일하는 수준에 비해서 낮게 나타난다. 새로운 조직에 책임자가 부임하면 어수선한 팀들에서 초반에 문제가 여러 차례 발생하게 되는데 바로 이런 경우를 말한다. 구성원들과 리더의 관점과 상호작용이 아직 충분히 무르익지 않았기 때문이다.

(3) 3단계: 규범기(Norming)

이 단계에서는 팀원들이 서로를 이해하고 친해지고 결속력이 강화된다. 공동목표에 대한 공감대가 형성되고 이를 달성하고자 하는 의지가 발생하게 된다. 의견 차이는 서로 존중하고 문제 해결 방법을 만들어 내게 된다. 보통 이 정도된 팀들은 팀 리더의 방향성에 팀이 어느 정도 맞춰져 있다. 본격적으로 팀의 성과를 만들어 낼 준비가 된 것이다.

(4) 4단계: 성취기(Performing)

팀원들은 팀의 비전을 이루기 위해 기존의 성과에 만족하지 않고 더 많은 성과를 창출하기 위해 부지런히 움직이게 된다. 누가 지시하지 않았는데도 구성원들이 알아서 움직이며 스스로 문제를 해결하게 된다. 그리고 서로에 대한 신뢰가 커서 매우 효과적으로 소통하게 된다. 이렇게 움직이는 팀이 최고의 팀이다.

팀의 발달 4단계 중에서 혼돈기에 집중해야 한다. 구성원들 간의 상호 관계가 형성되는 시기이기 때문이다. 이 단계에서 팀의 수준이 결정된다.

2. 팀워크(Teamwork)의 의미와 개발 방법

1) 팀워크 개념

육상 100미터 달리기를 잘 하려면 선수가 충분히 훈련을 하고 열심히 달리면 된다. 경기 결과를 위해 필요한 것은 선수 자신에게 있다. '연습을 얼마나 했는가?', '그날의 컨디션은 어떤가?', '경기에 임하는 마음 상태는 어떠한가?' 등 대부분 자기 자신만 잘하면, 혼자서도 좋은 결과를 얻을 수 있다.

하지만 단체 경기는 그렇지 않다. 누구 한 사람의 실력만으로 경기 결과를 단정 지을 수 없다. 한 두 사람이 아닌 전체가 실력이 있어야 한다. 또한 선수 모두의 실력이 좋다고 하더라도 결과를 장담할 수는 없다. 각각의 선수들이 어떻게 조화를 이루느냐가 결과에 결정적인 영향을 미치게 되기 때문이다.

단체 경기의 결과는 '선수 개개인의 실력'과 '팀원들 상호 간의 조화' 두 가지 요소가 함께 작용한다. 더 나은 결과를 위해 선수 개개인의 실력을 향상시키거나 실력이 더 좋은 선수들로 팀을 구성하면 더 유리한 상황을 만들 수도 있을 것이다. 그러나 대부분의 팀은 팀 구성원의 실력이 정해져 있고, 구성원 변경 또한 쉬운 일이 아니다. 특히 전체 역량이 부족한 팀이라면 선수들의 실력이 갑자기 향상되거나 좋은 선수가 오기를 기대하는 것은 어렵다.

따라서 단체 경기에서 기대하는 성과를 내기 위한 방법은 바로 '팀플레이' 즉, '팀워크'이다.

Teamwork = Team + Work

T: Together, E: Everyone, A: Achieve, M: More

'팀워크(Teamwork)'란 팀 구성원이 공동의 목적을 달성하기 위하여 상호 관계성을 가지고 서로 협력하여 업무를 수행하는 것을 말한다. '팀워크'는 개인이 아닌 전체의 조화이다. 전체에 대한 조율과 조화를 어떻게 하느냐에 따라 그 결과는 매우 크게 달라진다. 그렇다고, 팀워크가 팀 전체를 위해 개인을 희생시키는 것은 아니다. 개인이 갖고 있는 힘이나 개성을 충분히 발휘시켜서 팀 전체의 성과를 한층 높이는 것이다. 그렇게 함으로써 전체 성과가 개인에게 되돌아오는 것이다. 이런 정의는 팀의 구성원들이 자발적으로 생각하고 행동한다는 의미가 포함되어 있음을 알 수 있다.

만약 팀이 성과를 내지 못하면서 분위기만 좋은 것은 팀워크가 좋은 것이 아니라 응집력이 좋은 것이다. 이와는 달리 단순히 모이는 것만이 중요시하는 것이 아니라 목표 달성의 의지를 가지고 성과를 내는 것이 바로 팀워크이다.

〈표 6-3〉 팀워크와 응집력의 차이

팀워크(Teamwork)	응집력(Cohesiveness)
팀 구성원이 공동의 목적을 달성하기 위해 상호 관계성을 가지고 서로 협력하여 일을 해 나가는 것	사람들로 하여금 집단에 머물도록 만들고, 그 집단의 멤버로서 계속 남아 있게 작용하는 모든 힘의 결과

2) 팀워크가 뛰어난 팀의 특징

팀워크의 본질은 구글이 'Project Aristotle(아리스토텔레스 프로젝트)'[1)2)]를 통해 밝혀낸 팀워크의 비밀과 깊은 연관성을 갖는다. 구글은 '전체는 부분의 합보다 크다'라는 아리스토텔레스의 명언을 모토로 2012년부터 2015년까지 팀워크가 좋은 팀의 비결을 규명하는 작업을 진행했다. 과학적이고 통계적인 방법을

1) Great managers still matter: the evolution of Google's Project Oxygen, https://rework.withgoogle.com/blog/the-evolution-of-project-oxygen
2) Guide: Understand team effectiveness, https://rework.withgoogle.com/print/guides/5721312655835136

통해 구글이 밝혀낸 '팀워크가 뛰어난 팀의 5가지 특성'은 다음과 같다.

① **심리적 안전감(Psychological Safety):** 대인관계에 두려움을 느끼지 않고, 타인에게 약한 모습(실패, 멍청한 대답 등)을 보여도 괜찮다고 느끼는 것이다.
② **의존성(Dependability):** 동료들이 정해진 기일까지 기준에 부합하는 수준으로 업무를 완료할 거라고 믿는 신뢰성이다.
③ **구조 및 명확성(Structure & Clarity):** 동료들의 역할, 계획, 목표 등을 명확하게 알고 있는 것이다.
④ **의미(Meaning):** 일이나 결과의 목적의식을 찾는 것이 팀의 효율성에 중요하는 의미이다. 즉, 자기 업무가 개인적으로 자신에게 중요하다고 여기는 것, Why를 찾는 것이라 할 수 있다.
⑤ **영향력(Impact):** 지금 하는 일이 회사와 사회에 어떤 영향을 주고 어떤 변화를 가져오는지 알게 되어, 자신이 어떻게 기여하고 있는지 알게 될 수 있다. 즉, 자신의 업무가 성과에 매우 중요하고 변화를 일으킨다고 믿는 것이다.

위의 순서는 중요도 순이다. 즉, 첫 번째 항목이 나머지의 가장 기본이라고 볼 수 있다. 이것이 전제되지 않으면 개인은 역량을 발휘하지 못하며 팀의 신뢰도 무너진다.

이 중에서 가장 중요도가 높은 항목인 심리적 안전감은 내가 어떤 발언이나 행동을 해도 팀원들로부터 비난 받거나 조롱 받지 않을 거라는 믿음이며, 다른 팀원의 언행이 잘못됐다고 생각이 들면 언제든지 거리낌 없이 이야기할 수 있는 편안함을 뜻한다. 또한 팀원들의 비판을 들어도 그걸 상처로 받아들이지 않고 유머나 조언으로 수용하는 분위기가 바로 심리적 안전감이 높은 팀의 특징이다.

심리적 안전감이 팀워크의 가장 본질적인 조건인 이유는 서로 어떤 말이라도 자유롭게 개진하고 수용할 수 있어야 '학습'이 일어나기 때문이다. 학습은 실패를 편안하게 인정하고 실패의 원인을 직시할 때 이루어진다. 자신이나 남의 결점, 실수, 실패를 지목하지 못하고 또한 인정하지 않으면, 그런 결점, 실수, 실패를 감추거나 거부하느라 진정한 학습은 요원해진다. 심리적 안전감이 높아야 서로 기꺼이 아이디어를 공유하고 더 나은 의사결정과 더 높은 성과를 이루어낼 수 있다.

심리적 안전감이 떨어지는 팀은 자신의 결점, 실수, 실패를 인정하기보다 타인을 비난하는 데 힘을 낭비하고 그 때문에 서로 다른 의견과 아이디어를 자유롭게 공유하지 못한다. 결국 문제가 발생해도 예전에 해오던, 소위 '검증된' 방식(다르게 말해, 관행적인 방식)을 동일하게 반복하는 바람에 또다시 실패하고 실패를 두려워하게 된다. 카리스마적인 리더가 이끄는 팀, 일사불란한 태도를 강조하고 실수를 용납하지 않는 팀은 겉으로는 팀워크가 좋은 팀으로 보일지 모른다. 물론 이러한 팀워크는 팀업무가 상당히 '정형적이고 기계적이며 규칙적이고 반복적으로 발생하는 경우'일 때는 좋은 팀워크라고 볼 수도 있다. 하지만 팀업무가 '비정형적이고 추상적이며 변화무쌍하고 늘 새롭게 요구되는 경우', 그리고 그런 일을 스스로 발굴해야 하는 경우에는 매우 적합하지 않다. 심리적 안전감이 떨어지기에 장기적인 관점에서 그 팀에게 혁신을 기대할 수는 없을 것이다.

심리적 안전감을 갖추려면 갈등과 충돌은 '악'이라고 규정하기보다 더 나은 발전을 위한 '동력'이라는 관점을 받아들이고 이를 팀 의사소통의 준칙으로 삼아야 한다. 팀의 목표를 위해서라면 적극적으로 대화하고, 적극적으로 의사결정하며, 적극적으로 이해하는 마인드를 심어야 한다. 팀 리더이든, 팀원이든 자신의 결점을 서로 인정하고, 어떤 사안이든 호기심을 드러내고 질문을 많이 던지려는 마음 자세도 필요하다. 다른 왕도는 없다. 이것이 심리적 안전감이 높은 팀, 팀워크가 높은 팀을 구축하는 유일한 길이다.

3) 효과적인 팀워크 개발 방법

최고의 팀에 대한 '잘못된 믿음', 즉, '최고의 스펙을 가진 사람들로 팀을 구성하면 꼭 성과를 낼 것이다.' 누구나 그렇게 믿으려 한다. 그들 개개인의 생산성이 좋은 만큼 팀의 생산성이 그 개인의 합으로 나타날까? 단순히 생각하면 탁월한 생산성을 가진 개인들의 합은 평범한 개인들로 구성된 조직의 생산성보다 높을 수도 있다. 하지만 우리가 기대하는 것은 단순히 생산성의 합이 아니라 이들 사이의 시너지를 통해 통합적인 생산성이 높아지는 것이다. 그 방법에 대한 고민을 지금부터 해보도록 하자.

(사례 1) 슈퍼치킨 실험: 특별한 9마리 닭 VS 평범한 9마리 닭

슈퍼치킨 실험은 1990년대 퍼듀대학의 진화생물학자 윌리엄 무어(William Muir)가 한 실험이다. 그는 알을 낳는 닭의 생산성을 높이기 위한 방안을 찾기 위해 특별한 실험을 진행했다. 먼저 9개의 닭장을 준비하고 각각의 닭장에 임의로 9마리의 닭을 사육했다. 그리고 일정기간을 관찰해 각 닭장에서 가장 알을 잘 낳는 닭을 한 마리씩 선발해 새로운 무리를 만들었다. 그야말로 가장 생산성이 높은 9마리로 구성된 어벤저스 닭장이 만들어진 것이다. 그리고 어벤저스 닭장에서 태어난 닭 중에서 또 다시 가장 알을 많이 낳은 닭 9마리를 골라서 2세대 어벤저스 닭장을 만들었다. 이렇게 6세대를 걸쳐서 관찰하는 실험을 진행했다.

이론적으로 들여다보면, 이렇게 키워진 닭들은 각각의 세대에 걸쳐 가장 생산성이 높은 닭들로만 구성돼 있기 때문에 세대를 거치는 과정에서 점차적으로 생산성의 증가를 보일 것이고 최종적으로는 일반적인 닭들과 비교해 탁월한 생산성을 가진 그야말로 슈퍼닭이 돼야 할 것이다. 그러나 이 실험의 결과는 예상했던 것과는 완전히 다른 방향으로 흘러갔다.

문제는 첫 세대의 닭장에서부터 시작됐다. 서로 다른 닭장에서 가장 알을 많이 낳던 9마리의 닭을 한 닭장에 모아 놓자 서로 싸움이 시작돼 9마리 중에 6마리가 살해됐고, 살아남은 가장 강한 3마리의 닭들마저도 틈만 나면 서로 쪼아 댔다. 그리고 6세대를 거치는 과정에서 매번 가장 알을 많이 낳는 닭들로만 무리를 구성했음에도 불구하고 알을 낳는 생산성은 세대를 거쳐 지속적으로 크게 떨어졌다.

윌리엄 무어는 이 실험과 동시에 조금 다른 실험을 하나 진행했다. 똑같이 9개의 닭장에 각각 임의로 9마리의 닭들을 넣고 일정시간 관찰했다. 그리고 이번에는 각각의 닭장에서 가장 알을 많이 낳는 닭을 선발하는 대신 9개의 닭장 중에서 알을 가장 많이 낳는 최고의 생산성을 가진 닭장을 하나 선택했다. 그리고 이 최고의 닭장에서 태어나고 자란 2세 닭들을 다시 9개의 닭장으로 구분해 사육하고 그중에서 가장 알을 많이 낳는 닭장을 선택하는 방식으로 똑같이 6세대를 거쳐 관찰했다. 그 결과는 매우 흥미로웠다. 이번에는 모든 세대의 닭들이 지극히 평범하고 건강한 닭 무리의 모습을 보였을 뿐만 아니라, 불과 몇 세대를 거치는 과정에서 실험 전 단계에 비교해 약 160% 수준의 알을 낳는 생산성을 기록했다.

일단, 개인차원에서 자신의 생산성을 높이기 위한 노력들은 반드시 이루어져야 한다. 업무활동의 메커니즘을 구체화하는 노력은 구성원이 자신의 업무에 대한 생산성을 새롭게 정의 하고, 최고 수준의 생산성을 실현하기 위한 조건이 되기 때문에 개인의 개별 생산성을 향상하는 데 직접적인 도움이 된다. 또한, 생산성 향상을 위한 조직적인 환경을 구축하는 것은 개인의 생산성과 조직적인 시너지를 확장하는 데 도움이 될 뿐만 아니라 개인의 생산성 향상을 위한 개별적인 노력의 전제 조건이 되기도 한다. 이러한 관점에서 팀워크 개발을 위한 몇 가지 방안을 제시하고자 한다.

(1) 핵심은 신뢰와 믿음이다

신뢰는 타인이 나를 의지하는 정도와 믿음을 의미하며 신뢰를 통한 네트워크 형성은 팀의 성과에도 직접적인 영향을 미친다. 이러한 신뢰는 신용(credibility), 친밀감(intimacy), 신뢰성(reliability), 그리고 이기심(self-orientation)의 수준을 통해 파악할 수 있다(Robert & Anne, 2007).

$$\text{신뢰도} = \frac{\text{신용(credibility)} + \text{친밀감(intimacy)} + \text{신뢰성(reliability)}}{\text{이기심(self-orientation)}}$$

회사와 같은 조직들은 하부에 더 작은 조직들, 그리고 그 아래의 조직들에 포함된 많은 사람들이 모여 구성체를 이룬다. 그들은 개개인마다 각기 다른 기준을 가진 존재들이다. 서로 다른 기준을 가진 조직이 상호 간 신뢰를 쌓는 일은 결코 쉽지 않을 것이다. 어떻게 하면 서로를 신뢰할 수 있을까? 답은 의외로 간단하다. 조직 내의 서로 다른 생각들을 모아 상호 합의된 기준을 세우면 된다. 합의된 기준을 세우는 과정은 복잡하지 않다.

- 1단계: 각자가 생각하는 신뢰의 기준을 제시한다. 중요한 것은 각자가 의견을 내는 동안 발언을 제한하거나, 비난하면 안 된다. 모두가 자유로운 의사 발언을 할 수 있게 해야 한다.

- 2단계: 나온 의견을 정리하여 나열한다. 비슷한 내용은 하나로 모으고, 나온 의견을 일목요연하게 정리하여 나열하면 된다.
- 3단계: 나열된 의견에 대한 서로의 생각을 제시한다. 각자가 생각하는 중요한 기준을 말하고 그 이유를 설명한다. 이때 주의해야 할 것은 설명을 하는 것이지 설득을 하는 것이 아니라는 점이다. 설득을 하려고 하면 논쟁이 벌어질 수 있고 이 과정에서 서로의 감정이 상하기 쉽다.
- 4단계: 서로 설명하는 대화를 나눈 후 많은 의견들 가운데 3개에서 5개 정도의 의견을 정리한다. 서로 합의를 통해 정하는 것이 가장 좋고 필요하면 투표를 통해서 정하는 것도 좋은 방법이다.
- 5단계: 합의로 결정된 내용을 서로 공유하고 새롭게 정해진 기준을 신뢰의 기준으로 삼는다. 서로 반드시 꼭 지켜야 할 내용은 합의된 내용으로 제한하고 그 외에서는 서로 용인하면 된다.

이처럼 서로 신뢰의 기준을 제안하고 설명하여 기준을 정하면 다음과 같은 장점이 있다. 그 과정에서 모두가 참여하였기에 기준을 적용할 때 반감이 줄어든다. 또한 구성원 입장에서 반드시 지켜야 할 부분들이 손에 꼽을 수 있는 적은 숫자로 정의되기 때문에 매번 모든 사람을 만족시켜야 한다는 부담을 덜 수 있게 된다. 이처럼 신뢰란 기준을 지키는 것이다. 팀 구성원 간의 신뢰가 필요하다고 느낀다면 우리 팀만의 신뢰 기준을 정립하면 된다. 상호 간의 대화와 이해를 통해 합의된 기준은 신뢰하는 조직을 만들어 줄 것이다.

(2) 자기희생적 팀워크를 강요하지 마라

'희생'을 좋아하는 사람은 없다. 그런데 놀라운 점은 이처럼 거부감부터 드는, 사람들이 절대 좋아하지 않는 '희생'이 우리 주변에서 종종 일어난다. 특히 스포츠 경기에서는 희생이 드문 일이 아니다. 축구에서는 자신이 직접 골을 넣지 않고 다른 선수가 골을 넣을 수 있게 도움을 주는 것으로 희생한다. 좀 더 확대해서 보자면 수비수는 골을 넣을 기회를 포기하고 팀을 위해 뒤에서 후방을 든든히 지키는 역할을 수행한다. 야구에서는 더욱 극명하게 나타난다. 아예 희생 플라이(sacrifice fly), 희생 번트(sacrifice bunt) 등의 같은 편 선수를 진루시키기 위해, 또는 팀의 득점을 위해 자신이 아웃되는 것을 선택하는 희생 플레이(sacrifice play)라는 용어가 존재한다.

'희생을 좋아하는 사람은 없다'는 전제를 생각해 본다면, 왜 선수들은 기꺼이 희생하는 것일까? 사실 그 선수들은 자신을 희생한 것이 아니라 승리를 택한 것이다. 누군가를 위해 자신의 것을 양보하고 희생한 것이 아니라 자신이 진짜로 원하는 바를 선택한 것이다. 자신의 개인 성적과 팀의 승리 사이에서 팀의 승리를 선택한 것이다. 자신의 성적보다 팀의 승리를 선택하는 선수들이 많은 팀이 승리하게 된다. 스스로 팀의 승리가 더 중요하다고 여기고, 그것이 자신에게 의미를 가지기 때문에 하는 것이다.

우리는 절대 다른 사람에게 희생을 요구하거나 강요할 수 없다. 팀의 리더는 팀의 성과를 위해 희생을 요구하기보다 '왜 희생해야 하는지' 그 이유를 먼저 제시하고 이해하도록 돕고 또 그들이 충분히 납득하도록 설득해야 한다. 개인의 목표가 팀의 목표를 통해 성취되어야 한다. 팀이 성과를 내기 원한다면 팀의 승리가 개인의 승리가 되도록 해야 하고 팀의 성과가 개인의 성과가 되도록 해야 한다. 팀의 구성원이 개인과 전체 사이에서 전체를 택한다는 것은 물론 개인의 팀에 대한 신뢰가 뒷받침되어야 할 것이다. '희생'은 무엇인가를 포기하는 것이

(사례) 사우스웨스트 항공의 면접

팀 목표 몰입이 높은 것으로 유명한 사우스웨스트 항공에서는 신입사원 면접에서 각자 자신을 소개하는 짧은 글을 써서 다른 지원자 앞에서 발표하도록 한다. 지원자들은 발표 능력을 평가하는 것으로 알고 열심히 발표에 몰두하지만 사실 이 면접의 목표는 다른 데 있다. 면접관들은 지원자가 얼마나 다른 지원자의 발표를 경청하고, 호응하고, 박수를 쳐주는지를 관찰하고 있다고 한다. 긴장된 면접의 순간에도 다른 사람의 발표에 집중할 수 있는 '우리 의식(we-ness)'을 갖춘 지원자들만 다음 단계로 넘어갈 수 있다. 이렇게 팀 의식과 팀 목표를 우선시하는 선발 방식은 지난 40여 년 동안 어려운 환경에서도 사우스웨스트가 초우량 항공사로 성공할 수 있는 토대가 됐다.

아니라 더 중요한, 더 의미 있는 것을 선택하는 것이다. 구성원들 역시 각자 자신의 목표 달성에만 매몰되지 않고 팀 전체 관점에서 업무를 수행하는 자세를 갖춰야 한다.

(3) 조직 내 심리적 안전지대를 구축하라

앞서 심리적 안정감이 팀워크의 가장 본질적인 조건이라고 하였다. 사이먼 사이넥(Simon Sinek)은 그의 저서 『리더는 마지막에 먹는다(Leaders Eat Last)』에서 바깥세상에서 치열하고 냉혹한 경쟁이 일어나고 있더라도 조직의 울타리 안 세상은 리더의 결정에 의해 완전히 달라질 수 있다고 말한다. 심리적 안전지대는 리더의 선택과 구성원 간의 정서적 신뢰를 만들어 가는 노력을 통해 얼마든지 만들 수 있다.

이때 필요한 것은 '요구'와 '배려'이다. 요구는 '자신을 위한 것', '자신이 원하는 것'을 하는 것이고, 배려는 '상대방을 위한 것', '상대방이 원하는 것'을 해주는 것이다.

야구 경기에서 투수는 공을 던질 때, 포수가 사인을 보낸 위치에 던져야 하는데 엉뚱한 곳에 던져 실책이 발생하는 경우를 종종 볼 수 있다. 공을 얼마나 세게 던지느냐는 당연히 매우 중요한 요소다. 그러나 더 중요한 것은 정확히 던지는 것이다. 우리는 정당한 요구를 정확히 할 줄 알아야 한다. 마찬가지로 우리가 얼마나 열심히 배려하느냐가 중요한 것이 아니고 상대가 원하는 것을 제대로 배려해야 하는 것이다. 잘못된 '요구와 배려'는 팀 내 갈등의 원인으로 작용될 수도 있지만, 팀워크를 통해 놀라운 성과를 내게 할 수 있는 촉진제가 될 수도 있다. 조직 내 심리적 안전지대를 구축하기 위해서는 나를 위해 정당하게 요구하고 상대방을 위해 배려해야 한다.

(사례) 픽사(Pixar), 구글의 기업문화

실제로 세계적으로 이름난 혁신기업들은 심리적 안전을 제도적으로 보장하기 위해 노력하고 있다. 픽사(Pixar)가 '토이스토리', '벅스라이프' 등 수많은 히트 영화를 만들 수 있었던 배경에는 브레인 트러스트(Brain Trust)라는 독특한 회의 문화가 있다. 브레인 트러스트는 애니메이션 영화감독과 각 부문의 주요 관계자가 함께 모여서 영화 제작에 관한 중요 이슈들을 논의하는 회의체인데 직급이나 직위에 관계없이 누구나 평등하고 솔직하게 문제점을 지적하는 것으로 유명하다.

구글 역시 매주 금요일에 전 직원이 모여 사내의 주요 문제를 공유하고 직원들의 질문에 경영진이 응답하는 TGIF 미팅을 갖고 있는데 이 모임의 원칙 역시 직급에 상관없이 누구든, 어떤 주제든 공평하게 토론하고, 만약 경영진의 답변이 부실하면 추가적인 설명이 필요함을 분명히 표현한다. 또 소극적인 사람들을 위해서 '발언하지 않은 사람의 의견을 물어라'는 원칙도 실천하고 있다. 이 모든 것이 심리적 안전을 확고하게 보장함으로써 정보 공유와 참여를 촉진하기 위한 노력이라고 볼 수 있다.

(4) 팀원들이 높은 상호의존성을 갖도록 하라

상호의존성은 구성원 개개인의 역할과 책임은 명확하지만 다른 팀원이 하는 일의 결과가 나의 일의 결과에 강한 영향을 미치고, 동시에 나의 일의 결과가 다른 팀원에게 강하게 영향을 주고 있다는 집단의 가정을 말한다.

얼마 전 한 조직의 조직문화 담당자들과 이야기를 나눈 적이 있었다.

"우리 조직의 팀들은 단순히 사무실 공간을 같이 쓰는 사람들입니다. 팀원들이 각자가 맡은 독립적인 과제를 하기 때문에 서로의 일에 도움을 줄 일도 받을 일도 없습니다. 그렇다 보니 서로가 무슨 일을 하는지 잘 알고 싶어 하지도 않고, 알아야 할 필요도 거의 없습니다."

높은 상호의존성을 가진다는 의미는 업무유관성이 물리적으로는 높지 않더라도 개별 업무들은 각 업무의 목적이라는 관점에서 밀접한 관계를 가지고 있다고 생각하는 것이다. 팀원들의 개별적 업무들이 궁극적으로 하나의 공통된 더 큰 목적을 이루어가는 것이기 때문에 비록 한 사람의 업무가 성과가 있더라도 다른 팀원의 업무가 이에 충분하지 못하면 결국 그 사람의 업무도 목적을 이루지 못하는 것이라는 구성원 간의 믿음을 만들어가는 것을 말한다.

(5) 몰입, 각자의 역할에 집중해야 한다

몰입이란 각자의 역할에 집중하는 것이다. 많은 사람들이 몰입에 대해 오해를 한다. 특히 조직에 있어서의 몰입을 '모든 구성원이 같은 생각을 갖고 같은 방식으로 일치된 행동을 해야 하는 것'이라고 생각하기 쉽다. 축구팀이 '몰입'한다고 해서 모든 선수가 공격수가 돼서는 안 된다. 야구팀의 모든 선수들이 투수자리나 타자자리에만 모여 있다면 어떻게 되겠는가? 몰입은 각자 자신의 포지션에서 각자의 역할을 제대로 해내는 것이다. 그렇기 때문에 몰입을 위한 목표 관리가 필요한 것이다.

평범한 팀이 비범한 성과를 내기 원한다면 몰입을 통해 에너지 손실을 최소화해야 한다. 불필요한 에너지 낭비를 막고 모든 에너지를 본질적인 성과에 집중하는 것이다. 팀의 성과를 위해 얼마만큼의 에너지로 시작하느냐 보다 더 중요한 것은 얼마나 에너지 관리를 잘하느냐이다.

Workbook Activity 01 | 팀워크의 의미

자율성, 안정성, 역할 중심 리더십, BTS는 밀레니얼 세대의 새로운 경영 교과서

사진 출처: Bang Si-hyuk, CEO of BTS Powerhouse HYBE, Steps Down.

대형 기획사 출신이 아닌 아이돌그룹 BTS는 데뷔 후 불과 4년 만에 한국 시장을 넘어 글로벌 시장에서 가장 핫한 아티스트가 됐다. 이들의 성공 요인을 분석해 보면 최근 소비 및 경영의 핵심 주체로 부상하고 있는 밀레니얼세대의 특성을 잘 파악했음을 알 수 있다.

1. 공동의 비전, 최대의 자율권

밀레니얼세대는 수직적 상명하복 문화에 강한 반감을 가지고 있다. 공유되고 공감되는 비전과 목표하에서 자율적으로 업무를 추진할 때 더욱 열정적으로 반응한다. BTS의 소속사인 빅히트엔터테인먼트(Big Hit Entertainment)는 대형 기획사 3사(SM, YG, JYP)의 시장 지배력이 막강하던 2010년대 초 설립됐다. 이들은 BTS가 연습생이던 시절부터 대형 3사와는 다르게 상대적으로 높은 자율성을 부여한 것으로 보인다. 밀레니얼세대인 멤버들이 주도권을 가지고 모든 곡의 작사를 스스로 하도록 독려하고, 대부분의 프로듀싱에 멤버를 참여시켰다. 외출과 휴대폰을 금지하고 팬들과의 소통 역시 회사의 엄격한 관리를 통하게 하는 통제 방식 대신 공식 프로듀싱 작업을 제외한 모든 개인 활동을 멤버 각자에게 위임하는 방식을 취한다. 그렇다고 이것이 자유방임, 방종으로 흐르는 것은 아니었다. 가장 핵심적으로 BTS 스스로의 아이덴티티를 함께 설정해 그들의 존재 목적을 확고히 공유하도록 한다. '10대부터 20대들이 사회적 편견과 억압을 받는 것을 막아내고 당당히 자신들의 음악과 가치를 지켜낸다'라는 스스로의 자기 사명(Mission statement)을 공유한다. 그리고 SNS에 멤버들이 올리는 자체 콘텐츠도 노출, 욕설 금지 등 최소한의 제한 규정만을 설정하고 나머지는 알아서 할 수 있도록 한다. 회사에 프로듀싱, 퍼포먼스 측면에서 최고 수준의 전문성 있는 트레이닝팀이 있지만 이들은 육성하고 이끌지만 강제하지는 않았다. BTS는 자발적으로 멤버 개인이 프로듀싱한 노래를 무상으로 유튜브에 올리기도 하고, 자신들의 연습 장면, 일상생활을 여과 없이 올렸다. 그 분량이 실로 방대한데 팬들이 이를 찾아보면서 강력한 유대감을 형성한다. 이러한 방식은 절대로 회사 차원에서 기획, 관리한다고 될 수 있는 일이 아니다.

2. Risk taking을 장려하는 심리적 안정감

BTS는 또한 기존 업계에서의 성공 방식에 반하는 새로운 접근을 다양하게 시도했다. 중독적인 멜로디 중심의 후크송을 위주로 한 싱글 앨범이 유행하던 시기에 돈과 시간이 많이 소요되는 서사형 정규 앨범을 출시한 것이나, 가벼운 가사가 유행하던 트렌드에 반해 멤버들이 직접 동시대가 겪는 아픔을 가사로 쓴다거나 하는 식이다. 아이돌의 사건·사고가 많이 발생해 SNS 노출을 자제하던 시기에 오히려 자신들의 일상과 고민을 최대한 공개하는 것 등 지속적으로 새롭고 도전적인 방식을 취한 것도 특징이다. 이 때문인지 그들은 정통 힙합 아티스트 및 다른 팬클럽 등으로부터의 강한 비판과 견제에 지속적으로 노출돼 왔다.

실제로 BTS는 이 과정에서 느낀 두려움과 불안감을 때로는 노래 가사로, 때로는 인터뷰를 통해 토로해 온 바 있다. 하지만 이들은 멤버 개개인을 서로 위로하고 격려하는 강한 팀워크와 결속력, 공동 운명체로서의 유대감을 통해 이를 극복해왔다. 서로의 아픔을 이해하고, 공감하고, 서로의 성장을 격려하고, 외부의 비판을 쿨하게 받아넘기며 지속적으로 유대감을 고취하는 과정(안타깝게도 이런 과정들을 몇 줄의 글로 표현하는 것은 불가능하다)을 거치면서 그들은 하나의 조직으로 단단해졌고 하나의 목표를 향한 강력한 추진력을 유지해 왔다. 연습생 기간을 포함해 7년여의 기간을 원팀(One team)으로 성장한 그들은 이제 빌보드 어워드 2017에서 소개됐듯이 'International Superstar'라는 표현이 모자랄 정도의 그룹으로 성장했다.

3. 역할 중심의 리더십

BTS에는 7명의 멤버가 있다. 이들 중에 나이로는 세 번째인 랩몬스터(RM · 94년생)가 BTS의 리더 역할을 맡고 있다. 그는 때로는 강하게, 때로는 스스로 망가지면서 수평적인 리더십을 발휘하기 위해 노력하는 것으로 보인다. 리더인 RM이 홀로 부각되는 것이 아니라 7명의 멤버가 각자의 개성에 맞게 주도적인 팀 내 역할을 수행하면서 분화된 역할별 리더십을 만들어 내고 있다. 프로듀싱에서는 슈가(93년생), RM이 주도적인 역할을 수행하고, 퍼포먼스 안무 분야에서는 제이홉(94년생)이 리더 역할을 맡는다. 실제 무대 퍼포먼스에서는 막내 라인인 지민(95년생), 뷔(95년생), 정국(97년생)이 맨 앞에서 주도적인 역할을 수행한다. 이들 막내 라인은 SNS에 올리는 자체 제작 동영상에서도 가장 에너지 넘치고 재미있는 역할을 수행해 팬들과의 유대감을 형성하는 데 큰 역할을 담당한다. 가장 나이가 많은 진(92년생)은 어린 동생들과 스스럼없이 지내며 팀 전체의 수평적인 문화를 형성하는 데 큰 역할을 한다. BTS 전 멤버들은 '단점의 최소화' 관점보다 '장점의 극대화' 관점으로 각 멤버들의 개성과 역량을 최대한 활용하려고 한다. 실제로 인기도 특정 멤버들에게 쏠리지 않고 각자의 성향에 맞게 고르게 분포돼 있다. 원팀이지만 멤버 각자가 저마다의 색깔을 잘 살려내고 있는 것이다.

4. 밀레니얼세대를 위한 경영진의 역할

어떤 조직이든 그 조직의 성공과 실패에 대한 책임은 조직의 최고경영진이 질 수밖에 없다. 그렇다고 조직의 모든 사안에 대해 일일이 추적하고 통제하는 것은 가능하지도 않을뿐더러 바람직하지도 않다. 특히 그것이 밀레니얼세대를 대상으로 할 때는 이미 한두 세대를 앞선 전 세대가 효과적인 판단을 적시에 내릴 가능성은 더 낮다. 설령 최고경영진이 판단하기에 의미 있는 방향을 제시한다 하더라도 이것이 통제와 관리의 방식으로 구성원들에게 강요된다면 밀레니얼세대 구성원이 자기 주도적으로 혁신을 추구하고 리스크 테이킹을 할 리 만무하다. 대부분의 한국 대기업이나 중견기업에서 아직도 횡행하는 '윗사람 눈치 보기', '리스크를 감수하지 않는 보신주의', '서로 간에 견제하는 사내정치' 등은 결국에 최고경영진을 중심으로 하는 의사결정 방식으로부터 비롯되는 것이다.

조직 내 밀레니얼세대가 열정적이고 주도적으로 일할 수 있도록 하는 조직문화 형성에 가장 핵심이 되는 것은 권위주의를 내려놓되 권위를 놓치지 않는 최고경영진의 역할이다. BTS를 지금의 위상으로 만들어 낸 데는 아무래도 빅히트 엔터테인먼트의 수장인 방시혁 PD의 역할이 핵심적이었다. 신생 기획사였음에도 불구하고 방시혁 PD는 BTS 멤버들에게 한국 시장이 아닌 글로벌 시장을 지향한다는 점을 지속적으로 각인했다. 별다른 기반이 없었음에도 불구하고 데뷔 초반부터 일본, 유럽, 미주 등을 지속적으로 방문해 BTS를 노출하려는 노력을 기울였다. 모바일 시대로의 전환을 주목하고 지속적으로 SNS, 유튜브 등을 통해 팬들과 직접 소통하는 부분에 노력을 가한 것으로 보인다. 그러한 노력이 2~3년간 꾸준히 지속되자 서서히 글로벌 팬층이 반응을 보이기 시작했다. 회사의 재무적인 여력과 미래에 대한 불안감을 감내하는 것은 최고경영층의 책임이지만 이러한 과정을 이겨냈을 때의 성과는 더욱 눈부시다. 자율성에 기반한 육성으로 이제 BTS 멤버 각자의 역량이 한층 강화된 것은 더 큰 소득일 것이다. 명확한 가치와 목표를 제시하고, 자율성에 기반한 육성 지원을 하면서, 인내하고 기다릴 수 있는 것, 그리고 마침내 성과를 함께 나누는 것이야말로 밀레니얼 세대와 함께 일하는 최고경영진의 역할은 아닐까.

출처 :길태민(2018). Issue Highlight: BTS와 밀레니얼 세대의 경영, DBR 246호 중 일부 발췌.

Workbook Activity 02 | 팀워크의 의미

여러분은 구성원 모두가 한 몸처럼 팀을 이루어 경기하는 모습을 본 적이 있는가? 이는 단순히 화려한 경기를 펼치는 팀을 말하는 것이 아니다. 진정한 팀이란 각자 적합한 포지션을 배정받은 선수들이 한마음으로 서로 호흡을 맞춰 노력한 결과 계속해서 승리하는 진정한 팀을 말한다. 이런 팀에 대하여 우리는 흔히 팀워크가 좋다는 표현을 한다. 그렇다면, 팀워크란 무엇인가?

Q1. 팀워크란 무엇인지 각자의 생각을 적어 보자.

팀워크를 효과적으로 발휘하는 팀과 그렇지 못한 팀에 대해서 생각해 보자.

Q2. 효과적인 팀워크를 발휘하는 팀은 어떤 특성을 가지고 있는가?

Q3. 팀워크가 좋지 못한 팀은 어떤 특성을 가지고 있는가?

Tip) 게임을 위한 지침

지금의 시점에서의 개인결정은 당신의 결정입니다. 이 순위결정은 당신 자신의 것이니 납득이 가지 않더라도 변경하지 마십시오.

전원합의에 의한 집단결정을 내려야 합니다. 즉 하나 하나에 대해서 그룹의 각 멤버가 동의해서 비로소 그룹으로서 순위결정이 되는 것입니다. 전원합의에 이르기란 용이한 일이 아닙니다. 따라서 모든 순위가 각자의 동의를 나타낼 수 있는 순위결정을 이루도록 노력하십시오. 다음에 전원합의에 도달하기 위한 지침을 참고하시기 바랍니다.

① 이 게임은 정답이 있는 것은 아니다. 자기의 판단을 고집하고 남에게 이기기 위한 논쟁은 피해야 한다. 그룹 전원이 집단의 판단으로서 최선을 다하는 것이 옳은 것이라고 생각해야 한다.

② 생각, 해답, 예측 등에 대한 갈등은 전원합의를 구하는 과정을 방해한다기보다는 넓은 시야에서의 결정을 돕는 일이라고 간주한다.

③ 긴장을 해소하는 행동은 의의가 있는 갈등조차 전개하지 못하고 유산시켜 버리는 경향이 있다. 따라서 갈등을 피한다는 이유만으로 자신의 의견을 바꾸어 남에게 동의한다는 일은 피할 것. 다소 자신이 없다고 느껴지더라도 자신의 결정은 자기의 것으로 충분히 주장하고 납득할 수 있거나 동의할 수 있는 순위만큼 차지하도록 한다.

④ 결정할 때 다수결이라든가 평균치를 산출해 본다든가 또는 거래를 하는 식으로 안이한 편법을 쓰지 않도록 한다.

⑤ 논리성을 추구하면서도 멤버의 감정이나 그룹의 동태(서로 관계있는 프로세스)에도 충분히 배려해야 한다.

⑥ 각 조의 리더는 참가자에게 골고루 시간을 배분 특정인의 독무대가 되지 않도록 해야 하며 장소를 이탈하거나 개인행동을 할 수 없다.

1) 해상조난

다음 상황에 지금 처해 있다고 가정하십시오.

당신은 지금 자가용 요트를 타고 세계일주 여행을 하던 중 남태평양 위에서 기관고장으로 선원 5명과 함께 표류하게 되었다. 그런데 원인불명의 화재로 요트의 대부분과 요트에 실었던 물건이 거의 대부분 손실되었다. 그리고 요트는 지금 조금씩 침몰하고 있다.
당신과 다른 선원들은 화재를 진화하려고 혼란을 겪었고 항해 장비의 파손으로 당신의 현재위치는 불명이다. 여러 가지로 판단하건대 아마도 가장 가까운 육지로부터 남서방향으로 약 1,600㎞ 떨어져 있는 것도 같다. 설문지에 적은 15가지 물건들은 파손되지 않고 현재 남아있는 물건이다.
이 물건 외에도 당신과 선원 전원이 타고 15가지 물건을 실을 수 있는 노가 달린 고무구명 보트가 하나있다. 생존자들의 호주머니에 남아있는 물건은 모두 합쳐 담배 한 갑, 성냥갑 몇 개 그리고 1,000원 권 지폐 5장뿐이다.

설문지의 15가지 물건들은 당신이 생존하는 데 있어서 필요한 중요성에 따라 1에서 15까지 등급을 매기십시오. 가장 필요한 물건을 1로 하고 그 다음 중요한 것을 2, 3, … 15까지 전 품목에 순위를 기입하십시오.

생존을 위한 물품	1단계	2단계	3단계	4단계	5단계
	개인결정 순위	팀 결정 순위	전문가 순위	1~3 차이	2~3 차이
바다에서 전체의 각도를 위도와 경도를 측정하는 데 사용되는 기구					
면도하는 데 쓰는 거울					
통에 들어있는 물 1L					
모기장					
군 야전용 식량 1상자					
태평양의 지도					
방석(물에 뜬다)					

윤활유와 휘발유가 혼합된 1.8L 기름 2병					
소형 트랜지스터 라디오					
상어 쫓는 약					
6.6M의 불투명한 플라스틱					
푸에트리코산의 80도 술 1병					
4.5M 길이의 나일론 줄					
기다란 초콜릿 2상자					
낚시 도구 상자					
합계				개인점수 합계	팀 점수 합계

개인 의사의 공통된 부분을 찾아내어 공감대를 형성하면서 합리적인 의사를 도출해낸다면 팀의 SYNERGY효과는 증대하는 것입니다. 그룹 집계표를 작성해 봅시다. 각 팀의 어느 조원이 가장 팀에 기여한 바가 컸는지, 어느 조가 가장 시너지 효과가 컸는지 판단해 봅시다.

	1단계	2단계	3단계	4단계	5단계	6단계
조별	개인별 오차 평균차	가장 정확한 조원의 오차	팀의 오차	1~3 차이	2~3 차이	시너지효과
1						
2						
3						
4						
.....						

계산 방법 및 해석:

개인의 오차 평균치: I, 집단 오차: G, 가장 정확한 조원의 오차: O

* 집단 SYNERGY EFFECT (Gs): Gs = I – G

* 정확한 조원의 기여도 (Os): Os = I – O

여기에서

Gs 〉 0 정의 SYNERGY EFFECT

Os 〉 0 정의 기여도

2) 달에서의 조난

다음 상황에 지금 처해 있다고 가정하십시오.

여러분은 달 여행 우주선의 멤버입니다. 계획으로는 밝은 달 표면에서 마중 오는 모선과 랑데부하기로 되어 있었습니다. 그런데 여러분의 우주선은 기계 고장으로 착륙 예정 지점(모선과의 랑데부 지점)에서 200km 떨어진 곳에 착륙해 버렸습니다. 게다가 재돌입과 달 표면 착륙 시에 탑재한 많은 기계가 파손되었습니다. 생존을 위해 여러분은 어떻게 해서든지 모선 착륙 지점에 가야 합니다. 때문에 달 표면에서 200km를 여행을 하는데 물건을 선택하지 않을 수 없습니다. 아래 물품 리스트는 착륙 시 파손을 면하여 완전한 상태로 남은 15가지입니다. 여러분 승무원 그룹이 랑데부 지점에 도달하기 위해 필요한 정도에 따라 이들 물건의 순위를 결정하는 일입니다.

가장 필요한 물건을 1로 하고 그 다음 중요한 것을 2, 3, … 15까지 전 품목에 순위를 기입하십시오.

생존을 위한 물품	1단계	2단계	3단계	4단계	5단계
	개인결정 순위	팀 결정 순위	전문가 순위	1~3 차이	2~3 차이
성냥이 든 상자					
우주 식량					
나일론 로프 15m					
낙하산 견포(絹布)					
운반형 난방기					
45구경 권총 2자루					
분유 한 통					
산소통 45kg 2통					
달에서 보는 성좌도					
구명보트(뗏목)					
자석 나침반					
신호용 조명탄					

물 19L					
구급약품상자					
태양으로 작동하는 FM송수신기					
합계				개인점수 합계	팀 점수 합계

계산 방법 및 해석

〈개인 성적 평가〉

점수	해석
0–25점	극히 우수! 우주비행사가 될 소질이 있다.
26–32점	우수한 편, 우주비행사는 못되나 긴급사태에 직면하면 살아남을 수 있을 것이다.
33–45점	평균적 현대인
46–70점	장래 달 여행이 가능해져도 안 가는 것이 좋을 것이다. 생명이 위급하다.
71–112점	인간으로서 자격이 없다!

〈팀 결정 평가〉

여기서 중요한 것은 개인성적보다 그룹결정의 성적이다. 그룹의 성적이 가장 우수한 개인을 상회하고 있다면 그 그룹은 극히 적절한 "집단의사결정"한 것이 된다. 그룹성적이 개인성적의 평균 이상이었다면 그래도 적절한 결정을 한 셈이 된다. 그러나 그 이하라면 멤버 전원이 "단성 뇌염"에 걸려 있었던 것이 된다(농담).

▶▶▶ 학습성찰

이번 주 학습한 내용 중 본인의 생활에 적용 가능한 내용과 적용계획을 작성해보시오.

평가내용	자가진단				
	1	2	3	4	5
팀워크의 의미를 설명할 수 있다.					
효과적인 팀워크 개발 방법을 설명할 수 있다.					

내용	내용
학습내용에 대해 새롭게 발견한 점	
학습내용에 대해 느낀 점	
학습내용 중 본인의 생활에 적용 가능한 점	
적용계획 (구체적으로 작성)	
기대효과	

“조직 성공의 기여도는 10~20%에 불과하고, 나머지 80~90%는 팔로워가 결정한다.”

- 로버트 켈리(Robert E. Kelly, 미국 카네기멜론대학 교수)

CHAPTER

07

팔로워십 능력

학습목표

1. 팔로워십의 의미를 설명할 수 있다.
2. 팔로워십의 향상방법이 무엇인지 알고 활용할 수 있다.

학습내용

1. 팔로워십의 정의
2. 팔로워십의 중요성 및 유형
3. 팔로워십의 향상방법

1. 팔로워십(Followership)의 의미

사회의 조직과 기업에서는 조직의 성장과정에 반드시 필요한 요소 중의 하나로 '리더십'을 강조하며 많은 관심을 기울여 왔다. 그러나 '리더십'은 이를 수용할 대상이 있어야 한다는 것을 기초로 할 때, 리더를 따르고 행동하는 '팔로워(Follower)'의 역할 및 행동에 따라 성과를 달리할 수 있다. 즉 아무리 뛰어난 리더가 있더라도 이를 따르고 행동하는 구성원의 역할이 없다면, 그 리더십은 아무런 가치를 발휘할 수 없기 때문이다.

1) 팔로워십의 개념

팔로워십은 미국 카네기멜론대학의 로버트 켈리(Robert E. Kelly)에 의해 강조된 개념으로 리더십(Leadership)과 멤버십(Membership)을 합성한 단어이다. 그는 리더십과 멤버십 두 개념을 독립적인 관계가 아니라 상호 보완적이며 필수적인 존재로 보았다. 따라서 여기서의 멤버십은 조직의 구성원으로서 자격과 지위를 갖는 것으로 리더와 조화를 이루며 자기 주도적으로 리더를 따르는 태도와 능력이다.

때문에 켈리는 조직의 성과를 위해서는 조직을 이끄는 리더의 역할도 중요하나 리더를 따르는 팔로워의 역할 역시 중요함을 강조하였다.

2) 팔로워(Follower) 유형

켈리는 팔로워의 특징을 구분하기 위해 리더십과 자신의 업무에 대응하는 팔로워의 행동과 사고방식을 5가지의 팔로워 형태로 나누었는데 그 형태는 다음과 같다.

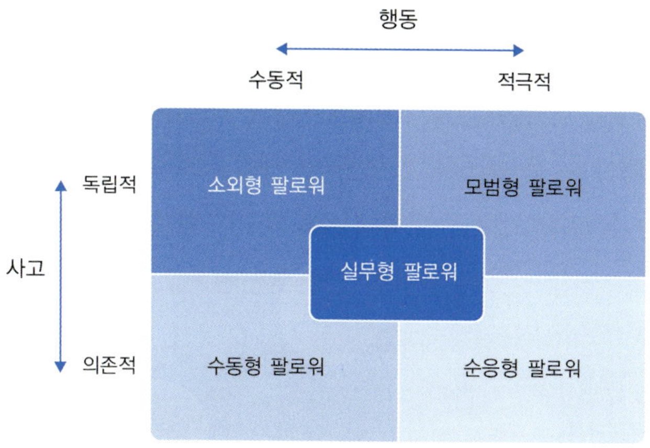

[그림 7-1] 팔로워십의 5가지 유형

멤버십의 영역은 적극적, 소극적 참여를 수평 구조로, 독립적, 의존적 사고를 수직 구조로 하여 주도형, 순응형, 소외형, 수동형, 실무형으로 분류했다. 마인드를 나타내는 독립적, 의존적 사고축으로 현장에서 발생한 문제에 대해 5W(Why, What, Where, When, Who) 1H(How) 원칙에 근거하여 상세히 파악하는 정도, 그리고 문제의 원인 분석과 해결을 위한 새로운 아이디어를 적극적으로 제시하느냐의 여부와 관련된 것이다. 행동을 나타내는 적극적, 소극적, 실무형으로 주인 의식을 가지고 의사 결정에 적극적으로 참여하느냐의 여부, 문제해결을 위한 실행 과정을 주도적으로 참여하느냐의 여부와 관련되어 있다.

각 유형의 팔로워에 대한 설명은 다음과 같다.

① 소외형 팔로워(조직 구성원의 약 15~20%)

자립적인 사람으로 비판적 사고는 있으나, 행동은 하지 않는 팔로워의 유형으로 불평불만이 많은 행동을 나타낼 수 있다. 일부러 반대 의견을 제시하기도 하며 때로는 조직의 양심으로 보일 수도 있다.

리더와 동료들은 이들을 냉소적이고 고집이 센, 부정적인 느낌으로 바라보기 때문에, 그들도 조직에 대해서 조직이 자신을 인정해 주지 않고 적절한 보상을 제공하지 않아 불공정하고 문제가 있다고 느낀다.

② 수동형 팔로워(조직 구성원의 약 5~10%)

판단, 사고를 리더에 의존하지만, 적극적 행동은 취하지 않는 유형의 팔로워를 말한다. 지시가 있어야만 행동한다.

리더와 동료들은 이들을 하는 일이 없고 있더라도 제 몫을 하지 못한다고 생각한다. 또한 업무 수행에는 감독이 반드시 필요하다고 본다.

반대로 이들은 조직이 자신의 아이디어를 원치 않는다고 생각하기 때문에 노력과 공헌을 해도 아무 소용이 없어 계속 행동하지 않는다. 오히려 리더는 항상 자기 마음대로 한다고 생각한다.

③ 순응형 팔로워(조직 구성원의 약 20~30%)

리더와 조직을 믿고 의존하면서도 실제 행동은 적극적으로 행동한다. 기쁜 마음으로 과업을 수행하기 때문에 헌신적이며, 주로 팀플레이를 한다. 이러한 팔로워는 상사에게 유능한 인재로 평가될 수도 있으나 잘못 행동하면 'Yes man'으로 평가될 수도 있다.

리더와 동료들은 이들이 항상 순응하기 때문에 아이디어가 없다고 생각하며 인기 없는 일을 하지 않는다고 느끼지만, 조직을 위해 자신과 가족의 요구를 양보할 정도로 헌신적인 사람이라고 본다.

조직의 기존 질서를 따르는 것이 중요하며 리더의 의견을 거스르는 것은 어려운 일이기 때문에 획일적인 태도 행동에 익숙하다.

④ 모범형 팔로워(조직 구성원의 약 5~10%)

주도형이라고도 하며 리더에게 독립적이면서도 조직의 목적을 달성하기 위해 혁신적으로 사고하여 적극적으로 역할을 행동한다. 또한 자신의 의사를 리더에게 적극적으로 개진하는 모범된 형태를 나타낸다. 팔로워들이 추구하는 유형이다.

이들은 두 가지의 기본 특성을 가지고 있다. 먼저 독립적, 혁신적 사고 측면에서 스스로 생각하고 건설적 비판을 하며 자기의 개성이 있고 혁신적이고 창조적인 시각을 갖는다. 적극적 참여와 실천 측면에서는 솔선수범하고 조직에 주인

의식을 가지고 있으며 업무에 자발적으로 적극 참한다. 또한 기대 이상의 성과를 내려고 노력하는 특성이 있다.

⑤ 실무형 팔로워(조직 구성원의 약 25~35%)

모든 특성에 균형을 이루며 상황에 따라 행동하는 유형을 말한다. 조직의 운영방침에 민감하여 사건을 균형 잡힌 시각으로 본다.

리더와 동료들은 이들을 적당한 열의와 평범한 수완으로 업무를 수행한다고 생각하며 개인의 이익을 극대화하기 위한 흥정에 능하다고 평가한다.

규정 준수를 강조하는 이들은 조직에 대해서 명령과 계획의 빈번한 변경이 있어 힘이 들고, 리더와 부하 간의 비인간적 풍토가 있다고 느낀다.

자신이 어떤 유형에 속하는지 자문해 보자. 아마도 자신 있게 답할 수 있는 사람은 많지 않을 것이다.

〈표 7-1〉 팔로워십 유형별 특성

유형		주요 특징
양(羊)	순종형	• 자신감과 책임감이 결여된 상태에서 수동적으로 행동하며, 무비판적임 • 순종적이로 비진취적인 유형으로 대개 주어진 임무만 수행하는 경향이 있음
Yes Man	순응형	• 리더의 생각과 아이디어를 무비판적으로 따르며, 리더에 매우 공손하며, 때로는 비굴해지기도 함. 판단력이 약하고 자신감이 부족한 상사가 이러한 유형을 좋아하는 경향이 있음
소외자	소외형	• 생각하는 데 있어서는 독자적이지만 맡은 바 역할을 수행하는데 있어서 피동적임. 흔히 냉소적이며, 불만이 있어도 묵인하는 태도로 일관함
생존자 (Pragmatist Followers)	실무형	• 바람의 방향을 끊임없이 살피면서 '불이익을 당하느니 안전하게 지내는 편이 낫다(better safe than sorry)'라는 생활신조에 따라 살아가고 변화가 있을 때마다 거기에서 살아남는 것에만 민첩함
Star Follwer	모범형	• 스스로 생각하면서 일에 대한 모험을 자청하고, 자발적으로 일을 시작하여 독자적으로 문제를 해결함 • Owenership과 패기를 가지고 맡은 임무와 과제를 수행하기 때문에 동료와 상사들로부터 높은 평가를 받음

출처: 박경록 외(2016). 재구성.

2. 나쁜 팔로워, 좋은 팔로워

따르는 것은 뒤처지는 것, 나약한 것으로 여기는 태도가 그동안 팔로워십의 존재감을 약화시킨 게 사실이다. 과연 그럴까? 리더는 몇몇에 불과하지만 팔로워는 그보다 훨씬 많은 수로 구성된다. 팔로워가 뒷받침되지 않으면 아무것도 변하지 않고 어떤 것도 움직일 수 없다. 리더와 팔로워가 서로 어긋나거나 팔로워가 비판 없이 맹목적 추종만 일삼는다면 조직은 혼란에 빠질 수밖에 없다. 나쁜 팔로워십과 좋은 팔로워십을 구분해야 하는 이유이다.

제2차 세계대전 후 독일은 수많은 나치 전범을 처벌했다. 그런데 많은 이들의 공통적인 항변이 '나는 위에서 시키는 대로만 했을 뿐 죄가 없다'였다. 그들의 호소를 받아줘야 했을까? 어긋난 리더의 어리석은 명령에 일사불란하게 따른 나치의 최후는 모두가 알고 있었다. 용서는 없었다. 그들은 선택할 수 있었고 잘못된 방향을 쫓았기 때문이다.

드라마 〈미스터 선샤인〉에는 의병이 등장한다. 나라를 지키겠다고 하나둘 모인 이들 역시 일사불란하게 움직인다. 리더와 수시로 소통하고 그 메시지를 빠르고 정확하게 공유한다. 주모, 지게꾼, 포수, 기생, 양반집 애기씨까지 각자의 역할을 충실히 수행하고 조직을 위해 비밀을 발설하지 않는 끈끈한 신의도 과시한다. 그들의 추종력은 구국이라는 옳은 방향으로 거침없이 나아간다.

리더십 전문가인 바버라 켈러먼(Barbara Kelleman) 하버드대 교수는 팔로워의 성격을 명료하게 구분했다. 나쁜 팔로워는 '아무것도 하지 않는 것, 비효율적이고 비도덕적인 리더(나쁜 리더)를 지지하는 것, 효율적이고 도덕적인 리더(좋은 리더)에 반대하는 것'이 특징이다. 반면 좋은 팔로워는 '좋은 리더를 지지하고 나쁜 리더에 반대하는 것'으로 드러났다.

3. 팔로워십 향상 방법

"남을 따르는 법을 알지 못하는 자는 좋은 지도자가 될 수 없다."

- 아리스토텔레스(Aristoteles, 고대 그리스 철학자)

그렇다면 지금부터 고민해야 한다. 조력과 협업의 가치를 높이는 좋은 팔로워가 되기 위해서는 무엇이 필요할까? 긍정적 팔로워십은 어떻게 기를 수 있을까? 그 방법을 구체적인 사례를 통해 살펴보자.

(사례 1) 모두가 리더이자 팔로워, 기러기의 비행

철새인 기러기는 바다를 건너 약 4만 킬로미터를 비행한다. 눈에 띄는 것은 무리를 지어 V자형으로 날아가는 모습이다. 맨 앞서가는 기러기가 공기저항을 줄여줘 뒤따르는 무리는 훨씬 수월한 비행이 가능하게 된다. 편대를 이룸으로써 약 30%의 에너지를 절약할 수 있고 혼자 이동할 때보다 70% 이상 더 멀리 날아갈 수 있다. 주목해야 할 점은 선두에 선 대장 기러기가 한 마리가 아니라는 점이다. 한 마리가 선두에서 이끌다 지치면 힘을 아껴 둔 후미 기러기가 교대해 편대를 이끈다. 그렇게 돌아가며 긴 여정 동안 지지치 않고 나아간다. 모두가 리더이자 팔로워인 기러기는 강점을 최대화하고 약점을 서로 보완하며 조직의 힘을 극대화한다. 또한 기러기 떼는 끊임없이 소리를 내며 날아가는데 이는 헌신하는 리더를 향한 응원의 신호이다. 한 마리가 뒤처지거나 다칠 경우에는 동료 기러기 두 마리가 함께 이탈해 동료를 끝까지 돌보다 죽음을 지키거나 회복해 함께 무리로 합류한다. 아무리 강인한 기러기라도 혼자라면 결코 쉽지 않은 장거리 비행, 든든한 팔로워가 있기에 가능한 기러기의 생존법이다. 조직도 마찬가지이다. 바른길을 이끄는 리더를 향한 긍정적 응원과 팔로워 사이의 끈끈한 유대는 어떤 길도 두렵지 않은 힘을 선사한다.

출처: 강현숙(2018). '조직을 이끄는 힘, 팔로워십', KEFICO PLUS 참고, 재구성.

(사례 2) 세종 시대를 꽃피운 팔로워의 지지와 간언

세종은 현명한 팔로워들 덕분에 훈민정음을 창제할 수 있다. 역사 속 위대한 리더로 꼽히는 세종에게도 든든한 팔로워가 있었다. 첫 번째는 집현전, 팔로워로서 집현전 학자들의 진가는 수동성을 벗어난 데서 찾을 수 있다. 단순히 왕의 명령에만 따르는 것이 아니라 스스로 의사 결정권을 갖추고 다양하고 혁신적인 정책들을 기획해 그것이 리더가 추구하는 방향에 힘이 되도록 뒷받침했다. 일례로 세종의 가장 큰 업적인 '훈민정음'은 반포 당시 사대부들의 큰 환영을 받지 못했다. 하지만 집현전 학자들은 훈민정음의 내용을 풀이한 〈훈민정음 해례본〉과 한자음을 훈민정음으로 정리한 〈동국정운〉을 발간해 힘을 실었다. 위기에 더 빛을 발하는 팔로워십이다. 당시 한글이 널리 쓰일 수 있었던 데는 리더 한 사람의 의지뿐 아니라 집현전 학자라는 팔로워의 조력도 중요한 역할을 했다.

무조건 복종하고 따라야만 좋은 팔로워일까? 물론 아니다. 세종이 '고집불통'이라고 불만을 터트린 이조판서 허조도 의미 있는 팔로워이다. 그는 당대 소문난 'No man'이었다. 어전회의에서 나오는 정책마다 꼬투리를 잡은 그는 이면의 문제나 약점들을 지적했고 덕분에 정책의 완성도를 높이는 데 일조했다. 조직을 위해 따끔한 간언을 할 수 있는 팔로워의 용기, 그리고 이를 받아들일 줄 아는 리더의 포용력은 세종 시대를 꽃피운 근간이 되었다. 허조는 '세종의 은총을 만나 간(諫)하면 행하시고 말하면 들어주었으니 죽어도 한이 없다'라고 유언을 남겼다. 더 나은 길을 위해 뼈있는 한마디를 주저하지 않는 용기는 팔로워가 갖춰야 할 기본 덕목이다.

출처: 강현숙(2018). '조직을 이끄는 힘, 팔로워십', KEFICO PLUS 참고, 재구성.

(사례 3) 0.01초로 승부를 가르는 밀당의 봅슬레이

4인승 봅슬레이는 팔로워의 역할을 선명하게 보여준다. 가장 먼저 탑승하는 파일럿은 조종키를 담당하고, 맨 마지막에 타는 브레이크맨은 결승점 통과 후 썰매가 멈추도록 제동을 거는 역할을 한다. 중간에 자리한 두 선수는 푸시맨이다. 출발할 때 썰매를 힘차게 밀고 나가 초반에 속도를 올리는 역할이다. 방향을 이끄는 것은 파일럿이지만 초반 기세를 잡는 추동력은 푸시맨으로부터 나온다. 출발선에서 밀어주는 힘이 제대로 받쳐주지 않으면 0.01초로 갈리는 승부에서 1위로 나아가기 쉽지 않다. 평균 시속 135km로 질주하는 썰매가 완벽한 타이밍에 안전하게 멈추는 것 또한 중요하다. 브레이크맨은 언제 멈출지를 아는 냉정한 승부사여야 한다. 리더격인 파일럿은 14~22개의 곡선 주로를 머릿속에 담은 채 매끄럽게 통과할 수 있도록 본능적이면서도 세심한 조종을 한다. 봅슬레이의 짜릿한 속도전은 이 셋의 조화가 만든다. 변화의 속도가 점점 빨라지고 있는 시대, 기업들도 속도전으로 승부해야 할 때가 많다. 리더는 급격한 방향 전환에 능숙하게 적응하며 키를 잡아야 하고 팔로워는 한껏 힘을 모아 두려움 없이 나아감으로써 변화의 속도를 끌어올려야 한다. 여기에 때때로 속도를 줄이고 냉철하게 돌아볼 줄 아는 반성과 점검이 팔로워로부터 나올 수 있는 조직이라면 안정적으로 변화의 속도전을 즐길 수 있을 것이다.

출처: 강현숙(2018). '조직을 이끄는 힘, 팔로워십', KEFICO PLUS 참고, 재구성.

리더의 역할은 팔로워의 잠재력을 깨우는 것이다. 좋은 리더와 훌륭한 리더는 좋은 팔로워에 의해서 만들어진다. 즉 조직의 성과는 리더와 팔로워의 상호작용에 의해서 만들어지며, 이를 통해 조직은 성장할 수 있다. 따라서 좋은 팔로워가 등장할 수 있는 분위기를 조성하고 함께하는 과정은 리더의 가장 중요한 역할이라고 할 수 있다.

훌륭한 팔로워의 조건은 다음과 같다.

① 리더의 통제 유무를 떠나 스스로 계획하며 관리할 수 있어야 한다.
② 동료나 타인과의 협조하는 능동적으로 행동하는 이타적 사고가 필요하다.
③ 조직에 필요한 능력 배양 및 도전적 정신이 필요하다.
④ 헌신을 두려워하지 않는다.
⑤ 리더가 어려움에 처했을 경우 대안 제시자의 역할도 필요하다.

정리하자면 훌륭한 팔로워란 리더와 동등한 위치에서 함께 공동의 목표를 달성하기 위해 행동하는 것이다.

아무리 훌륭하고 뛰어난 리더라도 팔로워 없이 혼자만 완벽할 수는 없다. 팔로워십은 팔로워를 단순한 조직 구성원 또는 상사의 지시를 받는 하급자라는 인식에서 벗어나 능동적인 주체로 평가하고, 팔로워의 성과에 따라 조직의 성패가 결정된다는 생각을 기초로 한다. 그러므로 리더는 리더 중심의 수직적 사고에서 벗어나 부하직원을 파트너로 생각하는 수평적 사고로의 인식 전환이 필요하다.

그러면 팔로워 입장에서 팔로워십을 키우는 방법은 무엇이 있을까? 좋은 팔로워십의 구성요인에는 4C가 있다. 가치를 따르고 미션에 충성하기(Commitment), 진실을 말하고 솔선수범하기(Courage), 상사를 돕고 동력의 협력을 이끌어내기(Collaboration), 실력을 쌓고 변화를 수용하기(Competency)가 그것이다. 간단하게 함께 적극적으로 행동해 나가는 것이다. 이를 바탕으로 팔로워십을 키우는 5가지의 방법을 제안한다(정은희 외, 2017).

첫째, 리더를 현실적으로 받아들이자. 리더에게 가까이 다가갈수록 그의 결점이 보일 수 있지만, 리더의 솔직한 모습을 받아들이는 것이 좋다. 물론 팔로워에게 알려질 경우 타격을 받을 수 있는 리더의 정보와 비밀은 당연히 지켜줘야 한다. 그래야만 관계와 소통의 기반인 신뢰가 형성된다.

둘째, 리더의 유형을 파악하자. 리더를 파악하는 것도 팔로워의 능력이다. 즉 리더 소통 방식 및 업무 스타일, 성향을 파악하고 그에 맞추는 게 필요하다. 또는 리더의 성격적 특성으로 구분하는 방법도 있다. 예를 들어 리더가 아이디어를 중시하는 사교형 리더라면 친근감을 표현하고 보고에 들어간다. 반면 팀워크와 관계를 존중하는 관계형 리더라면 보고 시 구체적으로, 신뢰 있도록 주의한다. 추진력과 진취성을 중시하는 주도형이면 결론부터 보고한다. 논리와 정확성을 중시하는 분석형 리더라면 정확한 자료를 근거로 논리적으로 체계 있게 설명하며 보고해야 한다.

셋째, 리더의 지시는 메모, 복명, 확인의 3단계를 거치자. 지시의 기본 요소는 누구에게, 무엇을, 언제까지, 어떻게 왜 해야 하는가를 분명히 하는 데 있다. 리더가 지시하려고 하면 일단 수첩과 필기구를 챙겨 간다. 그리고 리더가 지시를 마치고 물으면 '네, 알겠습니다.'라고 습관적으로 대답하는 대신, 리더의 지시 사항을 되물어 확인한다. 더 확실한 것은 지시사항을 깔끔하게 정리하여 다시 한 번 확인을 받는 것이다.

넷째, 연락, 보고, 상의를 생활화하자. 직무를 수행하는 상황에서 리더에게 수시로 연락하고 보고하고 상의해야 한다. 항상 리더가 결국 우리 조직에서 가장 중요한 의사결정을 가지고 있음을 잊어서는 안 된다.

다섯째, 리더가 요구하는 것 이상을 하자. 리더는 팔로워가 자신의 기대를 뛰어넘는 일을 해낼 때 비로소 전폭적인 신뢰를 보낼 수 있다. 그러기 위해서는 리더의 요구 위의 욕구를 읽을 수 있어야 한다. 요구가 필요로 하는 것이라면(Need), 욕구는 원하는 것이다(Want).

사실 팔로워와 리더는 서로 떼려야 뗄 수 없는 상호 보완적인 관계이다. 팔로워의 변화와 혁신을 원한다면, 진취적이고 용기 있는 행동을 원한다면, 조직문화와 리더도 함께 변해야 한다. 좋은 팔로워에게 지지받는 좋은 리더인지, 좋은 리더를 지지하는 좋은 팔로워인지 함께 점검하며 올바른 방향으로 나아가야 할 것이다.

혹자는 앞으로 '팔로워'가 세상을 바꾸고 리더를 움직이는 보이지 않는 영향력을 갖게 될 것이라고 전망하기도 한다. 그래서 리더에 대해 말한 것과 같은 구성으로, 구성원들이 능숙하게 활용해야 하는 것들이 무엇이 있는지 한번 생각해 보았다. 우선 좋은 리더는 L.E.A.D.E.R에 강하다. 마찬가지로 좋은 팔로워들도 'F.O.L.L.O.W.E.R'에 강해야 한다.

FOLLOWER

F: Fast Response (반응이 매우 빠릅니다.)
O: Originality (나를 차별화할 수 있습니다.)
L: limitless (나에게 한계는 없습니다.)
L: Listen (리더가 하는 말을 잘 들어 보세요.)
0. Optimistic View (긍정적인 면을 보는 눈을 가지세요.)
W: Wisdom (지식보다 지혜가 필요합니다.)
E: Energy (회사 분위기를 바꿀 수 있는 에너지가 있어야 합니다.)
R: Reader (책을 읽어 좋은 리더의 경험을 간접 흡수합니다.)

좋은 팔로워란 누구일까? '팔로워십'의 저자인 바버라 켈러먼은 팔로워를 다음과 같이 정의하였다. 팔로워는 지위에 의해 정의될 수 있다. 상대적으로 권력, 권한, 영향력이 상급자에 비해 적은 하급자다. 팔로워는 또 행동에 의해 정의될 수 있다. 다른 사람들이 원하거나 의도하는 것에 따라주는 사람이다.

Workbook Activity 01 | 팔로워의 의미

다음은 유능한 '팔로워'로 인정받는 방법에 대한 글이다. 읽고 생각해 보자.

유능한 '팔로워'로 인정받는 8가지 팁(Tip)

혹자는 앞으로 '팔로워'가 세상을 바꾸고 리더를 움직이는 보이지 않는 영향력을 갖게 될 것이라고 전망하기도 합니다. 제가 팔로워로서, 그리고 리더로서 경험한 바를 중심으로 유능한 '팔로워'로 인정받는 8가지 팁을 소개해 드리도록 하겠습니다.

F: Fast Response(반응이 매우 빠릅니다.)

지식이 없어도 실력이 없어도 구사할 수 있는 능력입니다. 제가 열 명이 넘는 리더들을 겪어 봤는데 빠르게 반응해서 좋아하지 않으시는 분이 없었습니다. 이것이 맞을 수도 있고, 틀릴 수도 있지만 저는 빠른 응대를 통해 문제를 해결해 나갈 수 있습니다. 능력이 다소 부족하더라도 빠른 응대로 회사생활을 한다면 상위권에 랭크할 수 있습니다. 리더가 업무를 지시한지 삼일이 지나도 아무런 피드백을 하지 않는다면 직원은 문제가 있다고 보시면 됩니다.

O: Originality(나를 차별화할 수 있어야 합니다.)

일정 기간이 지나기까지 내가 누구인지를 알려야 합니다. 같은 분야에서 3년 정도 일하면 그 분야에서 '홍길동'하면 떠오르는 이미지가 있어야 합니다. 전공지식이 뛰어나든지, 보고서를 잘 쓰든지, 프레젠테이션을 잘하든지, 정리를 잘하든지 어느 한 분야에서 뛰어난 모습을 보여줘야 합니다.

L: Limitless(나에게 한계는 없습니다.)

팔로워는 주어지는 일에 어떤 제한을 두지 말아야 합니다. 이것은 이래서 안되고, 저것은 저래서 안되고, 업무를 받는데 도전하는데 한계를 두지 말아야 합니다. 리더가 업무를 지시할 때는 팔로워가 할 수 있는 일을 배분하는 경우가 대부분입니다. 할 수 없다는 생각으로 자신을 제한한다면 되는 일도 잘 안될 수 있습니다. 자신의 제한을 벗어버리는 순간 자신의 능력도 부쩍 성장하게 됩니다. 'Mission Impossible'이 아니라 'Mission Possible'입니다.

L: Listen(리더가 하는 말을 잘 들어주세요.)

리더도 잘 들어야 하지만 팔로워는 더 잘 들어야 합니다. 리더가 말하는 것이 무엇인지, 리더가 진정 바라는 것이 무엇인지 리더의 말 속에 다 들어 있습니다. 일을 할 때에도 잘 들어야 하고, 커피를 마시든, 회식을 하든 리더가 말하는 것을 잘 들어야 합니다. 리더의 말 속에 리더의 철학이 들어 있고, 리더의 철학을 이해해야 진정한 팔로잉을 할 수 있습니다.

O: Optimistric View(긍정적인 면을 보는 눈을 가지세요.)

회사에서 리더가 지시하는 모든 일에는 이유가 있습니다. 모든 일에는 긍정적인 면과 부정적인 면이 항상 공존합니다. 그 중에서 긍정적인 면을 바라보는 시각을 확보하고 있어야 합니다. 리더가 업무를 지시하면 안 되는 이유보다 될 수 있는 방향으로 생각을 해야 합니다. 아무리 어려운 일이라도 일단 시작하면 완료할 수 있다는 긍정적인 시각을 가져야 합니다. '왜 나에게만 일을 시킬까'가 아니라 '나에게 성장할 수 있는 기회를 줘서 감사하다'는 마음을 가져야 합니다.

W: Wisdom(지식보다 지혜가 필요합니다.)

회사에서 지식이 모자라서 업무가 해결되는 못하는 경우는 그리 많지 않습니다. 업무를 수행하는데 필요한 지식은 생각보다 그리 높지 않고, 앞선 선배의 보고서에 대부분 들어 있습니다. 그러한 지식을 바탕으로 자신의 지혜를 덧입혀 자신만의 결과를 만들 수 있어야 합니다. 지식은 한계가 있지만 지혜는 끝이 없습니다. 작은 지혜가 하나 둘 모여서 자신만의 지식을 만들 수 있습니다. 지혜의 샘은 파내면 파낼수록 수원이 더욱 더 풍부해지기 때문에 지속적으로 파내야 합니다.

E: Energy(조직의 분위기를 바꿀 수 있는 에너지가 있어야 합니다.)

내가 속한 조직의 분위기를 밝고 활기차게 만드는 것은 좋은 팔로원의 기본 조건입니다. 아침에 출근하면 가장 높은 톤의 목소리를 하루를 활기차게 시작해야 합니다. 일을 하면서는 항상 에너지가 넘쳐야 합니다. 심지어 밤을 새우더라도 기운 없는 모습을 보이지 말아야 합니다. 회식을 할 때에는 더욱 활기차게 분위기를 리드해야 합니다.

R: Crazy Reader(책을 읽어 좋은 리더의 경험을 간접 흡수합니다.)

바쁜 와중에도 다양한 분야의 책을 읽습니다. 전공 보고서 또는 관련 서적을 많이 읽어야 합니다. 선배들의 지식을 왕성하게 흡수해야 합니다. 자신의 영역을 새로 구축하기까지 말입니다. 좋은 팔로워라면 많은 지식을 미리미리 채워 놓아야 합니다. 10년 넘게 쌓은 그 지식은 나중에 폭발적인 힘을 발휘하게 됩니다. 못 믿겠다고요? 믿고 실천해 보세요. 후회하지 않으실 겁니다.

지금까지 여덟 가지 팔로워의 덕목을 말씀드렸는데요, 이 모든 것을 한 문장으로 정리하면, 'Good Follower is good at F.O.L.L.O.W.E.R'입니다.

좋은 팔로워 되기가 그리 녹녹치 않습니다. 하지만 너무 어려워서 하지 못할 것도 없습니다. 내가 먼저 할 수 있습니다.

출처: 박헌건(2014). 유능한 팔로워로 인정받는 8가지 팁. Social LG전자 https://social.lge.co.kr/people/leader_2/ 일부.

1. 본인이 생각하는 유능한 팔로워로 인정받는 팁을 3개 이상 생각해 보자.

2. 본인은 유능한 팔로워로 인정받기 위해서 어떤 노력을 하고 있는가?

Workbook Activity 02 | 팔로워십 자가진단

나의 팔로워십 지수는 과연 몇 점일까? 자신의 팔로워십에 대해서 생각해 보며 다음의 문항에 대해 자신에게 해당되는 것에 체크해 보자.

NO.	내 용	1	2	3	4	5
1	당신의 일은 자신에게 중요한 그 어떤 사회적 목표나 개인적인 꿈을 성취하는 데 도움이 되는가?					
2	당신 개인의 업무 목표가 조직의 최고 목표와 일치하는가?					
3	당신은 최선의 아이디어와 능력을 일과 조직에 쏟아 붓고 지극히 헌신적이며 정력적으로 일하는가?					
4	당신의 열의가 확산되어 동료직원들을 활기차게 만드는가?					
5	리더의 지시를 기다리거나, 떠맡지 않고 조직에 가장 중요한 목표를 성취하기 위해 무엇이 중요한 활동인지를 자신이 판단하는가?					
6	리더의 조직에 더욱 가치 있는 사람이 되기 위해서 당신은 독특한 능력을 적극적으로 발휘하는가?					
7	새로운 일이나 임무가 시작되었을 때, 리더가 중요한 의미라고 생각하는 부분에서 곧바로 공적을 세우는가?					
8	당신이 부족한 점을 채울 것이라는 점을 믿고, 리더는 어려운 임무를 당신에게 맡기는가?					
9	당신은 자신의 업무 범위를 벗어나는 일도 찾아내서 성공적으로 완수하기 위해 솔선수범하는가?					
10	리더의 부재 시에도 맡은 일보다 많은 일을 하고 능력이 있는가?					
11	리더나 조직의 목표에 크게 공헌할 수 있는 새로운 아이디어를 독자적으로 고민해서 적극적으로 제기하는가?					
12	리더에게 의존해서 어려운 문제를 해결하기보다는 스스로 해결하려 하는가?					
13	자신은 아무런 인정을 받지 못할 때라도 다른 동료들이 좋은 평가를 받도록 하는가?					
14	필요한 경우 일부러 반대 의견을 개신해서라도 리더와 팀이 실패의 위험성을 볼 수 있도록 돕는가?					

15	리더의 요구나 목표 제약을 이해하고 그것을 충족시키기 위해서 열심히 일하는가?					
16	자신에 대한 평가를 의무라기보다는 장점과 약점을 적극적이고 솔직하게 인정하는가?					
17	단지 지시받은 일을 하는 것에서 탈피하여 리더가 내린 판단이 얼마나 현명한가를 스스로 평가해 보는 습관이 있는가?					
18	리더가 전문 분야나 개인적인 흥미에 정면으로 배치되는 일을 줄 때 "NO"라고 하는가?					
19	리더나 팀의 기준이 아니라 자신의 윤리적 기준에 따라 행동하는가?					
20	당신이 속한 집단과 의견이 다르거나 리더로부터 질책을 당한다고 해도 당신은 중요한 이슈에 대해서 자기 견해를 주장하는가?					

[결과 해석] 팔로워십 유형 확인

나의 팔로워십 진단 결과를 작성해 보고, 팔로워십 유형을 확인해 보자.

A	점수	B	점수
1		2	
5		3	
11		4	
12		6	
14		7	
16		8	
17		9	
18		10	
19		13	
20		15	
총점		총점	

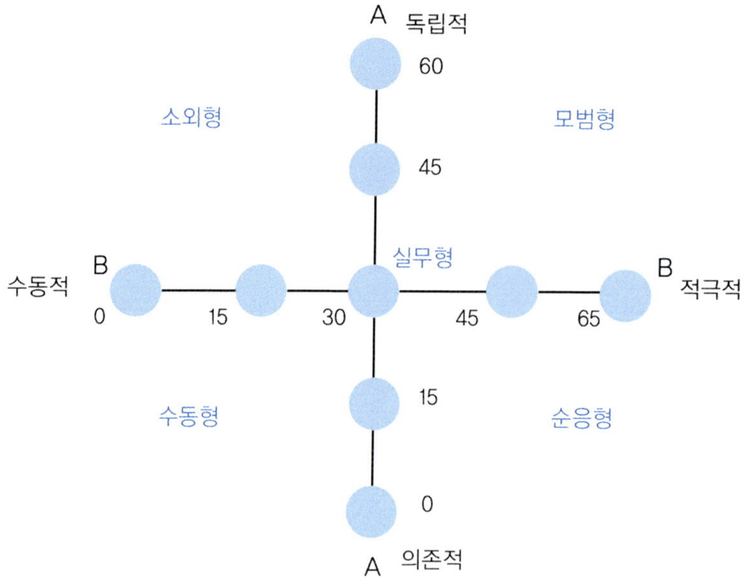
A 독립적
60
소외형
모범형
45
실무형
B
수동적
0
15
30
45
65
B
적극적
15
수동형
순응형
0
A 의존적

▸▸▸ 학습성찰

이번 주 학습한 내용 중 본인의 생활에 적용 가능한 내용과 적용계획을 작성해보시오.

평가내용	자가진단				
	1	2	3	4	5
팔로워십의 의미를 설명할 수 있다					
팔로워십 향상방법을 설명할 수 있다.					

내용	내용
학습내용에 대해 새롭게 발견한 점	
학습내용에 대해 느낀 점	
학습내용 중 본인의 생활에 적용 가능한 점	
적용계획 (구체적으로 작성)	
기대효과	

"향후 기업의 경쟁 우위는 조직 안에 흩어진 자원을 효과적으로 연결해 내는 컬래버레이션(collaboration, 협업) 역량이 될 것이다."

- 프랑스 인시아드(INSEAD · 유럽경영대학원)의 모튼 한센 교수(MORTEN T. HANSEN)

CHAPTER

08

네트워킹, 협업 능력

학습목표

1. 네트워킹의 의미와 유형을 설명할 수 있다.
2. 협업의 의미와 중요성을 설명할 수 있다.
3. 체계적인 협업관계를 촉진시키기 위한 방법을 활용할 수 있다.

학습내용

1. 네트워킹의 의미와 유형
2. 협업의 의미와 중요성
3. 체계적 협업관계를 위한 방법

미래 사회는 정치·경제·사회·문화 간 경계가 무너지고 조직 내에서도 부서 간 장벽이 허물어지면서 새롭고 창의적인 것은 '연결지능(Workbook Activity 1 참고)[1]', 사람과 사람의 연결, 사람과 기계의 연결, 기계와 기계의 연결, 결국 서로가 서로를 연결하는 능력에서 나온다. 결국 '연결'이 힘이다. 이 장에서는 '연결'의 바로미터(barometer)라 할 수 있는 '네트워킹(Networking)'과 '협업(Collaboration)'에 대해 알아본다.[2]

1. 네트워킹(Networking)의 의미

1) 네트워크(Network)와 네트워킹(Networking)의 개념

"모든 것은 모든 것에 연결돼 있다"는 말처럼 이 세상은 수많은 관계와 네트워크로 연결돼 있다. 인터넷과 정보통신망, 도로 교통망, 금융 시스템 등 우리 생활의 대부분이 네트워크를 통해서 이뤄진다. 직장생활 역시 마찬가지다. 사람들은 기업, 학교, 병원 등 어떤 조직에서나 다른 사람들과 관계를 맺으면서 일하고 살아간다.

사전적 정의로 네트워크란 본래 그물망이라는 뜻으로 '사물이 그물 모양으로 얽힘'을 의미한다. 네트워킹은 '네트워크로 만들기'라는 뜻을 가진다.

네트워크에 대한 학계의 합의된 정의는 아직 정립되어 있지 않다. 정치학, 사회학 또는 행정학 등 어떠한 학문 분야이냐에 따라 네트워크를 이해하고 연구하는 방법도 조금씩은 다른 것이 현실이다(Berry et al., 2004). 그럼에도 불구하고 몇 가지 공통된 점들이 있다.

1) 연결지능(Connectional Intelligence): 세계의 다양하면서도 이질적인 사람과 복잡한 정보관계망(network), 여러 분야의 지식과 경험, 자원 등을 결합하고 연결해 통합을 이루어 나감으로써, 다가오는 인류의 미래를 결정하는 가치와 의미를 창출하고, 난관을 타개할 수 있는 돌파구를 발견하는 재능

2) 이지나 외(2020). 대학생을 위한 창업교육, Chapter 7 네트워킹, 협업 참고.

네트워크는 ① 소통되는 내용(transactional content), ② 연결망의 성격(nature of link), ③ 구조적 특성(structural characteristics) 등으로 이루어져 있다(Tichy, Tushman & Fombrun, 1979). 다시 말해, 네트워크는 둘 이상의 주체들 사이에 특정한 성격을 가진 연결망을 통해 특정한 내용이 소통되는 구조를 의미한다. Brass 외(2004)는 네트워크를 어떠한 관계를 나타내는 교점(node)과 연결(tie)들의 집합체라고 정의한다. 즉, 네트워크의 기본 특성은, 둘 이상의 주체들이 정보나 자원과 같은 특정 내용물을 공유하기 위해 서로 연결되어 있는 집합체이다. 그렇다면, 무엇이 서로 다른 네트워크를 구분하게 하는 것일까? 답은 네트워크를 이루고 있는 주체가 누구이며, 그들이 어떻게 연결되어 있고, 또 그 연결망을 통해서 무엇을 공유하느냐에 있을 것이다.

사람들의 연결과 교류를 만드는 사회적 네트워크(social network)는 공식적인 명령 체계나 업무관계뿐 아니라 개인들이 자연스럽게 맺고 있는 비공식적인 관계를 모두 포함한다. 이러한 관계는 결국 개인들이 만든 것이지만 어느 누구의 소유물도 아니고 마음대로 바꾸거나 없앨 수도 없는 일종의 구조이기 때문에 조직 전반에 중요한 영향을 미친다.

네트워킹은 행동수준에서 정의될 수 있다. 네트워킹이란 조직 내·외의 사람들과 비공식적인 대인관계를 형성하기 위한 다양한 행동을 의미한다. 예를 들어 일과 후에 업무상 지인들과 술자리를 가진다거나, 동문회나 사교모임에 참석하는 것, 또는 직업과 관련된 단체에 가입하여 활동하는 것 등이다. 이를 통해 개인은 비공식적, 자발적 인간관계를 구축하고 유지한다(Michael & Yukl, 1993).

네트워크 내 특정한 위치나 개인이 가진 네트워크 구조는 결국 네트워킹(행동)을 통해 구축된다. 반면, 개인이 특정 네트워크 구조를 만들었다 하더라도 적절한 네트워킹(행동)이 없다면 그 구조가 유지되기란 어렵다.

2) 네트워킹의 중요성

효율적인 네트워킹은 그 규모가 크든지 작든지 성공적인 사업을 위한 핵심요소이다. 효율적인 네트워킹의 시너지 효과는 에너지를 창출하는 힘이지만, 비효율적인 네트워킹은 시간 낭비만 유발시킬 수도 있다.

요즘과 같이 경영환경이 불확실하고 경쟁력 확보가 어려운 상황에서는 네트워킹의 중요성이 점차 증대되고 있다. 외부로부터 불확실성을 공유하고 지식을 습득하기도 하고, 유용한 업무상 조언을 얻기도 하고, 사회적 격려와 지지를 받기도 하며, 감정적 유대감을 형성하기도 한다. 탄탄한 인적 네트워크는 개인의 능력을 뒷받침해 줄 수 있는 필수적인 요소다. 창업가에게 필요한 네트워킹은 단순한 학연이나 지연이 아니라 긍정적이고 적극적인 경력관리의 네트워크다. 가치관과 공동 관심사를 바탕으로 정서적으로 교류하며 자신의 실력과 가치를 키워 줄 수 있는 정보망을 구축하는 것이다.

3) 네트워킹의 내용

(1) 네트워킹 대상

네트워킹에 포함시킬 수 있는 대상은 다음과 같다.

- 가족 및 친척
- 동문회
- 업계: 동업자 협회, 동업자 조합, 관련 업계 협회, 관련 업계 조합
- 전문가 집단: 학회, 세미나
- 친목회: 업계 친목회, 동호회
- 유관기관: 정부기관, 소상공인 지원센터, 연구소, 지방자치단체
- 봉사활동
- 향우회
- 종교활동
- 언론계, 재계, 법조계
- NGO

(2) 네트워크 유형: 폐쇄형(closure) 네트워크 VS 매개형(bridging) 네트워크

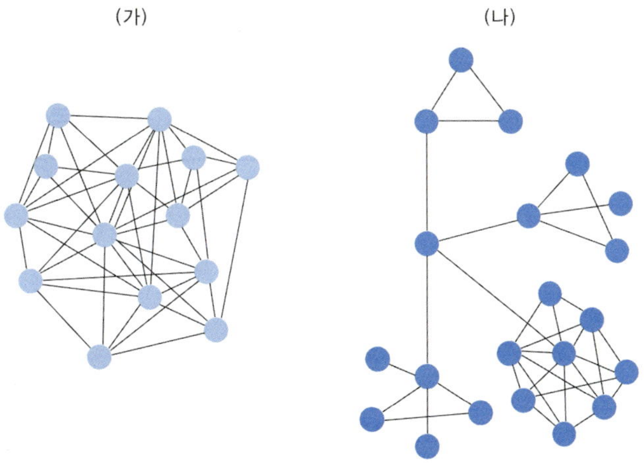

[그림 8-1] (가) 폐쇄형 네트워크 VS (나) 매개형 네트워크

먼저 폐쇄형(closure) 네트워크는 네트워크를 구성하는 사람들이 서로 연결돼 하나로 뭉쳐 있는 네트워크다. (가)의 포도송이처럼 뭉쳐 있는 네트워크는 보통 혈연이나 학연으로 이뤄진 관계에서 나타나는데 서로 중복적인 관계로 연결돼 있기 때문에 강한 연결 관계를 가지며, 높은 연대의식과 신뢰 수준을 나타낸다. 따라서 접촉의 빈도가 높고 서로를 믿을 수 있기 때문에 불필요한 거래비용이 줄어들고 깊이 있는 정보 교환이 가능하다. 이러한 네트워크로 연결된 사람들은 자신이 상대방을 도우면 다시 돌려받게 된다는 것을 알기 때문에 하나의 공동체와 같이 움직이게 되므로 여러 가지 이익을 함께 누릴 수 있다. 한편으로 폐쇄형 네트워크는 교환되는 정보가 중복되고 너무 동질적이어서 외부 집단에 배타적일 수 있다는 단점도 있다.

다음으로 (나)의 매개형(bridging) 네트워크는 서로 연결되지 않는 집단들이 중간에 있는 연결자(브로커)에 의해 매개적으로 연결되고 있는 유형을 말한다. 이것은 네트워크 내에 서로 다른 배경을 가진 다양한 사람들이 포함돼 있기 때문에 연결의 강도나 접촉의 빈도는 폐쇄형 네트워크보다 낮다. 그러나 성별, 직업, 소득 등이 다른 여러 사람으로부터 중복되지 않는 다양하고 유용한 정보를 얻을 수 있다는 장점이 있다. 보통 매개형 네트워크는 약한 관계(약한 유대)로 연결되므로 멀리까지 확산될 수 있다. 네트워크 관련 서적에서 흔히 찾아볼 수 있는 '6단계의 분리(Six Degrees Separation)[3]'나 '작은 세상(small world)[4]'과 같은 신기한 현상 역시 매개적 네트워크의 효과다. 대부분의 사람은 수십 명을 아는 정도에 그치지만 전혀 다른 배경을 가진 사람들을 다리처럼 연결하는 몇몇 사람들 때문에 불과 서너 단계 만에 전혀 모르는 사람과 연결될 수 있다(바라바시, 2002)[5]. 즉, 매개형 네트워크는 넓고 다양한 연결을 통해 유용한 정보와 자원을 획득할 수 있다는 이점이 있다. 그러나 매개형 네트워크는 각 구성원이 강하게 연결돼 있지 않으므로 각자의 이익을 추구할 가능성이 높고, 서로에게 정서적인 지원을 제공하는 데는 한계가 있다(정명호·오홍석, 2005).[6]

4) 효율적인 네트워킹 방법

많은 사람들은 네트워킹에 대해 잘못된 믿음을 가지고 있다. 네트워크는 항상 좋다(사실, 해로울 수도 있다), 큰 네트워크가 좁은 네트워크보다 좋다(항상 그렇지는 않다. 네트워킹에 시간이 소모되기 때문이다). 사교적 재능이 뛰어나 사람만이 네트워킹을 잘한다(그렇지 않아도 네트워크를 잘 구축할 수 있다). 네트워킹은 인간관계의 예술이지 과학이 아니다(네크워킹도 측정 가능하다) 등이다. 이러한 잘못된 믿은 네트워킹을 망치고 훼손할 수 있다. 그렇다면 어떻게 효율적인 네트워킹은 할 수 있을까? 다음은 인적 네트워크를 넓히는 방법들[7]이다.

---

3) 스탠리 밀그램(Stanley Milgram, 1967). 세상의 모든 사람은 단지 여섯 명의 타인들에 의해 분리되었다는 이론.

4) 던컨 와츠(Duncan Wattas, 2004). small world – 여섯 다리만 건너면 누구와도 연결된다, 세종연구원.

5) 알버트 바라바시(Albert Barabasi, 2002). 링크(21세기를 지배하는 네트워크 과학), 동아시아.

6) 정명호·오홍석(2005). 휴먼 네트워크와 기업경영, 삼성경제연구소.

7) 박준엽(2013). 창업학(이론 방법 사례), 보명북스, 16장 네트워킹과 아웃소싱 中 네트워킹 시 주의점 내용 수정 보완하여 작성함.

① 확실한 목표를 설정한다.

네트워킹을 하는 이유와 필요성을 따져보고 네트워크의 목표를 설정할 필요가 있다. 모든 사람이 사업에 필요한 정보를 가지고 있는 것은 아니다.

② 계획적 접근이 필요하다.

네트워크를 효율적으로 이용하기 위해서는 계획적 접근이 필요하다. 예를 들면, 언제 어떻게 함으로써 최대의 효과를 얻을 수 있는지를 따져보고 계획하고 실천해야 한다. 네트워킹의 궁극적인 목표는 인맥과 인프라를 확대하여 사업에 도움 되고자 하는 것이다.

③ 네트워크 규모가 아니라 다양성을 추구하라.

네크워킹의 구성원이 다양해야 서로 상호 보완해 줄 수 있는 접점이 생긴다. 마케팅, 영업, 법률, 투자, 회계, 노무, 생산 등의 다양한 사람들과 만나면서 필요한 정보를 얻어내고, 관계를 만들어 가야 한다.

④ 호혜적이어야 한다.

네트워킹에서 보상을 받기 위해서는 먼저 베풀어야 한다. 먼저 베푸는 사람이 더 많이 얻는다. 자기 자신만의 이익을 위해서만 활동한다면 다른 구성원들이 혐오하고 경계하게 될 것이다.

⑤ 자신이 유용한 사람임을 보인다.

호혜적인 정보 교류를 위해서는 자신이 유용한 사람이 되어야 하고, 그것을 나타내야 할 것이다.

⑥ 네트워킹은 목적을 위한 수단이지, 목적 그 자체가 아니다.

목적을 위한 수단으로써 네트워킹은 개인적인 혹은 사업상의 목적을 달성하기 위하여 사용할 수 있는 전략이다.

⑦ 미래를 위한 투자를 한다.

지금 당장은 유용하지 않은 정보라 하더라도 그것은 미래에 달라질 수도 있다. 우연한 교류가 뜻하지 않는 기회로 발전할 수도 있다.

⑧ 네트워킹을 지속적으로 해야 한다.

정보는 역동적이며 끊임없이 변화한다. 최신의 정보와 접하려면 끊임없이 네트워킹을 계속해야 한다.

⑨ 이질적인 집단과의 네트워킹도 중요하다.

새로운 집단에 속하여 교류하면 새로운 기회를 만들거나 새로운 제품, 서비스, 판매 방식 등을 개발하는 동기를 부여할 수 있다.

⑩ 지속적인 관리가 필요하다.

네트워크를 유사시에 활용하기 위해서는 지속적인 관리가 필요하다.

⑪ 약한 유대관계의 위력(The strength of weak ties)을 활용해라.

브리지(bridge) 역할을 하는 사람들을 충분히 확보해야 한다. 이들을 흔히 '발이 넓은 사람'이라 표현하는 것은 바로 다양한 그룹을 연결시켜 주는 사람(즉, 약한 유대관계를 담당하는 사람)이라는 의미이다. 성공적인 창업을 위해서 나하고 생각이 비슷한 소수의 사람과 결의를 맺는 것도 중요하지만 생각도 다르고 활동 분야도 다른 다양한 그룹의 사람들과 유대관계를 맺을 필요도 있다.

(참고) 피해야 할 네트워킹

(1) 발전이 없는 네트워킹: 네트워킹 주최/운영하는 사람들이 수요자들의 니즈를 파악하지 못하는 경우, 주로 보여주기 식으로 운영하는 경우, 계속 신규 멤버만 들어오고 기존 멤버는 이탈하면서 유지되는 네트워킹 모임

(2) 1회성 네트워킹: 다른 사람들과 협업을 하거나 다양한 정보를 얻겠다는 니즈가 핵심이 아닌 네트워킹의 경우

(3) 진입장벽이 높고 폐쇄적인 네트워킹: 단기적으로 네트워킹 성과를 얻을 수는 있으나, 멤버 요건, 참가비용 등 멤버십 자격을 유지하는 데 어려움이 있는 등 장기적인 네트워킹으로는 부담될 수 있는 경우

Workbook Activity 01 | 네트워킹의 의미

초연결시대 연결지능을 높여라: 다름의 힘이 만들어내는 가치

인쇄기술 출현 이후 읽고 쓰는 능력 중요해졌고, 그러면서 지능지수(IQ)에 관심이 높았다. 사람들이 대도시에 모여들고 수천 수백 명의 사람이 함께 일하는 조직이 퍼지면서는 감성지능(EQ)이 중요한 재능으로 평가받았다. 모바일 정보기술이나 사회공학, 디지털기술 등으로 많은 사람과 자료와 지식, 지적능력 등을 실시간으로 공유할 수 있는 초연결 사회가 된 지금은 연결지능(Connectional Intelligence: CxQ)이 강력한 힘이 될 것이란 전망이다.

호박의 평균 무게는 4.5~9kg 정도이고, 1년 중 호박을 기를 수 있는 기간은 약 75~100일이라고 한다. 1톤에 달하는 호박을 키우는 것은 불가능한 일로도 여겨졌다. 그런데 2012년 론 윌리엄스는 미국 매사추세츠 주 탑스필드 농업박람회에서 '프릭2세'란 1톤짜리 호박을 선보였다. 사실 론이 1톤짜리 호박 재배에 성공하기까지는 10년의 세월이 걸렸다. 처음에는 혼자 움직였다. 하지만 점차 감자·토마토 등 여러 가지 재배자와 과학자, 토양 전문가 등의 힘을 연결했는데, 그들은 어떤 보상도 받지 않고 론에게 조언했다. 론과 1톤 호박 이야기는 연결지능의 대표적인 사례로 꼽힌다.

『연결지능』의 저자 에리카 다완과 사지-니콜 조니에 따르면 연결지능은 '세계의 다양하면서도 이질적인 사람과 네트워크, 여러 분야의 지식과 경험, 자원 등을 결합해 연결성을 구축함으로서 가치와 의미를 창출하고 난관을 타개할 수 있는 돌파구를 발견하는 재능'을 말한다. 이 연결지능이 제시하는 비전은 '꿈을 꾸라·연결하라·더 크게 꿈꾸라·큰일을 이루라'이다.

영리한 연결

연결지능은 단순히 무엇과 무엇을 연결하는 능력을 의미하는 것은 아니다. 앞의 정의에서 보듯, 연결로 가치와 의미, 돌파구를 창출할 수 있어야 한다. 그런 의미에서 연결지능은 영리한 연결, 지능적인 연결, 재빠른 연결을 추구한다. 에리카 다완과 사지-니콜 조니는 "연결지능은 관심, 성실함, 도덕성, 열정, 혁신, 투지, 헌신, 꿈, 즐거움 등을 결합해 부단히 노력해 얻을 수 있는 것과 우리를 연결해 준다"고 말했다.

사실 연결지능이 전혀 새로운 개념은 아니다. 연결지능을 발휘해 위대한 업적을 남긴 사람도 적지 않다. 르네상스 시대의 화가이자 건축가이며 수학자, 발명가, 생물학자였던 레오나르도 다빈치가 대표적이다. 참고로 에리카 다완과 사지-니콜 조니는 연결 지능적 인물들은 '5C'를 갖췄다고 말했다.

5G

- 호기심(Curiosity): 새로운 관점을 얻기 위해 서로 다른 상황적 맥락에서 어떤 물음을 던질 것인지, 그 표현의 틀을 잡아 질문하는 자질
- 결합(Combination): 서로 다른 사고, 자원이나 물자 등을 취하고 결합해 새로운 개념과 사고방식을 창출하고 놀라운 결과를 끌어내는 자질
- 공동체(Community): 사람들과 함께하며 새로운 아이디어를 창출, 발생시키고 서로에 대한 관심과 이해를 늘릴 수 있는 자질
- 용기(Courage): 여러 아이디어를 연관시키고 쉽지 않은 대화의 물꼬를 트고자 할 때 불확실함, 두려움, 심지어 위험까지도 감행하고 꾸준히 견디어낼 수 있는 대범함
- 발화(Combustion): 목적을 추구할 때 다양한 인적 정보망을 동원하고 조직하는 자질

출처: 에리카 다완, 사지 니콜 조니에(2016). 연결지능, 위너스북.

초연결시대 연결의 가치

그런데 지금부터의 연결지능은 얼마 전까지의 연결지능과는 그 차원이 다르다. 모바일 정보기술이나 사회공학, 디지털 기술 등의 발전으로 우리는 그 어느

시대보다 더 많은 사람과 자료와 지식과 경험과 관점과 음악과 문화 등과 언제 어디서나 실시간으로 연결할 수 있는 그런 초연결 시대에 살고 있다. 그 결과 우리는 좀 더 높은 목적을 갖고 연결지능을 추구할 수 있게 됐다. 론이 다양한 사람의 공짜 도움을 받을 수 있었던 것도 세상과 폭넓게 연결할 수 있는 시대가 열렸기 때문이다.

연결지능은 자신의 독특함을 지켜내면서 한편으로는 사람들이 모일 수 있는, 즉 다름의 힘·다수의 잠재력을 끌어들인다. 그래서 힘을 증폭시킨다. 그러니까 지금까지와는 비교도 안 되게, 개인이 이룰 수 있는 것 이상의 성취를 더 빨리 만들어낼 수가 있는 것이다. 이런 다름의 힘은 다양한 사업 영역에서 이미 힘을 발휘하고 있다. 또한 다수의 잠재력은 사업적 가치를 넘는 가치도 만들어 내고 있다. 론과 그외 다른 사람들이 탄생시킨 1톤 호박은 세계 식량 공급 문제를 해결하는 중요한 열쇠가 됐다.

출처: 유선미(2016). 웰스매니지먼트, 2016년 12월호.

Workbook Activity 02 | '네트워크 열매' 그리기

'네트워크 열매' 이름을 적기 전에, 지금 이 순간 떠오르는 가장 가까운 사람들을 떠올려 보십시오. 그리고 그 다음으로 여러분이 알고는 있지만, 그리 가깝지는 않은 사람들을 나열해 보십시오. (중앙 → 밖 방향으로 작성하기)

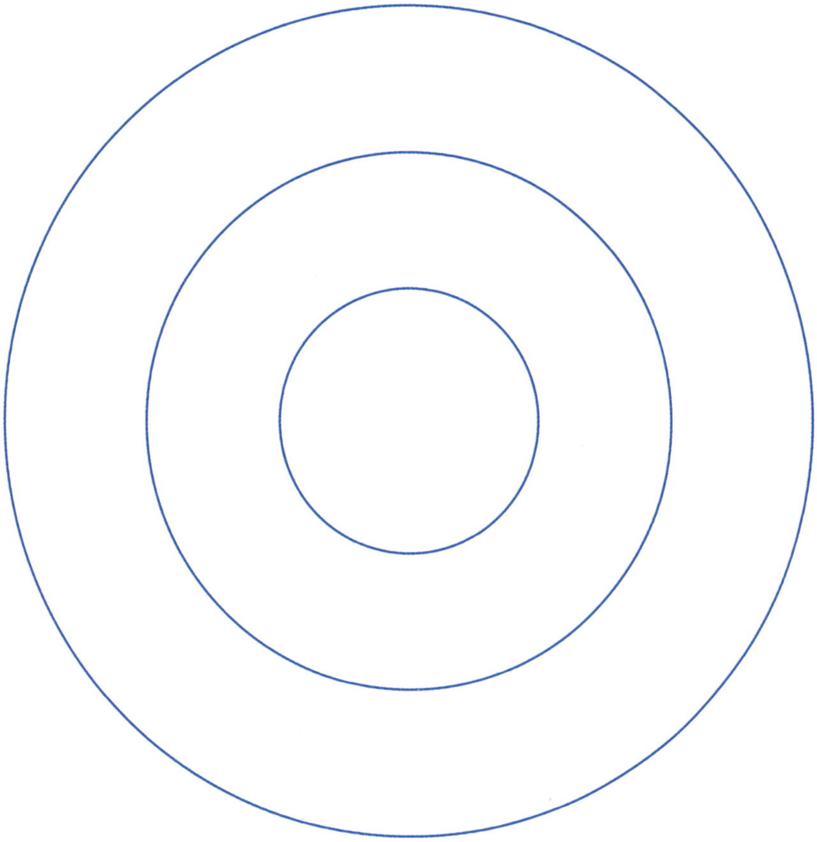

Workbook Activity 03 | '네트워크 열매' 안 사람들 이해하기

기업적 관점에서 봤을 때 '내 주위 사람들은 누구인가, 그리고 어떤 사람들인가?'라는 질문을 해봐야 합니다. 이런 질문을 통해 여러분은 기업가로서 성장하는 데 필요한 인적 자원을 얻을 수 있습니다.

이제 이미 완성시켰던 '네트워크 열매'를 다시 한 번 살펴보세요. 그리고 열매 안에 있는 사람들을 천천히 연결 지어 몇 분간 생각해 보세요.

'네트워크 열매' 안에 있는 사람들에 대한 생각이 끝나면 아래 표를 작성해 보세요.

열매 속 사람들의 이름	나와의 관계	직업	성격	관심사	취미	등등

2. 협업(Collboration)의 의미

"향후 기업의 경쟁 우위는 조직 안에 흩어진 자원을 효과적으로 연결해 내는 컬래버레이션(collaboration, 협업)역량이 될 것이다."

- 모튼 한센(MORTEN T. HANSEN, 프랑스 인시아드(INSEAD · 유럽경영대학원)의 교수)

1) 협업(協業, Collboration)의 개념 및 중요성

사전적인 정의를 살펴보면 ▲국립국어원: 많은 노동자들이 협력해 계획적으로 노동하는 일 ▲위키피디아: '모두 일하는', '협력하는 것'이라는 의미로 공동 출연, 경연, 합작, 공동 작업을 가리키는 말 ▲웹스터: 특히 지적인 노력을 하면서 다른 사람들과 공동으로 또는 함께 일하는 것 등으로 풀이된다. 이를 종합해 보면, 협업이란 둘 이상의 동등한 사람이나 조직이 공통의 목표로 만나는 영역에서 지식과 학습을 공유하며 함께 일하는 반복적인 프로세스를 말한다(김동철, 2010).

그러나 협업은 단순히 일을 함께하는 것만은 아니다. 마이클 슈라지(Michael Schrage, MIT 경영대학 교수이자 미국 연방정부 혁신 자문)는 "협업은 우리의 전통적인 의사소통 구조와 팀워크만으로는 성취할 수 없는 새로운 가치를 창조하는 과정을 의미한다."[8]고 정의했다. 한센(Hanssen, UC 버클리대 교수)은 "협업이란 각 이해관계자들이 소통과 협력을 통해 공동의 목표를 달성하고 성과를 창출하는 행동"[9]으로 정의했다. 이러한 관점에서 협업은 그 자체가 목적이 아니라 성과 창출을 위한 수단으로서 존재한다. 올바른 협업을 통해 시너지를 발휘하고, 나은 성과를 달성할 수 있도록 하는 것이 협업의 궁극적 의의다.

8) No More Teams!: Mastering the Dynamics of Creative Collaboration (English) Reprint 에디션 by Michael Schrage, 1995.
9) Collaboration, Morten T. Hansen forward by Jim Collins, Harvard Business Press, 2009.

2) 협업의 내용

협업으로 성과를 얻을 수 있는 지에 대한 질문에 대하여 '예'라는 답이 나왔다면, 그 다음에 할 질문은 "협업을 방해하는 장벽은 무엇일까?"이다.

원래 'Collaboration'이라는 단어는 제2차 세계대전 직후 유럽에서 매우 부정적인 의미로 사용됐었다. 조국을 배신하고 나치 점령군에게 부역하는 사람이나 집단을 지칭하는 말이었기 때문이다. 사람, 조직, 기업 간 협업이 어려운 것은 단어의 부정적 의미 때문이라기보다는, 협업이 '동등한 당사자 간의 활동'이라는 전제를 깔고 있다는 점이 더 근본적인 이유일 것이다. 협업의 당사자는 동등하기 때문에 서로 상대를 존중해야 한다.

결국, 협업을 통해서 1+1이 2가 아닌, 3 혹은 그 이상의 가치를 만들고 시너지 효과가 발휘되려면, ① 수평적인 관계 ② 서로 다른 분야의 지식과 경험 필요 ③ 협업과정에서 생기는 갈등을 이해하고 풀어나가는 능력, 이 3가지 요건을 갖춰야 할 것이다.

일반적으로 협업을 가로막는 장벽은 NIH(Not-Invented-Here) 장벽, 독점 장벽, 검색장벽, 이전 장벽의 네 가지다(Hansen, 2009).

① NIH 장벽: 외부나 타 부서에게 도움이나 조언을 구하려 하지 않는 현상
② 독점 장벽: 타 부서에 도움을 줄 수 있지만, 주지 않는 현상
③ 검색 장벽: 적절한 정보와 사람을 찾기 어려운 현상
④ 이전 장벽: 잘 모르는 사람에게 지식이나 기술을 이전하기 어려운 현상

효과적인 협업이 이뤄지기 위해서는 위의 네 가지 장벽이 모두 낮아야만 한다. 네 가지 장벽 중 하나라도 존재하면 협업이 제대로 이뤄질 수 없다.

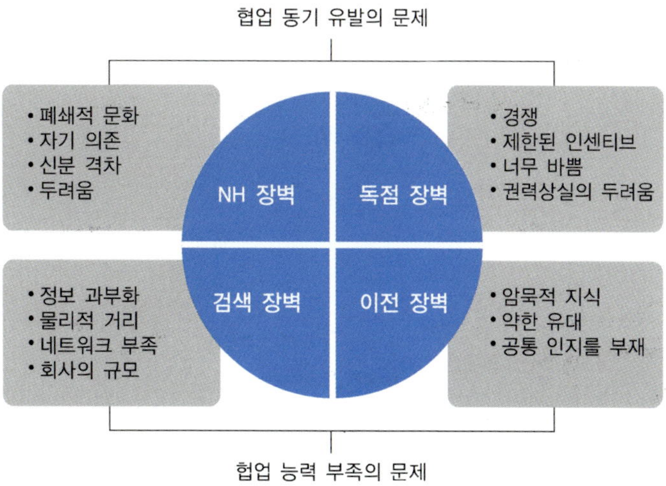

[그림 8-2] 네 가지 협업 장벽

출처: Collaboration, Morten T. Hansen forward by Jim Collins, Harvard Business Press, 2009.

3) 체계적 협업(協業, Collboration)을 위한 방법(솔루션)

좋은 성과를 내는 협업관계를 조성하려면 어떻게 해야 할까? 한센(Hanssen, UC 버클리대 교수)은 체계적 협업을 "협업을 해야 할 때와 피해야 할 때를 정확히 판단하고 사람들에게 협업 의사와 능력을 고취시키는 리더십의 실천"이라고 정의 내렸다. 리더는 다음의 세 단계에 따라 체계적인 협업을 달성할 수 있다.

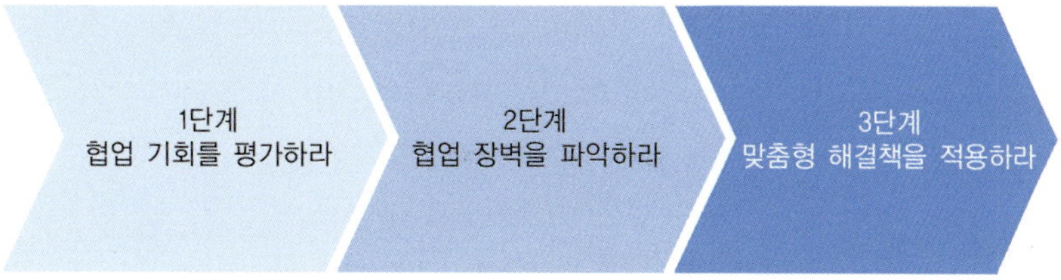

[그림 8-3] 체계적 협업의 세 단계

〈1단계〉 협업의 기회를 평가 하라.

① 협업을 해야 할 때와 피해야 할 때를 구분해야 한다.

출범된 협업팀이 프로젝트의 목적을 두고 논쟁하고, 이해득실로 인해 벌어지는 부서 간의 갈등을 조정하느라 시간을 빼앗겨 본업 경쟁력이 저하되는 등 협업이 불러오는 보이지 않는 숨은 비용은 예상외로 크다. 따라서 협업 비용을 계산해야 한다. '협업 프리미엄 = 프로젝트 수익–기회비용–협업비용' ⇒ 협업비용을 줄이는 것이 성과창출을 위한 체계적 협업의 출발점이다.

〈2단계〉 협업 장벽을 파악하라.

② 협업을 방해하는 '협업장벽'의 명확한 파악이 요구된다.

협업을 가로막는 장벽은 NIH(Not–Invented–Here) 장벽, 독점 장벽, 검색장벽, 이전 장벽의 네 가지다. 이 장벽들이 사내에 얼마나 만연해 있는지, 효과적인 협업을 위해서 해결해야 할 장벽이 무엇인지를 정확히 분석한 후 해결책을 마련해야 한다.

〈3단계〉 맞춤형 해결책을 적용해라.

③ 협업적(T자형) 인재를 육성한다.

T자형 인재는 자신의 팀 성과에 집중(T자의 수직 부분)하면서도 다른 부서와도 협업(T자의 수평 부분)할 수 있는 인재를 의미한다. 이를 위해서는 개인적 성과가 큰 스타플레이어 대신에 성과와 협업 모두에 능한 인재를, 인사 관리의 모든 측면에서 중시하는 체계를 구축해야 한다.

협업의 기술

- 사전에 업무 범위를 명확히 하고 '해야 할 일의 목록(To–Do List)'을 정리한다.
- 정리된 업무를 일정한 기준에 따라 분류하고 우선순위를 정한다.
- 업무 수행 시에는 협업의 '기본 원칙(Ground Rule)'을 따른다.

④ 브리지(bridge)를 활용한 강력한 네트워크 구축이 필요하다.

브리지는 자신들의 네트워크를 이용해 사람들이 서로 연결될 수 있도록 도와주는 사람으로 브리지 역할을 하는 사람들에게서 사람들이 원하는 것은 그 사람이 알고 있는 지식이 아니라 '알고 있는 사람들'이다. 사람들은 가까이 있고 친숙한 사람을 활용하는 경향이 있다. 익숙한 얼굴보다는 브리지를 활용토록 사내 네트워크 내 브리지를 많이 만들어야 한다.

⑤ 공간 협업을 활용한 강력한 네트워크 구축이다.

오프라인의 경우 사람들은 가까이 있는 사람들과 교류하는 것을 선호한다. 책상이 가까이 있을수록 커뮤니케이션이 활발하고 책상 사이가 25m 이상 떨어져 있을 때는 커뮤니케이션이 거의 없다. 온라인의 경우 본사-지사 간 원거리 기업, 다국적 기업은 사실상 오프라인에서는 협업이 불가능하기 때문에 협업 어플리케이션 등 시공을 좁히는 온라인 협업에 대한 효과적이고 체계적인 방법 도입이 관건이다.

Workbook Activity 04 | 협업의 의미

'협업' VS '협동' VS '협력', 뭐가 다른 걸까?

'협업', '협동', '협력', 뭐가 다른 걸까? 여러 자료나 기사를 보다 보면 '협업'과 '협동'과 '협력'을 혼재해서 사용하는 경우가 많다. 이 세 단어에 대한 개념을 정확하게 구분 짓는 것은 어렵다. 이 개념들에 대해서 명확하게 이해해 보는 시간이다. 여러분이 다음 가정(예시 상황)을 보고 '협업', '협동', '협력'을 구분지어 보자.

가정 1〉 100평짜리 논에 모내기를 오늘 마쳐야 한다.

① 10명과 함께 10평씩 나누어, 금일 모내기를 마친다. 즉, 1/n의 기념으로는 업무는 동일한 선상에 있다. 시간 단축의 효과가 있다. (   )

② Main과 Sub의 개념이 들어간다. 모내기를 마치기 위해서는 모내기를 잘하는 친구들을 모집해서 그 친구들의 도움을 받는다. Main과 Sub, 그리고 Sub 간의 업무방식이나 시간 배분 등은 목표달성을 위해 다르게 배분될 수 있다. (   )

가정 2〉 보건복지부와 국민연금공단이 있다. 보건복지부는 국민의 건강을, 국민연금공단은 국민의 노후연금을 주로 관리한다. 두 부서가 업무에 활용하는 국민들에 대한 인적 정보 자료는 동일하나, 두 부서 간의 교류가 없기에 각자 정보를 관리한다.

① 보건복지부와 국민연금공단에서 국민들의 건강 및 인적정보 조사를 나누어 진행한다. 기존의 업무를 나누어서 빠르게 처리할 수 있다. 시간 단축,

기존의 업무를 배분하는 1/n의 개념. ( )

② 보건복지부에서 국민들의 건강 및 인적정보 조사를 진행할 때, 국민연금공단에 자료를 요청하면 국민연금공단에서 보건복지부의 업무를 지원하는 형태로 협력하게 됨. ( )

③ 각 부서에서 인력이 2명씩 파견되어 TF팀이 결성되었다. 기존의 업무를 활용하여 국민의 건강복지 향상이라는 목표를 설정했다. TF팀의 각고의 노력 끝에 기존 시장에서는 볼 수 없었던 '보험상품'을 출시했다.

( )

〈TIP〉

① 협동: 1시간이 걸릴 일을 2명이서 동일한 업무량을 나누어 했다면, 인당 소요된 시간은 30분씩이겠죠. 그건 협동입니다.

② 협력: 1시간이 걸릴 일을 2명이서 나누는데, 제가 업무를 하면서 B에서 자료 조사를 요청해서 시간 내에 마칠 수 있었습니다. 이럴 때, B는 제게 협력한 것입니다.

③ 협업: 협업의 목표는 시간효율을 목표로 정하면 다른 개념과 혼동이 되고, 시너지 창출 $+\partial$를 목표로 해야 개념 정립이 쉽습니다. '신사업 확장'이라는 기업 내 목표가 있을 때, 디자인팀 + 마케팅팀 + 설계팀이 모여서 목표 달성을 위해서 각자의 노하우를 공유합니다. 신사업 확장을 위해서 각자 팀에서 아이디어를 내고, 팀별 노하우와 기술공유를 통해 신사업 진출이 가능한 제품을 개발합니다. 이것은 협업 활동입니다.

Workbook Activity 05 | 협업적 인재(T자형) 진단해보기

여러분은 협업적(T자형) 인재인가요? 협업적 리더십 스타일을 취하는 것을 가로막는 다섯 가지 개인적 장벽은 무엇일까요?

1 - - - - - - - - - - 2 - - - - - - - - - 3 - - - - - - - - - 4 - - - - - - - - - 5 - - - - - - - - - 6 - - - - - - - - - -7

전혀 그렇지 않다 / 다소 그렇다 / 매우 그렇다

	1~7점으로 평가하시오
1. 다른 사람들이 자기에게 의존하기를 바란다.	
2. 자신의 권력을 추구한다.	
3. "내가 가장 잘 안다"는 식의 태도를 갖고 있다.	
4. 자신이 남보다 똑똑하다고 생각한다.	
5. 자신에 대한 비판을 받아들이지 못한다.	
6. 자신에게는 아무런 문제가 없다는 태도를 갖고 있다.	
7. 지는 것을 두려워한다.	
8. 패배를 감정적으로 받아들인다.	
9. 창피를 당할까봐 두려워한다.	
10. 남의 이목을 끌고 싶어 한다.	
11. 자기 밖에 모른다.	
12. 자기만의 독특한 개성을 추구한다.	

〈채점표〉

개인적 장벽	각 문항의 점수를 합산하시오	최종 점수를 합산하시오
권력욕	1+2문항 점수 합산: ________(2~14)	점수를 2로 나눈다: _____(1~7)
교만	3+4문항 점수 합산: ________(2~14)	점수를 2로 나눈다: _____(1~7)
방어적 태도	5+6문항 점수 합산: ________(2~14)	점수를 2로 나눈다: _____(1~7)
두려움	7+8+9문항 점수 합산: ________(3~21)	점수를 3으로 나눈다: _____(1~7)
자존심	10+11+12문항 점수 합산: ________(3~21)	점수를 3으로 나눈다: _____(1~7)

출처: Collaboration, Morten T. Hansen forward by Jim Collins, Harvard Business Press, 2009.

Workbook Activity 06 | 최소 집단 패러다임 경험

<최소 집단 패러다임 게임>을 경험해 보자. 이를 통해 우리는 집단과 집단 간의 갈등이 왜 나타나는지, 협업이 얼마나 어려운지 알 수 있을 것이다.

① 먼저, 동전 던지기, 가위바위보 등으로 조(집단)를 나누어 보자.
② 여러분이 자신과 같은 집단에 속하는 사람과 다른 집단에 속하는 사람에게 일정 액수의 돈을 나누어 주어야 한다고 가정하자.
③ 여러분은 어떤 분배 전략을 사용하는지 옵션 1~7 중 한 개에 투표하자.

옵션	1	2	3	4	5	6	7
우리 집단	8	9	12	15	20	30	32
상대 집단	1	3	7	15	50	25	33

④ 투표 결과가 의미하는 바가 무엇인지 구성원들과 토론해 보자.

[결과 해석]

우리와 그들 간 갈등을 발생시키는 '최소 집단 패러다임[10)]'

집단 정체감을 변화시키지 않으면서도 협력을 촉진하는 과제는 쉽지 않다. 같은 개인이더라도, 두 사람의 개인이 서로 협력하는 것보다 각각 서로 다른 집단에 속한 두 사람이 협력하는 것이 더 어렵다. 개인 간 협력보다 기업 간 협력이 훨씬 어려운 셈이다. 집단 정체감의 가장 놀라운 효과는 어떤 정체감을 갖고 있느냐가 아니다. 그저 집단이라는 단순한 구분이 가져오는 결과들이다. 내가 속한 집단이 구분되면 당연히 내가 속하지 않는 집단이 나타난다. 즉, 우리와 그들이 구분된다. 그리고 이러한 구분은 경쟁을 촉발시킨다.

영국 브리스톨대의 저명한 심리학자 헨리 타즈펠이 개발한 최소 집단 패러다임(minimal group paradigm)은 이를 잘 설명해 준다. 최소 집단 패러다임이란 이해관계나 적대감, 구성원들 간의 상호작용이 전혀 없는 일시적인 집단을 만들어 단순히 '우리'와 '그들'로 구분하는 것만으로 경쟁과 차별이 발생한다는 것을 입증하기 위해 만든 실험 상황이다. 이 실험은 동전 던지기로 집단을 구분한 뒤 자신과 같은 집단에 속하는 사람과 다른 집단에 속하는 사람에게 일정 액수의 돈을 나누어주도록 하였을 때 어떤 분배 전략을 사용하는지를 살펴보게 된다.

〈최소 집단 패러다임에서 사용하는 선택지 예〉

옵션	1	2	3	4	5	6	7
우리집단	8	9	12	15	20	30	32
상대집단	1	3	7	15	50	25	33

- 공평분배: 동일한 분배(우리집단 15, 상대집단 15)
- 최대 상호 이득: 보상의 합이 최대가 되도록 분배(우리집단 20, 상대집단 50)
- 최대 우리 집단 이득: 상대집단과 상관없이 우리 집단 이득이 최대가 되도록 분배(우리집단 32, 상대집단 33)

10) 박수애(2010). '새로운 우리'라는 집단 정체감 쌓아야, 동아비즈니스리뷰, 51호 참고, 재구성.

- 우리 집단 이득 중심의 차이 극대화: 우리 집단이 더 많이 보상을 받으면서 상대 집단과 차이가 극대화되도록 분배(우리집단 8, 상대집단 1)

연구 결과 아무 이해관계가 없는데도 자신이 속한 집단에 유리하게 결정하는 '내집단 편향(in-group bias) 현상'이 극명하게 나타났다.

우리 집단과 상대 집단이 동일하게 분배하는 상황(옵션 ④ 우리 집단 15, 상대 집단 15)이나 보상의 합이 최대가 되도록 분배하는 상황(옵션 ⑤ 우리 집단 20, 상대 집단 50)보다 상대 집단과 상관없이 우리 집단의 이득이 최대가 되도록 하는 상황(옵션 ⑦ 우리 집단 32, 상대 집단 33)과 우리 집단이 보상을 더 많이 받으면서 상대 집단과 차이가 극대화되도록 하는 상황(옵션 ① 우리 집단 8, 상대 집단 1)이 압도적으로 많았다.

이 패러다임을 사용한 다양한 연구에서 나타난 공통적인 결과는 다음과 같다.

첫째, 사람들은 자신이 속한 집단의 이익을 극대화시키려 하였을 뿐만 아니라(최대 우리 집단 이득 전략 선택), 둘째, 경쟁적이었다(차이 극대화 전략 선택). '우리'와 '그들'이 구분되면 공평함이나 함께 최대 이득을 얻기보다는 우리 집단이 더 우수하기를 원하는 것이 인간의 기본적 심리이다.

결과적으로 사람들은 현실적인 이익이나 손실을 근거로 경쟁하는 현실적 경쟁이 아니라 우리는 그들보다 더 나아야 한다는 사회적 경쟁에 돌입하게 된다는 사실을 보여준다. 자신이 직접 개발하지 않은 기술이나 아이디어에 대해서 그 가치나 성공 가능성을 평가 절하하고 배타적인 성향을 보이는 조직은 자신이 다른 어떤 조직보다 우수해야 한다는 사회적 경쟁, 즉 자존심 경쟁을 하고 있는 것이다.

▶▶▶ 학습성찰

이번 주 학습한 내용 중 본인의 생활에 적용 가능한 내용과 적용계획을 작성해보시오.

평가내용	자가진단				
	1	2	3	4	5
네트워킹의 의미를 설명할 수 있다.					
협업의 의미를 설명할 수 있다.					

내용	내용
학습내용에 대해 새롭게 발견한 점	
학습내용에 대해 느낀 점	
학습내용 중 본인의 생활에 적용 가능한 점	
적용계획 (구체적으로 작성)	
기대효과	

PART 04

집단리더의 대인관계

"커뮤니케이션은 메시지를 파는 것이 아니라 커뮤니케이션을 하는 자기 자신, 즉 메신저를 파는 일이다. 메신저의 신념을 팔아야 메시지에 담긴 스토리가 팔린다."

- 존 코터(John Kotter, 하버드대학 교수)

CHAPTER

09

커뮤니케이션 능력 Ⅰ

학습목표

1. 커뮤니케이션 개념과 중요성을 설명할 수 있다.
2. 커뮤니케이션의 유형과 분야가 무엇인지 설명할 수 있다.
3. 효과적인 커뮤니케이션 스킬의 방법을 이해하고 활용할 수 있다.

학습내용

1. 커뮤니케이션의 정의와 중요성
2. 커뮤니케이션의 유형과 분야
3. 효과적인 커뮤니케이션 스킬: 배려, 관심, 집중, 공감, 칭찬

소통은 어느 시대 어느 조직에서나 중요한 이슈이다. 가정에서의 소통, 학교에서의 소통, 직장에서의 소통, 사회에서의 소통….

많은 사람들이 실생활에서 커뮤니케이션이란 용어를 사용한다. 하지만 단어의 사용빈도와는 상관없이 커뮤니케이션의 분명한 정의와 그 중요성에 대해서 아는 이는 많지 않은 것 같다. 따라서 이번 장에서는 커뮤니케이션 능력에 대해서 알아보고자 한다.

1. 커뮤니케이션(Communication)의 의미

1) 커뮤니케이션의 개념

일반적으로 커뮤니케이션의 정의는 생물체들이 기호를 통해서 서로 정보나 메시지를 전달하고 수신해서 서로 공통된 의미를 수립하고, 나아가서는 서로의 행동에 영향을 미치는 과정 및 행동을 뜻한다. 이러한 커뮤니케이션의 어원은 라틴어의 나누다를 의미하는 Communicare로 신(神)이 자신의 덕(德)을 인간에게 나누어 준다거나, 열(熱)이 어떤 물체로부터 다른 물체로 전해지는 따위와 같이 넓은 의미에서는 분여(分與), 전도(傳導), 전위(轉位) 등을 뜻하는 말이다. 하지만 근래에는 어떤 사실을 타인에게 전하고 알리는 심리적인 전달의 뜻으로 쓰인다.

정리하자면 커뮤니케이션이란 둘 또는 그 이상의 상대방 사이에 감정·생각·의견·신념·지식·정보 등이 교환되고, 공동의 이해를 통해 의식·태도·행동 등의 변화가 이루어지는 과정이라고 할 수 있다. 따라서 커뮤니케이션 효과는 리더가 송신한 메시지와 그 양에 의해 결정되는 것이 아니라 구성원이 수신하여 받아들인 정도에 의해 결정된다. 즉 커뮤니케이션은 과정이고, 흐름이다. 리더는 커뮤니케이션의 효과를 저해하는 요인을 적절히 통제하고 소통하는 능력을 키워야 한다.

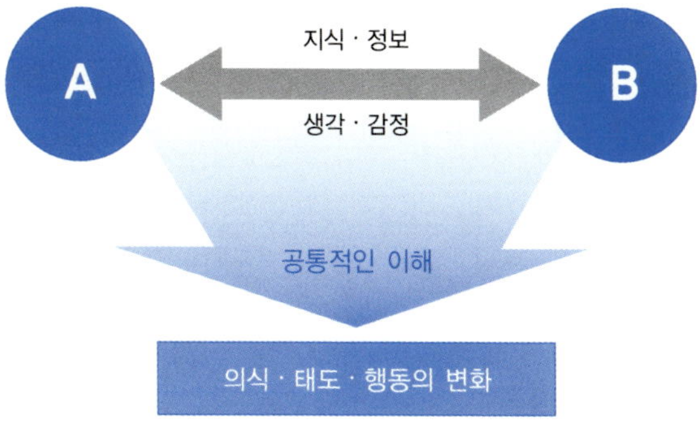

[그림 9-1] 커뮤니케이션의 정의

2) 커뮤니케이션의 중요성

커뮤니케이션의 중요성에 대해서는 많은 학자와 기업인들이 이전부터 충분히 역설한 바 있다.

- "인간에게 있어서 가장 중요한 능력은 자기표현이며, 현대의 경영이나 관리는 커뮤니케이션에 의해 좌우된다." – 경영 그루의 피터 드러커 교수
- "조직생활의 핵심적인 요소는 커뮤니케이션이다." – IBM 회장인 루이스 거너
- "기업의 성패에 대한 핵심은 커뮤니케이션의 갈등을 얼마나 줄이느냐에 달려있다" – 전 마이크로소프트 회장인 빌 게이츠

왜 이들은 기업의 경영에서 이렇게 커뮤니케이션을 중요하게 생각할까? 과거 기업의 자본은 제공하는 상품과 서비스의 품질이었다. 그러나 시대가 발전하고 정보화시대가 됨에 따라 기업의 자본은 정보와 사람으로 변화했다. 즉 잘 구성된 Manpower 인프라가 기업의 진정한 자본이 된 것이다. 이러한 Manpower 인프라는 좋은 인간관계, 즉 효과적인 커뮤니케이션을 통해 획득 가능하다. 마치 맑고 고운 혈액이 우리 몸의 세포 하나하나에까지 자연스럽게 흘러가고 다시 심장으로 돌아오는 순환이 건강한 몸의 전제가 되듯이 기업의 조직과 구성원의

건강, 즉 고성과·창의성의 지속적 발휘에는 원활한 소통, 선순환의 소통이 기본으로 요구되기 때문이다. 소통을 통해 조직과 구성원이 서로 함께하는 기업이야말로 생존·화합·발전·성장의 기초여건이 생성되며 그 기초를 토대로 활력과 즐거움이 함께 할 가능성이 높아진다.

커뮤니케이션의 중요성은 실제 사례에서도 나타난다. 카네기재단은 사회적으로 성공한 사람들을 대상으로 그들의 성공비결을 조사한 결과 약 85%의 사람들이 '인간관계가 좋아서'라고 대답하였다. 머리, 기술, 노력으로 성공한 사람은 조사 대상 중 15%밖에 되지 않았다. 또한 하버드대학 졸업생을 대상으로 실직이유에 대해서 조사한 결과 무능한 이유보다는 인간관계가 나빠서 조직에 적응을 하지 못한 경우가 2배 많은 것으로 나타났다.

왜 이렇게 직장 안에서의 커뮤니케이션이 중요할까? 업무를 한다는 것은 다른 구성원들과의 팀워크를 통한 공통된 목적의 달성이다. 팀워크를 위해서는 서로의 메시지를 보내고 받는 과정이 중요한데, 이는 대부분 커뮤니케이션, 즉 대화라는 수단을 이용하다. 실제로 직장에서 문서작성에 소요되는 읽기와 쓰기는 각각 16%와 9%로 25% 밖에 차지하지 않는다. 그러나 대화에 소요되는 말하기와 듣기는 각각 30%와 45%로 75%나 차지한다. 즉 아무리 개개인의 능력이 뛰어나다고 하더라도 그들이 커뮤니케이션하며 서로 팀워크하지 않는다면 큰 의미가 없다는 것이다.

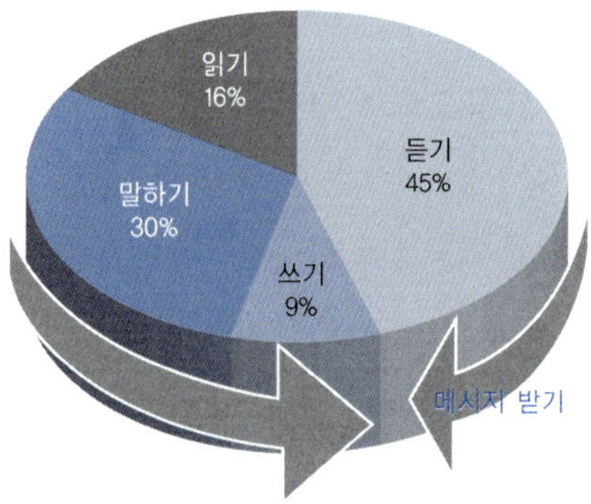

[그림 9-2] 직장에서 커뮤니케이션에 소요되는 시간

잘못된 커뮤니케이션은 많은 문제를 야기한다. 구성원들의 잘못된 커뮤니케이션으로 인해 업무추진이 지연되고 비효율적인 Cycle Time이 발생하여 업무비용이 증가한다. 뿐만 아니라 팀워크 간의 장애가 발생되고 이로 인해 공통된 업무목표 달성의 제약이 생긴다. 그리고 이는 전부 저조한 비즈니스 성과로 이어진다. 따라서 커뮤니케이션은 개인적인 측면에서도, 조직적인 측면에서도 아주 중요하다.

〈표 9-1〉 커뮤니케이션의 중요성

유형	장점
개인적 측면 커뮤니케이션	- 인간에 대한 이해 증진 - 원만하고 우호적인 인간관계 형성 - 사회 속에서 자신을 키워 나가는 수단
조직적 측면 커뮤니케이션	- 구성원에 대한 동기부여 - 의견, 자료, 정보 등의 교환을 통한 합리적 의사결정 - 구성원의 활동을 통합, 조정하여 조직의 목표달성에 공헌하기 위한 수단

결국, 리더십에서 커뮤니케이션의 목적과 중요성은 리더의 의도를 구성원들에게 정확히 전달하고 구성원들의 의견과 감정을 리더가 이해하여 상호 원만한 인간관계를 통해 업무 효율성을 높이는 것이다.

3) 커뮤니케이션의 유형 및 분야

다음으로는 커뮤니케이션의 다양한 유형에 대해서 살펴보자.

(1) 당사자

커뮤니케이션의 유형은 커뮤니케이션을 하는 당사자에 따라서 달라질 수 있다. 둘이서 서로 커뮤니케이션을 하는 1:1 커뮤니케이션, 프레젠테이션으로 대표되는 한 사람이 다수를 대상으로 하는 1:N 커뮤니케이션, 세미나로 대표되는 다수가 다수와 커뮤니케이션하는 N:N 커뮤니케이션이 그 유형이다.

(2) 목적/기능

커뮤니케이션은 목적/기능에 따라 정보적, 설득적, 유희적으로 나눠진다. 정보적 커뮤니케이션은 정보 확산 및 정보 공유의 목적으로 이뤄지는 커뮤니케이션을 뜻한다. 설득적 커뮤니케이션은 문제해결 또는 의사결정을 할 때 설득하려고 하는 대상의 특정성을 고려하는 경우 발생하는 커뮤니케이션으로 의도하지 않더라도 발생할 수 있다. 주로 광고커뮤니케이션에서 발생한다. 유희적 커뮤니케이션은 사람들이 일상생활에서 떠드는 수다를 뜻하며 최근에는 현대사회의 디지털 기술과 미디어 활용과 결합하여 기업의 광고 시 장난과 놀이를 통해서도 발생한다.

(3) 방향

커뮤니케이션은 하향적, 상향적, 수평적 3가지 방향으로 일어난다. 먼저 하향적 커뮤니케이션은 조직 내에서 상위계층에서 아래계층으로 정보나 의사가 전달되는 유형이다. 주로 명령이나 지시를 뜻한다. 반대로 상향적 커뮤니케이션은 정보나 의사가 아래계층에서 상위계층으로 전달되는 것으로 보고, 직원들의 의견조사, 제안 등을 뜻한다. 마지막으로 수평적 커뮤니케이션은 조직에서 동등한 지위에 있는 계층끼리 횡적으로 일어난 정보의 흐름으로 일반적으로 회의를 뜻한다.

(4) 방법

커뮤니케이션은 일반적으로는 말과 글 같은 언어적인 수단을 사용하여 발생하지만 표정, 몸짓, 손짓과 같은 비언어적으로도 발생할 수 있다.

(5) 상호관계

기업 또는 조직 내에서만 커뮤니케이션이 일어날 경우 내부적인 커뮤니케이션, 다른 기업 또는 다른 조직과 커뮤니케이션할 경우 외부적인 커뮤니케이션이라고 한다.

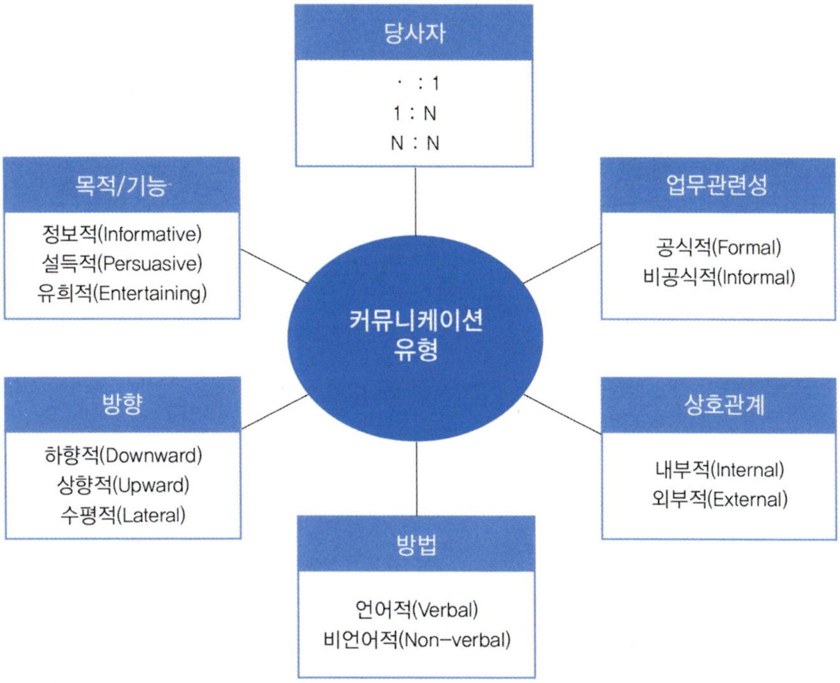

[그림 9-3] 커뮤니케이션의 유형

(6) 업무 관련성

커뮤니케이션은 조직에서 공식적인 경로를 통해 정보전달 등이 이루어질 경우 공식적인 커뮤니케이션, 공식적인 경로가 아니라 구성원들 간의 일상적인 접촉을 통해 정보전달 등이 이루어질 경우 비공식적 커뮤니케이션으로 나눠진다.

이와 같이 커뮤니케이션의 유형이 다양한 것처럼 커뮤니케이션의 분야도 아주 다양하다. 설득, 협상, 대상화, 고객응대, 판매, 티칭, 회의운영, 워크숍 운영, 면담, 프레젠테이션, 웅변연설 등 커뮤니케이션은 수많은 유형과 방법으로 우리가 눈치챌 수 없을 만큼 동시다발적으로 발생하고 있다.

2. 효과적인 커뮤니케이션 스킬

앞을 못 보는 사람이 밤에 물동이를 머리에 이고, 한 손에는 등불을 들고 길을 걸었다. 그와 마주친 사람이 물었다.

"정말 어리석군요. 앞을 보지도 못하면서 등불은 왜 들고 갑니까?"

그가 말했다.

"당신이 나와 부딪히지 않게 하려고요. 이 등불은 나를 위한 것이 아니고 당신을 위한 것입니다."

- 한상복의 배려(한상복, 위즈덤하우스)

지금까지 커뮤니케이션이 왜 중요한지, 그리고 커뮤니케이션이 다양한 방법으로 일어나고 있다는 것을 알아보았다. 커뮤니케이션은 필요가 아니라 필수이다. 그렇다면 이렇게 일상생활은 물론, 직장에서도 필수적으로 행해야 할 커뮤니케이션을 잘하기 위해서는 어떻게 해야 할까?

1) 효과적인 커뮤니케이션 스킬의 기본 원칙

우선 효과적으로 커뮤니케이션을 하기 위한 기본 원칙들은 한 번 살펴보자.

〈표 9-2〉 커뮤니케이션 스킬의 기본 원칙

기본 원칙	내 용
명료성 (Clarity)	정보구조는 체계적이어야 하고, 언어는 정확해야 하며, 문장과 용어는 평이하고 간결해야 한다.
일관성 (Consistency)	전후 정보의 내용이 서로 모순되어서는 안 되며, 명령의 경우에는 명령이 상위조직의 목표와 일치하여야 한다.
분포성 (Distribution)	정보는 필요한 사람에게 전달되어야 한다. 차단되거나 불필요한 사람에게 전달되어서는 안 된다.
적시성 (Timeliness)	정보는 필요하고도 유의미한 때에 전달되어야 가치가 있다.

적량성 (Adequacy)	정보의 양은 너무 많거나 적지 않고 이해하기 알맞을 정도로 적당해야 한다.
융통성 및 통일성 (Adaptability, Uniformity)	의사소통은 개별적 상황에도 적응할 수 있는 융통성을 가짐과 동시에 전체로서의 통일성이 확보되어야 한다. 이 양자는 상반되나 적합한 조화가 기해져야 한다.
관심 및 수용 (Interest, Acceptance)	의사소통은 쌍방적 작용이므로 전달자의 정보에 대하여 피전달자가 어느 정도 관심과 수용태도를 가져야만 효율적이다.

하지만 위의 기본원칙을 지킨다고 해서 꼭 커뮤니케이션을 잘한다고 할 수는 없다. 왜냐하면 커뮤니케이션의 장애요인도 고려해야 하기 때문이다. 커뮤니케이션이 발생할 때는 나 자신도 눈치 채지 못하는 사이에 많은 장애요인이 발생할 수 있기 때문이다. 〈표 9-3〉은 커뮤니케이션 시 발생할 수 있는 다양한 장애요인들의 종류와 그 내용이다.

〈표 9-3〉 커뮤니케이션의 장애요인

장애요인의 종류	설 명
과거의 경험	과거 경험으로부터 어떤 메시지가 있을 것이라고 미리 예견해서 흥미 없거나 중요하지 않을 것으로 왜곡해서 받아들이는 것
선입견	같은 내용도 사람(직업 등)에 따라 다른 의미로 이해되고 해석될 수 있는 것
고정관념	가치관, 편견 등
잠재적 의도	자신의 욕구에 따라 메시지를 이해하는 것
물리적 환경	소음, 온도, 기타 마음을 산란하게 하는 것들
언어상의 장애	지나치게 추상적인 언어, 너무 어려운 언어/전문용어 등
환경조건의 영향	인간관계, 처해 있는 상황 등
거리감	전달자와 피전달자와의 지리상/지위상의 간격 등
의식적 제한	비밀제도의 유무 또는 특정 정보의 독점 욕구 등

실질적으로 커뮤니케이션에서의 가장 큰 장애요인은 가치관, 즉 사람마다의 성격과 생각의 차이에서 비롯된다. 모든 사람의 생김새가 저마다 다른 것처럼 사람들은 저마다 다른 가치관을 가지고 있기 때문이다. 그렇다면 서로 다른 성격의 사람들은 커뮤니케이션을 할 수 없는 걸까? 아니다. 서로 간의 다름을 인

정하고 타인의 입장에서 커뮤니케이션을 할 수 있는 자세가 있다면 충분히 가능하다. 우리는 이를 관심과 배려라고 한다.

앞서 효과적인 커뮤니케이션의 방법을 위한 기초 개념을 정리해 보았다. 쉽게 말하자면 커뮤니케이션을 효과적으로 잘한다는 것은 결국 기본적으로 3가지를 잘한다는 것이다. 바로 '잘 듣기, 잘 말하기, 좋은 태도'이다. 효과적인 커뮤니케이션을 하기 위해서는 상대방의 말을 온 마음으로 다해서 들어주는 경청과 정성을 들여 언어 및 비언어적 표현을 통해 말해야 한다. 그리고 이 듣기와 말하기의 기조에는 상대방의 가치관을 존중하는 배려가 있다.

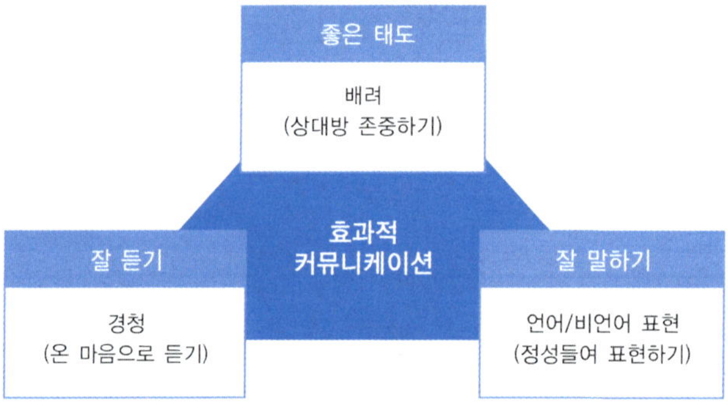

[그림 9-4] 효과적 커뮤니케이션의 3대 요소

다음으로 실생활에서 우리가 효과적인 커뮤니케이션을 하기 위해 할 수 있는 사소하지만, 아주 중요한 방법을 살펴보려고 한다.

2) 배려: 마음을 움직이는 힘

배려는 상대방의 입장에서 그 사람이 바라는 것을 존중해 주는 마음씨를 뜻한다. 이런 배려는 선택이 아니라 서로 다른 사람들끼리 살아가기 위해 꼭 필요한, 즉 공존하기 위한 절대 원칙이다.

배려의 기본적인 전제는 다름이 틀림이 아님을 이해하고, 다름을 그 자체로 이해(易地思之)하고 행동하는 것이다. 예를 들어 장애인의 문제에 있어 사회에서 장애인들을 위한 편의 시설들이 존재해야 하고 그 편의 시설들이 세금으로 건축되어야 함을 알고 고려하는 것은 이해이다. 배려는 이러한 이해를 넘어 일상생활에서 장애인들을 마주쳤을 때 비록 자신이 조금 힘들더라도 그들을 위해 자리를 양보하거나 장애인용 엘리베이터를 대신 눌러주거나, 시간을 내어 봉사를 하는 등 행동으로까지 이어져야 한다.

뿐만 아니라 배려는 비단 장애인, 독거노인 등 사회적 약자들에 대한 문제해결을 위해 나서는 것만이 아니라 일상생활에서도 충분히 나타낼 수 있다. 짐을 든 사람을 위해 엘리베이터를 눌러주고, 초보 운전자를 위해 양보를 해주는 아주 사소한 것들이 전부 배려이다. 혼자가 아닌 함께 살아가는 세상에서 타인을 생각하며 그들을 위해 행동하는 배려는 관계맺음의 가장 큰 방법이다.

3) 관심: 사람은 자기를 좋아하는 사람을 좋아한다.

탈무드에는 "거울은 먼저 웃지 않는다."란 말이 있다. 내가 먼저 웃어야 거울도 따라 웃는다. 사람과의 긍정적인 관계맺음도 마찬가지이다. 내가 먼저 상대방에게 긍정적으로 다가가야 그 사람도 나와 긍정적인 관계를 맺으려고 할 것이다. 현대사회에서는 개인주의가 심화됨에 따라 사람들 간의 관계맺음이 많이 부족하다. 저마다 자신만의 공간을 가지고 넘어서지도, 확장시키지도 타인의 공간을 보려는 시도조차 하지 않는다. 하지만 그래서는 타인과의 커뮤니케이션을 할 수 없다. 정확히 말하자면 단순한 커뮤니케이션은 할 수 있겠지만, 진정한 커뮤니케이션이라 할 수 없으며 부정적인 갈등을 야기할 것이다. 내가 타인의 공간을 이해하기 위해 깊고 따듯한 관심을 보일 때 타인도 내 공간에 대해 관심을 보일 것이다.

타인의 공간, 즉 그를 둘러싼 가치관을 이해하기 위한 노력의 방법은 두 가지이다. 첫째, 유사성을 찾는다. 사람마다 아무리 다르다고 하더라도 살펴보면 한두 가지의 공통점은 있기 마련이다. 성격, 비전, 목표, 고향, 가족, 전공 하다못해 영화, 음악, 스포츠, 여행 등 다양한 분야에 걸쳐 상대방을 알아가면서 나와의 공통분모를 찾는다. 둘째, 나를 알린다. 상대가 먼저 다가오면 바람직하겠지만, 그것을 기대하기 전에 내가 먼저 상대에게 나를 알린다. 내가 누구인지, 무엇을 하고 있고 할 것인지, 비전과 목표 등에 대해서 먼저 말한다. 그러면 상대도 자신에 대해서 알려줄 것이다.

4) 집중: 상대를 존중하는 데서 관계는 시작된다

> "가장 중요한 때는 바로 지금, 이순간이고, 가장 중요한 사람은 지금 너와 함께 있는 사람이고 가장 중요한 일은 지금 네 곁에 있는 사람을 위해 좋은 일을 하는 것."
>
> \- 세상에서 가장 중요한 것(레오 톨스토이) 中

커뮤니케이션의 유형에서도 살펴봤듯이 커뮤니케이션은 당사자에 따라 1:1, 1:N, N:N으로 발생할 수 있지만 가장 좋은 커뮤니케이션이자, 가장 기본이 되는 커뮤니케이션은 1:1이다. 왜냐하면 1:1 관계에서는 기본적으로 상대방에 대한 이해와 존경을 필요로 하기 때문이다. 이는 1:1 커뮤니케이션을 어렵게 하기도 하지만, 동시에 상대방을 진정으로 배려할 수 있다면 1:1 커뮤니케이션만큼 쉬운 커뮤니케이션도 없다. 여기서의 배려란 개인차를 인정하고 상대를 있는 그대로 받아들이며 그에게 집중하는 것이다. 그리고 아무리 자신의 뛰어난 견해가 있다고 하더라도 타인을 그 견해에 일치시키려 강요해서는 안 된다.

5) 공감: 이심전심(以心傳心)

공감이란 타인의 상황과 기분을 느끼며 이해하는 능력을 뜻한다. 공감은 갑자기 이루어지지 않는다. 상대에게 관심을 가지고 집중하며 경청을 함에 따라 상대를 이해해야만 공감이 발생하고 그 공감을 토대로 자신의 의견을 표현할 수 있다. 일상생활에서 흔히 일어나는 공감적 소통은 대개 '맞장구'이다.

간단하게 맞장구치는 방법은 크게 4가지가 있다.

① 먼저 치켜 올리듯 가볍게 하는 맞장구이다.

'그렇습니까?', '잘됐습니다', '저런…' 등으로 단순히 언어적 표현뿐만 아니라 표정에도 충분히 감정이 드러나야 하며, 마치 아첨을 떠는 것처럼 여겨지지 않도록 충분히 그의 말에 공감하고 있는 모습을 보이며 다음 대화를 이끌어갈 수 있도록 상황을 만들어주는 자세가 필요하다.

② 동의하는 맞장구이다.

'과연! 그렇군요.', '정말 그러셨겠어요.', '네, 알겠습니다.'라고 말하며 상대의 의견을 이해하고 있음을 나타낸다.

③ 정리하는 맞장구이다.

'말하자면 이런 것입니까?', '그 말씀은 ~을 말씀하시는 것이지요?'라며 상대방의 말을 끝까지 집중해서, 또 중요하게 생각하며 들었음을 나타낸다. 마지막으로 재촉하는 맞장구는 '그래서, 어떻게 됐습니까?'로 상대의 말을 단지 비즈니스적인 측면에서 집중하고 있는 것이 아니라, 정말로 온 감정을 다하여 흥미롭게 집중하여 듣고 있는 자세이다.

이외에도 맞장구를 통한 공감의 표현 방법은 다음과 같다.

〈표 9-4〉 맞장구를 통한 공감의 표현 방법

공감표현	설 명	실제 표현
공감	다른 사람의 감정에 대해 자신이 느끼는 바를 나타내는 것	"아, 그 문제에 관해 …하게 느낀다는 말씀이지요?" "…하기 때문에 그렇게 느껴지시는군요. 저라도 그랬을 겁니다."
재진술	상대방이 했던 말을 다시 함으로써 말을 재점검하는 기회로 삼는 것	"당신은 …라고 말씀하셨지요?"
요약	상대방과의 대화내용을 요약, 정리하여 논의를 발전시키는 것	"그렇다면 …하다는 뜻이군요." "말씀하신 것을 요약하면 …이군요"
환언	상대가 말한 것을 자신의 말로 바꾸어 말하기	"당신은 …하다고 생각하신다는 말씀이시지요?" "…하다는 뜻이군요. 맞습니까?"

공감은 가볍게 치켜 올리는 맞장구, 동의하는 맞장구를 재진술, 요약, 환언에는 정리하는 맞장구, 요약, 환언을 중간에 재촉하는 맞장구를 함께 적용하여 공감을 표현하면 훨씬 효과적인 공감표현이 될 것이다.

6) 칭찬: 고래도 춤추게 한다

이것은 무엇일까?

이것은 받으면 바보도 천재로 바뀔 수 있다.
이것을 하면 이것을 받는 일을 더 하게 된다.
이것은 사람을 바꾸는 유일한 방법이기도 하다. 선물을 하는 데는 많은 비용이 들지만 이것은 하는 데는 1원도 들지 않고 선물보다 더 큰 감동을 줄 수 있다.
이것을 받으면 축복이 저절로 열리고, 이것을 하다보면 마음이 열려 상대방이 내가 되고 내가 상대방이 된다. 뿐만 아니라 이것은 소극적인 사람을 적극적으로 바꿔주고 희망과 의욕을 높여준다.
마지막으로 이것은 아름다운 마음의 표현으로 아름다운 마음이 또한 얼굴을 만든다.

정답은 무엇일까? 그렇다. 바로 칭찬이다. 그러면 칭찬이 왜 이렇게 대단하고 중요한지 한 번 천천히 살펴보자.

(사례)

미국의 한 기업체 중역인 웨스 킹슬리는 회사와 가정에서의 인간관계로 고민이 많았다. 그는 출장을 갔다가 우연히 범고래 쇼를 구경한다. 쇼를 보다가 문득 무게 3t이 넘는 범고래가 어떻게 몸을 솟구쳐 기막힌 공중곡예를 펼칠 수 있는지 궁금해졌다. 조련사에게 묻자 "고래와의 관계는 인간관계와 다르지 않다. 멋진 공중곡예의 비결은 고래에 대한 긍정적인 관심과 칭찬"이라고 대답했다. 범고래가 쇼를 멋지게 해냈을 때는 즉시 칭찬하고, 실수했을 때는 질책하지 않고 관심을 다른 방향으로 돌리게 하며, 중간에 계속 격려하는 게 핵심이라는 것이다.

출장에서 돌아와 이를 실생활에 활용한 킹슬리는 사랑받는 가장이 되고, 직장에선 존경

받는 상사가 됐다. 그가 말하는 칭찬의 힘이란 바로 칭찬이 '긍정적인 힘에 더욱 집중'할 수 있게 한다는 것이다. 도망가는 죄수를 잡는 스포트라이트처럼 잘못한 것에 집중하여 그것을 강조하면 할수록 더욱 잘못을 할 가능성이 커지고 부정적인 힘만 커진다는 것이다.

이 이야기는 세계적인 경영 컨설턴트인 켄 블랜차드가 저술한 『칭찬은 고래도 춤추게 한다』에서 나오는 이야기로 칭찬의 중요성과 칭찬이 가진 힘을 단편적으로 확실하게 보여준다. 칭찬이 가진 힘을 보여주는 다른 이야기도 있다.

(사례)

미국의 교육학자 로버트 로젠탈과 레노어 제이콥슨은 1968년 샌프란시스코의 한 초등학교 학생들(6백50명)을 대상으로 지능검사를 했다. 조사 대상자들 가운데 무작위로 약 20%를 뽑아 이들에게 지능과 성적이 오를 가능성이 크다고 거짓말을 했다. 8개월 뒤 다시 검사해 보니 이들 집단이 다른 학생들보다 성적이 더 올랐다. 학생들이 교사나 주위의 기대와 칭찬에 긍정적으로 반응한 것이다.

이는 하버드 대학교 심리학교수인 로버트 로젠탈이 저술한 『피그말리온 효과』에서 나온 사례이다. 사람은 누가 자기에게 기대를 갖고 사랑해 주면 그 기대에 부응하려고 한다. 부모가 자식을 키울 때도, 교사가 학생들을 지도할 때도 그렇다. 무슨 일이든 기대한 만큼 이루어지는 것이다. 이러한 맥락에서 사람은 누구나 칭찬받기를 좋아한다. 기대와 칭찬은 자아욕구를 충족시켜 주는 좋은 방편이기 때문이다.

물론 항상 칭찬만 하는 것이 도움이 되거나 긍정적인 효과가 있지는 않다. 몸에 좋은 약이 쓴 것처럼 가끔은 야단이나 꾸중도 필요하다. 허나 그럼에도 우리가 야단보다는 칭찬을 해야 할 이유는 '칭찬을 싫어하는 사람은 없다는 절대불변의 진리'가 있기 때문이다. 우리가 야단을 치는 이유는 상대가 다시는 어떤 일을 안 저질렀으면 하는 바람에서 이지만, 듣는 상대가 그 바람을 이해하지 못하고 단지 부정적인 감정에만 신경 쓴다면 그것은 야단을 친 사람도, 야단을 맞은 사람에게도 둘 다 부정적인 결과를 가져온 셈이다. 하지만 칭찬 아래 상대가 나아가야 할 바람직한 자세를 적절히 섞어준다면 칭찬을 들은 사람은 칭찬으로 기분이 좋고, 칭찬을 한 사람은 앞으로 그 사람이 변화할 모습을 볼 수 있어 좋은, 둘 다에게 긍정적인 결과를 가져올 수 있을 것이다.

야단과 칭찬의 확연한 결과를 보여주는 것에는 잘 알려져 있는 양파실험이 있다. 3종류의 양파를 가지고 한 달 동안 한 양파에게는 칭찬을, 한 양파에게는 야단을, 한 양파는 아무 말도 하지 않고 키우는 것인데 칭찬을 들은 양파는 크게 자라난 반면 야단을 들은 양파는 성장도 더디고 질병까지 보였다.

그렇다면 과연 어떻게 칭찬을 해야 할까? 다음은 우리가 실생활에서 적용할 수 있는 칭찬 10계명이다.

① 칭찬할 일이 생겼을 때는 즉시 칭찬하라.
② 잘한 점을 구체적으로 칭찬하라.
③ 가능한 한 공개적으로 칭찬하라.
④ 결과보다는 과정을 칭찬하라.
⑤ 사랑하는 사람을 대하듯 칭찬하라.
⑥ 거짓 없이 진실한 마음으로 칭찬하라.
⑦ 긍정적으로 관점을 전환하면 칭찬할 일이 보인다.
⑧ 일의 진척사항이 여의치 않을 때 더욱 격려하라.
⑨ 잘못된 일이 생기면 관심을 다른 방향으로 유도하라.
⑩ 가끔씩 자기 자신을 스스로 칭찬하라.

이 칭찬 10계명의 모든 말이 중요하지만 가장 중요한 것은 '긍정적으로 관점을 전환하면 칭찬할 일이 보인다'이다. '관점 뒤집기'란 말이 있듯이 아무리 칭찬할 게 없다고 하더라도 긍정적인 시각으로 보면 칭찬과 격려가 보인다. 마치 우리가 물이 반 있는 컵을 보고 '물이 반 밖에 안 남았네.'를 '물이 반이나 남았네.'로 해석할 수 있는 것처럼 말이다.

전달에서 공유하는 커뮤니케이션으로

- 내가 말했다고 해서 상대방이 들었다고 할 수 없다. (Said ≠ Heard)
- 들었다고 해서 귀를 기울였다고 할 수 없다. (Heard ≠ Listened)
- 귀를 기울였다고 해서 이해했다고 할 수 없다. (Listened ≠ Understand)
- 이해했다고 해서 동의했다고 할 수 없다. (Understand ≠ Agreed)
- 동의했다고 해서 설득되었다고 할 수 없다. (Agree ≠ Convinced)
- 설득되었다고 해서 행동에 나선다고 할 수 없다. (Convinced ≠ Acted)

출처: 칸노 히로시(2006). BCG의 리더십 테크닉, 비즈니스맵 참고, 재수정.

Workbook Activity 01 | 의사소통 유형

일단 어느 조직에서든 의사소통 능력은 직무 능력과 직무 만족을 위해 반드시 필요한 능력이다. 그러나 사람들은 자신의 의사소통 능력 스타일을 잘 알지 못하기 때문에 어려움을 겪는다. 자신의 대인관계 의사소통 스타일에 대해 곰곰이 생각해 보고, 이를 다음에 제시된 키슬러의 대인관계 의사소통 양식지에 체크해 보자.

전혀 그렇지 않다	약간 그렇다	상당히 그렇다	매우 그렇다
1	2	3	4

문항		1	2	3	4	문항		1	2	3	4
1	자신감이 있다					21	온순하다				
2	꾀가 많다					22	단순하다				
3	강인하다					23	관대하다				
4	쾌활하지 않다					24	열성적이다				
5	마음이 약하다					25	지배적이다				
6	다툼을 피한다					26	치밀하다				
7	인정이 많다					27	무뚝뚝하다				
8	명랑하다					28	고립되어 있다				
9	추진력이 있다					29	조심성이 많다				
10	자기자랑을 잘한다					30	겸손하다				
11	냉철하다					31	부드럽다				
12	붙임성이 없다					32	사교적이다				
13	수줍음이 있다					33	자기주장이 강하다				
14	고분고분하다					34	계산적이다				
15	다정다감하다					35	따뜻함이 부족하다				
16	붙임성이 있다					36	재치가 부족하다				
17	고집이 세다					37	추진력이 부족하다				
18	자손심이 강하다					38	솔직하다				
19	독하다					39	친절하다				
20	비사교적이다					40	활달하다				

◈ 채점과 해석

– 각 유형별 문항에 대한 응답을 아래의 칸에 합산하자. 그리고 아래 그림에 자신의 점수를 0표로 표시하고 점수들을 연결하여 팔각형을 그려보자.

– 팔각형의 모양이 중심으로부터 특정 방향으로 기울어진 형태일수록 그 방향의 대인관계 의사소통 양식이 강하다고 해석된다. (이 결과는 자신의 대인관계 의사소통에 대하여 주관적으로 지각한 것일 뿐이므로 고정관념을 갖지 않도록 유의하여야 한다.)

- 지배형(1, 9, 17, 25, 33) _____
- 실리형(2, 10, 18, 26, 34) _____
- 냉담형(3, 11, 19, 27, 35) _____
- 고립형(4, 12, 20, 28, 36) _____
- 복종형(5, 13, 21, 29, 37) _____
- 순박형(6, 14, 22, 30, 38) _____
- 친화형(7, 15, 23, 31, 39) _____
- 사교형(8, 16, 24, 32, 40) _____

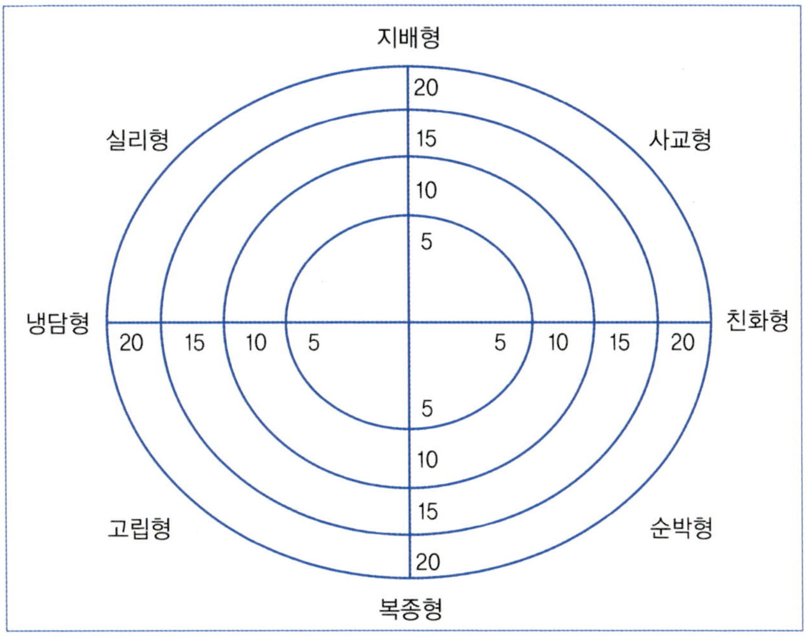

출처: 한국산업인력공단(2016). 의사소통 능력 학습자용 워크북.

Workbook Activity 02 | 심층적 공감

공감의 5수준

① 수준 1: 상대방의 언어 및 행동 표현의 내용으로부터 벗어나거나 내용에 주의를 기울이지 않아 의사소통이 되지 않음. 혹은 오히려 왜곡하는 수준

② 수준 2: 상대방의 감정에 반응은 하지만 주목할 만 한 감정을 제외시키고 의사소통하는 수준

③ 수준 3: 상대방이 표현한 것과 본질적으로 같은 정서의 의미를 표현하여 상호 교류적인 의사소통을 하는 수준. 대인관계 기능을 촉진

④ 수준 4: 상대방이 표현한 것보다 더 내면적인 감정을 표현하면서 의사소통하는 수준. 의사소통을 촉진

⑤ 수준 5: 상대방이 표현하는 감정의 내면적 의미들 을 정확하게 표현하거나, 같은 몰입 수준에서 상대방의 욕구와 성장 동기를 이해하여 의사소통하는 수준. 성장과 치유를 촉진

(예시) 내 방에 들어올 땐 노크 좀 해!

① 수준 1: 왜곡하는 수준

<u>"자식 방에도 맘대로 못 들어가니? 조그만 게 무슨 비밀이 있다고?"</u>

② 수준 2: 주목할 만한 감정을 제외하고 의사소통하는 수준

<u>"자식 방에 들어갈 때 노크를 꼭 해야 하니?"</u>

③ 수준 3: 같은 정서의 의미를 표현하여 상호 교류적인 의사소통을 하는 수준
<u>"노크 없이 불쑥 들어와서 기분이 상했나보구나."</u>

④ 수준 4: 상대방보다 더 내면적인 감정을 표현하면서 의사소통 하는 수준
<u>"혼자 있고 싶은데 방해를 받아 언짢았니?"</u>

⑤ 수준 5: 상대방의 욕구와 성장 동기들 이해하여 의사소통 하는 수준
<u>"이제 너도 커서 프라이버시를 갖고 싶은가보다."</u>

공감의 5수준에 맞춰 심층적 공감하기를 연습해 보시오.

Q : 너무 시끄러워서 공부를 못하겠어!

① 수준 1 ______________________________

② 수준 2 ______________________________

③ 수준 3 ______________________________

④ 수준 4 ______________________________

⑤ 수준 5 ______________________________

"저의 눈은 두 개입니다. 그리고 귀도 두 개입니다. 신체 기관의 대부분의 것들이 두 개인데 비해 입이 하나인 이유는, 말하기는 적게 하고 남의 이야기를 더 열심히 들으라는 만드신 이의 숨은 뜻일 것입니다. 작은 목소리가 더 크게 들리는 생각이면 좋겠습니다."

- 박광수(1969년~, 만화가, 광수생각 저자)

CHAPTER

10

커뮤니케이션 능력 Ⅱ

학습목표

1. 의사소통시 경청의 바른 태도와 적극적 경청의 실제를 익히고 연습한다.
2. 비언어 커뮤니케이션을 이해하고 연습한다.
3. 올바른 화법을 이해하고 연습한다.

학습내용

1. 경청의 이해와 연습
2. 비언어 커뮤니케이션의 이해와 연습
3. 올바른 화법의 이해와 연습

개인이나 조직 간에 원만하게 관계를 유지하고 업무 성과를 높이기 위해서는 적절하게 의사소통할 수 있는 능력이 필수적이다. 특히, 의사소통을 하기 위해서는 다른 사람의 말을 주의 깊게 들으며, 공감할 수 있는 능력을 갖추는 것이 우선시 되어야 할 것이다.

원활한 의사표현을 위해서는 전달해야 할 내용을 정확하고 간결하게 표현 하는 것도 중요하지만, 무엇보다 대화 상대의 마음을 읽을 줄 알아야 한다. 같은 내용이라 할지라도 어떤 방식으로 의사표현을 하느냐에 따라 상대방이 느끼는 감정에는 차이가 발생할 수 있다.

이번 장에서는 9장에 이어 효과적인 커뮤니케이션 스킬(Skill) 중에서 경청, 화법, 비언어커뮤니케이션 방법에 대해 알아보고자 한다.

1. 경청: 이청득심(以聽得心)

"나의 대화의 첫 번째 규칙은 상대방의 말을 잘 들어주는 것이다."

- 래리 킹(Larry King, 1933년 11월 19일 ~, 미국 앵커)

1) 경청의 개념과 중요성

"말을 배우는 데는 2년이 걸리지만, 침묵을 배우는 데는 60년이 걸린다. 경청은 백 마디 말보다 강하다!"라고 삼성그룹의 이건희 회장은 경청의 중요성을 강조하였다.

듣다는 뜻을 가진 한자인 聽을 자세히 보자. 왕(王)처럼 큰 귀(耳)와 열개(十)의 눈(目)과 하나(一)된 마음(心)이란 한자로 이루어져 있다. 즉 '듣는다'란 귀뿐만이 아닌, 온 몸과 마음을 다해 소리뿐 아니라 상대의 마음까지 들어야 한다는 것이다. 이렇게 귀를 기울여, 온 마음을 향해 들으면 사람의 마음을 쉽게 얻을 수 있다.

경청을 위해 하지 말아야 하는 방법은 간단하다. 상대의 말을 끊지 않고 갑작스럽게 화제 변경을 하지 않는다. 자신의 주의가 산만해지지 않도록 해야 한다. 또한 설령 대화주제에 관심이 없다 할지라도 지루해 하는 모습을 보여서는 안 된다. 1:1이 아닌 1:N으로 대화할 경우 또 다른 상대와의 대화주제를 동시에 만들어서는 안 된다. 쉽게 말하자면 나의 말을 줄이고 상대의 말에 딴청피우지 않는 것이다. 그러면 경청의 올바른 방법은 무엇일까?

2) 올바른 경청

좋은 경청은 화자와 상호작용하고, 말한 내용에 관해 생각하며, 무엇을 말할지 기대하는 것을 의미하기 때문에 경청자는 자신이 들은 내용을 정신적으로 요약해야 한다. 그러므로 좋은 경청자가 되기를 원한다면 화자에게 집중 할 수 있는 자기 트레이닝이 필요하다.

올바른 경청의 법칙에 대해 알아보자.

① 기본적인 FAMILY 법칙

- F(Friendly)는 상대방에 대해 우호적인 감정을 갖는 것이다.
- A(Attention)는 상대방에게 주목하는 것이다
- M(Me too)은 맞장구를 쳐 주는 것이다.
- I(Interest)는 관심과 흥미를 나타내는 것이다
- L(Look)은 상대를 응시하는 것이다.
- Y(You are centered)는 상대방으로 하여금 '말하는 내가 중심인물'이라는 느낌을 갖게 하는 것이다.

② '1-2-3' 법칙

이는 꽤 간단하다. 1분 말하고, 2분 들어주고, 3번 이상 맞장구치는 것이다. 그동안 눈으로는 상대방과 눈을 맞추고, 몸으로는 고개를 끄덕이거나 메모를 한다. 입으로는 '예, 맞습니다', '알겠습니다', '도와드리겠습니다'와 같은 상대방의

의사를 충분히 고려하고 이를 긍정적으로 생각한다는 말을 한다.

그럼 대체 듣는 거란 무엇일까? 단순히 상대방의 이야기를 묵묵히 들어주면 되는 걸까? 경청에도 단계가 있다. 다음은 듣기의 단계에 대한 설명이다.

〈표 10-1〉 듣기의 단계

듣기 단계		%	상 태
1	무시 (Ignore)	0	• 멀뚱히 바라보고만 있을 뿐 귀를 닫은 상태 • '저 사람은 늘 하는 소리가 똑같은 소리야'라고 생각하며 마음속으로 딴생각을 하거나 딴 짓을 하는 태도
2	듣는 척 하기 (Pretend)	10	• 말하는 사람이 적어도 관심을 보이는 상태 • 주시는 하고 있어도 마음은 딴 곳에 가 있는 상태
3	선택적 듣기 (Selective)	30	• 자기가 듣고 싶은 말만 골라서 듣는 상태 • 상사가 부하의 말을 들을 때 취하는 자세로 어떤 것은 듣고 어떤 것은 안 듣는 자세. 전제적인 리더십을 발휘하는 사람일수록 이런 경향이 강함
4	적극적 듣기 (Activate)	50~ 60	• 상대방이 무엇을 말하는지에만 관심을 기울이거나 집중하여 자신의 경험과 비교해서 듣는 태도. • 적극적 듣기의 태도는 상대방을 공격하기 위한 자기 방어적 입장에서 듣는 경우가 많음
5	공감적 듣기 (Empathic)	90~ 100	• 듣는 사람이 자기 자신을 벗어 버리고 말하는 상대방의 말/의도/감정을 이해하기 위해 가슴과 마음으로 듣고 대답함 • 이 공감적 듣기의 태도는 비로소 완전에 가까운 의사 소통이 이루어지는 단계라고 할 수 있음

우리는 경청을 한다고 해서 4단계인 적극적 듣기 단계에만 머물러 있는 경우가 많다. 정말로 상대가 하고 싶은 말에 공감하거나 이해하지 않고 그저 대화의 주제에만 집중하는 것이다. 5단계인 공감적 듣기까지 나가야 진정한 경청을 하고 있다고 할 수 있다.

2. 비언어적 커뮤니케이션: 온몸으로 말하라

1) 비언어적 커뮤니케이션의 중요성

메라비언의 법칙(The Law of Mehrabian)을 아는가? 메라비언의 법칙은 심리학자이자, 캘리포니아대학 교수인 앨버트 메라비언(Albert Mehrabian)이 발표한 이론으로 상대방에 대한 인상이나 호감을 결정하는 데 있어서 보디랭귀지는 55%, 목소리는 38%, 말의 내용은 7%만 작용한다는 것이다. 이는 시각적, 청각적 이미지와 같은 비언어적 커뮤니케이션의 중요성을 뜻하는 법칙으로 알려져 있다.

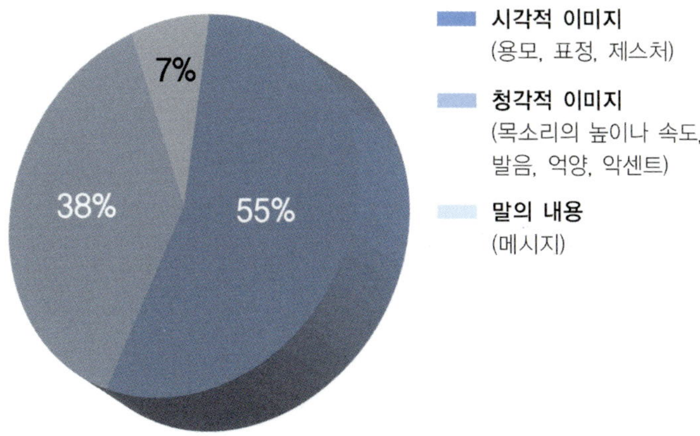

[그림 10-1] 메라비언의 법칙(The Law of Mehrabian)

미국의 애리조나 대학 심리학과 교수인 로버트 치알디니(Robert Cialdini)는 『설득의 심리학: Influence 사람의 마음을 사로잡는 6가지 불변의 법칙』에서 호감의 원칙을 제시했다. 호감의 원칙이란 '사람들은 자신이 호감을 갖고 있는 타인에게 긍정적인 대답을 할 확률이 높다'는 것으로, 미국 법정에서 흔히 알려져 있는 미녀 범죄자라면 상대적으로 같은 수위의 범죄라도 무죄판결을 받을 확률이 높다는 얘기가 바로 그 예시이다. 즉 범죄의 수위, 정황 같은 객관적인 사실이 아니라 상대가 가지고 있는 외모나 체격에 따라 중요한 의사결정이 변화할 수 있다는 것이다.

이러한 호감의 원칙은 주로 신체적 매력이 풍부한 사람이거나 사소한 공통점이 있는 사람이거나 또는 칭찬해 주는 사람, 충분한 관계 형성으로 익숙해진 사람, 상호 협력을 같이 하는 사람에게 발생하며 다양한 판매 전략으로 활용되고 있다. 예를 들면 친구가 하는 상업적인 단체에 참여하거나 인맥을 이용하여 자선단체에 기부를 하거나 가족, 친지들을 대상으로 자동차 영업을 하는 경우 등이다.

신체적 매력은 후광효과로부터 호감의 법칙이 나타나며, 사소한 공통점은 서로 닮은 사람을 좋아한다는 것으로부터 나타난다. 때문에 호감의 법칙을 얻기 위해 유사성 조작을 하는 경우도 있다. 충분한 관계 형성이나 상호 협력을 하는 사람의 경우 친구나 지인의 부탁은 생판 모르는 남에 비해 쉽게 거절하기가 어려우며, 익숙한 사람일수록 신뢰할 수 있고 좋아지는 것으로부터 근거한다. 따라서 어떤 일에 대해서 혼자가 아닌 상호협력을 통해 일을 진행하는 것은 호감을 크게 만들 수 있는 방법 중 하나이다.

2) 효과적인 비언어적 커뮤니케이션 방법

다음은 관계를 강화시킬 수 있는 비언어적 커뮤니케이션 5계명이다.

〈표 10-2〉 관계를 강화시킬 비언어 커뮤니케이션 5계명

비언어 5계명	행 동
밝은 표정	화난, 무뚝뚝한, 우울한, 찡그린 표정 좋아하는 사람 아무도 없다. 밝은 미소, 진지한 호감 어린 표정을 지어라.
호의적인 눈맞춤	상대방의 눈과 따듯한 시선을 맞춰라. 70~80%가 넘으면 공격적으로 보이고 그 이하는 무관심하게 보인다.
공감 어린 몸동작	손짓, 고갯짓, 몸짓을 통해 상대방 이야기에 관심과 공감, 경의를 표현하라.
친근한 신체 접촉	스킨십을 통해 애정을 전달하라. 악수, 팔짱, 어깨동무, 등 두드리기 등으로 친근감을 표시하라.
친밀한 공간 활용	친밀감 있는 거리, 공간을 확보하라. 멀리 떨어지기보다는 가깝게, 마주 앉기보다는 옆에 앉아라.

앞서 메라비언의 법칙에 따르면 비언어적 커뮤니케이션에는 청각적 이미지도 꽤 많은 비중을 차지하고 있다. 청각적 이미지를 긍정적으로 획득하기 위해 활용할 수 있는 대화의 포인트는 다음과 같다.

① 밝게: 밝고 명랑한 목소리로, 냉담하기 보다는 즐거운 기분으로 말한다.
② 쉽게: 상대방의 지식수준, 어휘수준을 고려하여 알기 쉬운 우리말을 사용하고 전문용어나 외래어의 사용은 자제한다. 또한 적당한 속도와 적당한 발음으로 듣기 쉽게 말한다.
③ 아름답게: 명령이나 강요, 위협 같은 상처를 주고 마음을 닫히게 하는 말이나 은어, 속어, 비어, 사투리를 지양하고 고운말과 표준어를 사용하여 공손하게 말한다.
④ 명료하게: 애매모호하게 말하지 않고 네, 아니오를 분명하게 말하며 결론부터 간단하게, 그리고 자신의 의사는 명확하게 전달한다.
⑤ 순발력 있게: 때와 장소 및 상황에 맞게 말한다.

3. 화법: GIGO(뿌린 대로 거둔다)

"부정적인 사람은 '실패'라는 열매를 먹고 살고, 긍정적인 사람은 '성공'이라는 열매를 먹고 산다. 긍정적인 꿀벌은 물로 '꿀'을 만들고, 부정적인 뱀은 물로 '독'을 만든다."

- 영국 속담

1) 화법의 중요성

GIGO라는 말을 들어보았는가? "Garbage In, Garbage Out."(쓰레기가 들어가면 쓰레기가 나온다.) 라는 뜻이다. 반대로 "Good In, Good Out!"(좋은 것이 들어가면 좋은 것이 나온다)로 사용될 수도 있다. 즉 GIGO란 한국 속담으로 번역하자면 '뿌린 대로 거둔다'는 것이다. 그런데 왜 커뮤니케이션에서 이 말이 중요한가? 왜냐하면 훌륭한 말을 하면 훌륭한 말을 들을 수 있지만, 나쁜 말을 하면 나쁜 말을 듣게 되기 때문이다.

다음은 부정적인 단어와 긍정적인 단어의 예시이다.

〈표 10-3〉 부정적인 단어 VS 긍정적인 단어

부정적인 단어	긍정적인 단어
파괴하다, 폭동, 경련, 마약, 죽이다, 비판, 속이다, 경멸하다, 상처를 주다, 스트레스, 고통스럽다, 경고, 유치장, 고뇌, 부랑자, 비난하다, 폭발하다, 죽음, 거짓말, 깨뜨리다, 금지하다, 고소하다, 위험, 긴장, 고통을 받다, 복수하다, 비열하다, 침을 뱉다, 파멸, 질병, 비극, 질식시키다, 강간하다, 독약, 불타다, 강압, 미워하다, 살인하다, 잃다, 추한, 불 지르다, 당황하다, 실패하다, 뚱뚱하다, 테러, 전쟁, 불평하다, 벙어리 같다, 감옥, 사기, 손해를 입히다, 타락하다, 실직하다, 찌르다, 질투하다, 취소하다, 어리석다, 우울하다, 축출하다, 습격, 때리다, 훔치다, 피하다, 바보, 치다, 전투, 총을 쏘다, 체포하다, 슬프다.	사랑, 용기, 멋지다, 즐겁게 하다, 따뜻함, 동의, 살아있다, 성취하다, 파티, 행복함, 우습다, 찬사, 친구, 믿음, 격려, 인정, 명예, 휴가, 신뢰, 열광, 희극, 배려, 승리, 안전하다, 축복받다, 친절, 고요, 초대하다, 아기, 주말, 키스, 존경하다, 지지하다, 좋다, 보상, 긍정, 똘똘하다, 평화, 훌륭하다, 치유하다, 신성함, 포옹, 성취하다, 돕다, 성공, 개선하다, 애정, 진실, 천국, 용서하다, 아이, 치료하다, 희망이 자라다, 편안함, 튼튼히 하다, 공평, 미소, 감사하다, 특별하다, 즐거움, 이익, 우아함, 가정, 칭찬, 신임, 아름다움, 웃다, 챔피언, 재미있다, 축하하다, 리더, 기원하다.

부정적인 단어들을 보았을 때는 마찬가지로 부정적인 감정과 기억밖에 떠오르지 않는다. 하지만 긍정적인 단어를 보았을 때는 긍정적인 감정과 긍정적인 기억이 떠오른다. 단지 글자에 불과하다고 할지라도 한 단어가 가지고 있는 의미는 그토록 큰 것이다.

화법도 똑같다. 같은 말이어도 어떤 단어를 사용하느냐에 따라 상대방이 받는 감정은 천차만별로 달라질 수 있다.

2) 효과적인 화법

① 부정형을 '이유제시 + 우회 + 대안제시 긍정형'으로 바꿔 말해라.

예를 들어 고객이나 다른 기업으로부터 어떤 업무를 요청받았는데, 지금 회의가 있거나 회사에 나밖에 없어 당장은 처리할 수 없는 상황이라고 가정해 보자. 그때 "안 됩니다. 지금 바빠서요.", "모릅니다."라고 대답하면 상대는 어떤 반응을 보일까? 썩 긍정적인 반응을 보이지는 않을 것이다. 어쩌면 이 회사는 불친절하다며 다시는 연락하거나 이용하지 않을지도 모른다. 이번에는 말을 바꿔서 "지금은 저희가 회의 중이라서 어렵지만, 한 시간 후쯤이면 가능할 것 같습니다." 또는 "생각이 나지 않습니다만, 금방 알아보고 말씀 드리겠습니다."라고 말해보자. 아까와 같은 거절하는 맥락의 말이지만 훨씬 부드러운 느낌을 준다. 같은 말이어도 단순한 부정형보다는 이유를 제시하고, 또는 우화를 제시하고 대안을 제시하는 긍정형이 커뮤니케이션에 있어 훨씬 효과적이라는 것이다.

② 부정형을 'YES/BUT, YES/AND 긍정형'으로 바꿔 말해라.

상대방의 무리한 요구에 대해 "그것 좀 힘들다"고 말하며 그 이유에 대하 구구절절 이야기하는 "No, because"대화법은 협상 진전에 도움이 되지 않는다. 문제를 해결할 방법에 초점을 맞춰 미래 지향적인 대화를 끌어내는 긍정적 대화법이 필요하다.

제품을 사러온 고객이 직원에게 제품이 비싸다며 클레임을 걸었다고 가정해 보자. 두 가지 방법으로 응대할 수 있다.

첫째, YES/BUT이다. "예, 그렇게 말씀하시는 분도 계십니다. 하지만 타제품과 비교하면 품질면에서~"라며 일단은 긍정한 다음에 이유를 제시하는 것이다.

둘째, YES/AND이다. 상대방의 거절을 역이용해서 "예, 그렇습니다. 사실 비싼 데는 그만한 이유가 있지요."라고 하거나 "그렇게 말씀하시는 분이 많습니다. 그래서 더 자세하게 말씀드리면~"라고 응대하는 것이다. 이런 경우 가격은 하락하지 않았으면서도 클레임을 제시한 고객도 전혀 기분 나쁘지 않게 받아들일 수 있다.

③ 쿠션화법을 활용해라.

부정형을 긍정형으로 바꾸는 화법 외에도 명령형에서 완곡형과 의뢰/권유형으로 바꾸는 쿠션화법이 있다. 쿠션화법은 화자나 상대방을 보호하고 완충시켜 주는 화법이다. 다음은 일반적인 명령형을 쿠션화법으로 바꾼 예시들이다.

〈표 10-4〉 쿠션화법 예시

명령형	쿠션화법+의뢰/권유형
잠시만 지나가겠습니다.	실례합니다만, 잠시만 지나가도 되겠습니까?
다시 말해주시죠.	죄송합니다만, 다시 한 번만 말씀해 주시겠습니까?
기다리세요.	바쁘시겠지만, 잠시만 기다려주시겠습니까?
조금만 도와주세요.	미안하지만, 조금만 도와주시겠습니까?
여기에 기입하세요.	번거로우시겠지만, 여기에 기입해 주시겠습니까?
무슨 일이죠?	괜찮으시다면, 용건을 말씀해 주실 수 있겠습니까?

④ 상대방의 말을 반복하는 '백트래킹(Backtracking)'으로 공감해라.

특히 협상에서 공감이란 상대가 요구하는 내용을 들어주겠다는 뜻의 인정은 아니다. 상대의 생각에 완전히 반대하더라도 충분히 공감할 수 있다. 상대방의 말을 반복하는 '백트래킹(Backtracking)' 등을 통해 상대의 의견을 존중하고 있음을 표현하는 것이 좋다.

⑤ 화법은 'Keep It Short and Simple'해야 한다.

화법에서 중요한 것은 메시지 전달이다. 전달하려고 하는 메시지는 최대한 줄이고, 최대한 빼서 단순해야 한다. 또한 '아~ 그렇구나!' 싶은 의외성이 있어야 하며 구체적이어야 한다. 메시지는 9시 뉴스처럼 신뢰할 수 있어야 하며 상대의 감성을 자극해야 한다. 우리는 무언가를 느껴야 중요하게 받아들이는 경향이 있기 때문이다. 그리고 메시지는 기억에 쉽게 남을 수 있도록 스토리가 있어야 한다.

3) 나-전달법(I-Message)과 너-전달법(You-Message)

메시지를 효과적으로 전달하기 위해서는 방법도 중요하다.

나-전달법(I-Message)은 효과적인 메시지 전달 방법 중 대표적인 방법이다.

나의 생각과 마음을 상대방에게 나의 감정에 휘말리지 않고 정확하게 전달하는 방법이다. 기본적으로는 나의 입장에서 설명하나 상대방의 행동은 감정을 담지 않고 객관적인 사실에 대해서만 언급하고, 행동에 대한 결과는 상대방이 나에게 미친 영향에 대해서 말한다. 그리고 그러한 결과로 생긴 나의 감정을 말하는 방법이다.

이러한 나-전달법은 반대인 너-전달법(You-Message)에 비해 상호이해 부분에서 특히 긍정적인 효과를 가지고 있다. 너-전달법의 경우 너를 주어로 하여 상대방의 행동을 표현하고, 그 과정에서 상대를 힐난하거나 비난하는 성격이 짙게 나타난다. 그로 인해 상대방에게 문제의 책임을 지우게 되고 부정적인 감정을 갖게 된다. 상호이해가 되지 않으니 갈등은 더 심화된다.

다음은 나-전달법과 너-전달법을 비교한 예시이다.

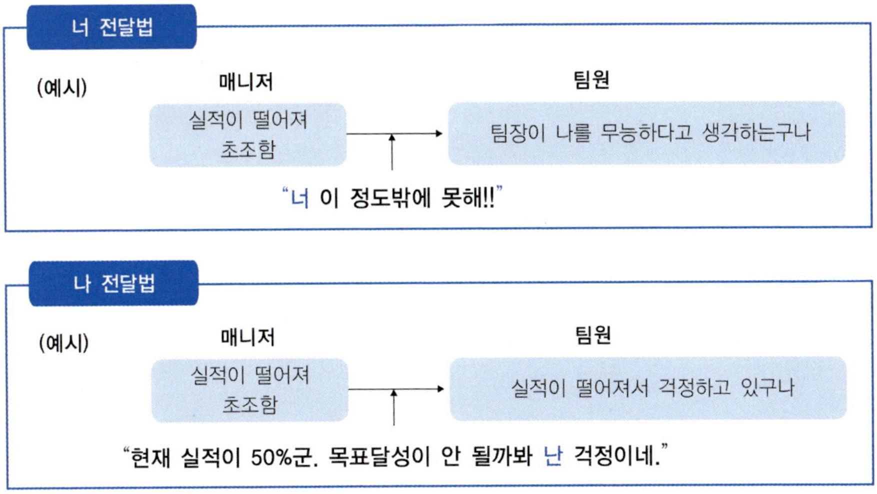

[그림 10-2] 나-전달법(I-Message) VS 너-전달법(You-Message)

똑같이 실적이 떨어져서 걱정하는 상황에 대해서 너-전달법은 행동의 책임을 너에게 돌리고 있지만, 나-전달법은 상대의 행동을 이야기하면서도 그로 인한 결과는 나의 측면에서 이야기한다. 때문에 너-전달법에 비해서 메시지를 전달받은 상대의 감정도 상하지 않는다. 나-전달법과 너-전달법의 차이를 좀 더 구체적으로 〈표 10-5〉의 내용을 살펴보며 비교해 보자.

〈표 10-5〉 나-전달법(I-Message) VS 너-전달법(You-Message) 비교

	너-전달법(You-Message)	나-전달법(I-Message)
사례 1	• 넌 왜 그렇게 크게 떠드니? 상담하는데 방해되잖아.	• 네가 옆 사람과 큰소리로 말하니까, 내가 고객 상담을 제대로 할 수 없어서, 난 짜증나고 속상해. • 난 네가 옆 사람과 할 얘기가 있을 때는 메모를 전달하거나 다른 곳에 가서 예기를 했으면 좋겠어. • 난 네가 항상 내 예기를 들어줘서 고맙단다.
사례 2	• 자네가 회의에 늦으니까, 회의가 제대로 진행되질 않잖아.	• 자네가 회의에 늦었을 때, 나머지 팀원들이 기다리는 시간이 길어져서 우리는 안건을 충분히 토론할 수 없었네. • 난 자네가 시간관리를 효율적으로 하는 방법을 찾아서 회의에 정시에 오고, 우리 팀이 생산적인 회의를 하길 바라는데, 자네도 당연히 그럴 수 있겠지?
특징	• 너를 중심으로 상대방의 행동을 표현	• 나를 중심으로 상대방의 행동에 대한 내 느낌/생각을 표현
결과	• 상대방에게 문제가 있다고 표현함으로써 상호관계를 파괴 • 상대방에게 일방적으로 강요/비난/공격하는 느낌을 전달 • 상대방은 변명하려 들거나 반감/저항/공격성을 보이게 됨	• 상대방에게 나의 입장과 감정을 전달하여 상호이해를 도움 • 상대방에게 개방적이고 솔직하다는 느낌을 전달함 • 상대방은 나의 느낌을 수용하고 자발적으로 자신의 문제를 해결하고자 하는 의도를 지니게 됨

〈표 10-5〉의 사례를 보면, 너-전달법은 단순히 비난과 힐난으로 느껴질 수 있지만 나-전달법은 상대의 행동이 객관적으로 잘못되었음을 지적하면서도 그로 인해 '나'가 느낀 감정을 상세히 이야기하면서 앞으로 해야 할 행동을 구체적으로 제안한다.

이러한 나-전달법을 통한 비판 또는 질책의 기술은 DASR(Describe, Acknowledge, Specify, Reaffirm)이라고도 부른다.

- Describe: 비판과 가치관이 개입되지 않은 구체적 행동에 대해서 사실을 묘사하는 것(당신이 ~할 때)
- Acknowledge: 상대방의 언행이 나에게 미친 영향 및 나의 감정을 설명하는 것(나는 ~을 느낀다.)
- Specify: 구체적인 행동 개선안을 명시적으로 요구하는 것(나는 당신이 ~하면 좋겠다.)
- Reaffirm: 상대방의 의지나 가능성에 대해 신뢰감을 표현해 개선안이 필히 이뤄지도록 유도하는 것(나는 당신이 ~를 할 수 있다고 확신한다.)

나-전달법은 건설적인 협상도 이끌어 낼 수 있다. 상대의 행동, 제안에 대해 비난하거나 나의 입장만을 옹호하는 게 아니라 협상 상황에 대한 나의 감정과 의도등을 솔직하게 말해 건설적인 협상을 이끌어 내는 말하기 방법이다.

이때 나-전달법은 크게 5단계로 이뤄진다.

- 1단계: 시작은 레이블링(Labeling)이다. "듣기에 껄끄러운 얘기일 수도 있는데 솔직하게 말해도 될까요?"라고 물으며 이야기를 시작한다. 이를 통해 대뜸 나의 주장을 얘기하는 것보다 상대가 '마음의 준비'를 한 후 내 얘기를 듣도록 할 수 있다. 그리고 '질문'을 통해 상대의 동의를 이끌어 냈기 때문에 앞으로 이어질 대화의 분위기를 우호적으로 만들 수 있다.
- 2단계: 사실(Fact)을 말하는 것이다. 협상 상대가 주장하는 부분 중 잘못된 사실이 있다면 언급을 할 수도 있고 내가 이런 제안을 할 수밖에 없는 근거를 제시한다. 사실을 얘기할 때 주의해야 할 부분은 '논쟁'의 여지가 없는 내용이어야 한다는 점이다. 이를 위해서 통계 수치와 같은 정확한 자료가 좋다.
- 3단계: 감정(Feeling)이다. 협상 상대의 태도가 무리한 제안에 대해 느끼는 감정을 솔직하게 말할 필요가 있다. 주의해야 할 점은 상대방의 제안에 대해 평가하거나 비난해선 안 된다는 것이다. 나 혹은 회사차원에서 받게 될 느낌만 전달하는 게 중요하다.

- 4단계: 의도(Intention)다. 궁극적으로 내가 주장하는 내용이 무엇인지 밝히는 것이다. 상대의 제안 내용에 대해 반박하기 위한 게 아니라 양측 모두 만족할 해법을 찾아보자는 뜻을 전달할 수도 있다.
- 5단계: 상대의 피드백(Feedback)을 받는 것이다. '나의 제안에 대해 어떻게 생각하는지'를 질문하라는 뜻이다. 이를 통해 내가 일방적으로 통보하는 게 아니라 상호 간의 대화를 하겠다는 뜻을 전달할 수 있다. 그리고 질문에 대한 답을 통해 상대의 입장도 파악할 수도 있다.

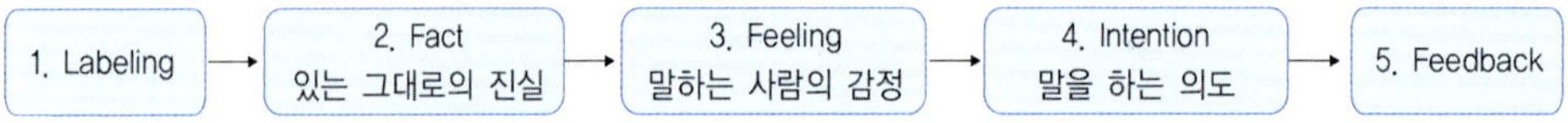

[그림 10-3] 나-전달법(I-Message)의 5단계

4. 커뮤니케이션의 효과

우리는 지금까지 효과적인 커뮤니케이션의 다양한 방법을 살펴보았다. 커뮤니케이션의 목적은 '상호이해'이다. '이해한다'를 영어로 표현하면 'understand'이다. 이는 'under + stand'로 나누어 볼 수 있는데, '거꾸로 선다'는 것은 '입장을 바꾸어 생각한다'는 의미로 해석할 수 있다. 즉 서로를 이해하기 위해서는 상대방의 입장이 되어 한 번 더 생각해보는 지혜가 필요하다는 의미이다.

다음은 효과적 커뮤니케이션과 비효과적 커뮤니케이션을 비교한 표이다.

〈표 10-6〉 효과적 커뮤니케이션 VS 비효과적 커뮤니케이션

효과적 커뮤니케이션		비효과적 커뮤니케이션	
설명적 (Descriptive)	다루어지고 있는 내용에 초점	평가적 (Evaluative)	메시지나 그것을 말하고 있는 사람을 평가하고 판단
탐색적 (Exploratory)	다루어지고 있는 내용의 다양한 측면 고려	통제적 (Controlling)	다양성을 모색하기보다 자신의 주장을 관철
공감 (Empathetic)	메시지에 내재되어 있는 상대방의 느낌과 감정에 반응	무관심 (Detached)	진실된 관심의 부족
동등성 (Equal)	송신자와 수신자가 같은 수준이라는 가정	우월성 (Superior)	어느 한 입장이 우월한 위치에 있다고 가정
쌍방향 (Two-way)	A ↔ B	일방향 (One-way)	A → B

그러나 우리가 효과적인 커뮤니케이션이 무엇인지, 그리고 지양해야 할 커뮤니케이션이 무엇인지 알았다고 하더라도 이 모든 것들이 단순히 앎에서 그치는 게 아니라, 몸에 배어 실생활에서 자연스럽게 나오도록 실천하는 것이 가장 중요하다.

- 감사하는 마음을 표현하는 "감사합니다.", "고맙습니다."
- 겸손하고 겸허한 마음을 표현하는 "미안합니다."
- 동의와 의지 그리고 봉사의 마음을 표현하는 "그렇게 하겠습니다."
- 소박하고 긍정적인 마음을 표현하는 "예, 알겠습니다."

위와 같은 대표적 화법을 마음에 새기고 항상 말하자. 그러면 나도 모르는 새 B(Body)M(Mood)W(Word)의 모든 측면에서 최고의 커뮤니케이션 스킬을 발휘하고 있는 사람이 되어 있을지도 모른다.

- Listen(명령보다 경청하라): 켈의 법칙(Kel's law)에 의하면, 직급이 한 단계씩 멀어질수록 심리적 거리감은 제곱으로 늘어난다. 경청은 직원들을 자발적이며 창의적으로 일을 하게 한다.
- Express(관심과 기대를 표현하라): 기대감이 성과에 미치는 영향은 '피그말리온 효과(Pygmalion effect)'에서 입증된다. 직원들을 존중하면서 유능한 사람으로 대하라.
- Applaud(잘못의 질책보다는 잘한 것을 칭찬하라): 칭찬이 중요하다고 생각하지만 실천하기란 쉽지 않다. 칭찬에도 기술이 필요하다. 결점을 들추어내기보다는 칭찬하려고 노력하라.
- Depend on(믿고 맡겨라): '의인불용 용인불의(疑人不用 用人不疑)', 일의 윤곽과 방향만 일러주고 나머지는 맡겨보라. 때로는 실수를 용인하라. 도약의 에너지로 활용하게 될 것이다.
- Educate(일하는 방법을 가르쳐라): 가장 따르고 싶은 상사는 일하는 방법(노하우)을 가르쳐 주는 상사라고 한다.
- Rear(약점의 보완보다 강점을 육성하라): 누구나 강점과 약점을 가지고 있다. 약점 보완에 주력하면 강점발휘에 소홀하게 된다. 결점은 40%만 보고 장점은 60%를 보라.

출처: 조범상(2006). "기를 살리는 리더", LG경제연구원, 주간경제 875호, 참고 재수정.

Workbook Activity 02 | 커뮤니케이션 자가진단

1. 나의 커뮤니케이션 지수는 과연 몇 점일까? 다른 사람을 만나는 상황을 머릿속에 그리며 테스트해 보자.

원 칙	NO.	내 용	1	2	3	4	5
공감의 원칙	1	다른 사람과 만날 때 상대방과의 차이를 인정하는가?					
	2	상대방에 대해 알고자 노력하는가?					
	3	상대방의 심정과 생각을 이해하고자 노력하는가?					
	4	자기 이야기를 잘 하는가?					
경청의 원칙	5	말하기보다는 상대방의 이야기를 듣는가?(양)					
	6	상대방의 이야기를 진지하고 깊게 듣는가?(질)					
통합의 원칙	7	사람을 만날 때 의상과 외모에 신경 쓰는가?					
	8	말할 때 제스처를 사용하는가?					
	9	이야기할 때 눈을 맞추는가?					
스토리텔링의 원칙	10	부드러운 억양으로 말하는가?					
	11	막힘없이 많은 이야기를 할 수 있는가?					
	12	다른 사람의 이야기 등 사례를 많이 말하는가?					
	13	말할 때 짜임새, 구조가 있는가?					
명료성의 원칙	14	말하고자 하는 바가 명확한가?					
	15	말할 때 근거가 명확하고 논리적인가?					
반복/자극의 원칙	16	자기의 주장을 반복해서 적절히 강조하는가?					
	17	사람과 만날 때 자기만의 매력을 보이려 노력하는가?					
진정성의 원칙	18	누군가를(사람을) 만났을 때 상대방을 배려하는가?					
	19	누군가를(사람을) 만났을 때 상대방에게 집중하는가?					
	20	말과 행동이 일치하는가?					

90점 이상	소통의 달인	어떠한 상황에서도 차이를 인정하고 소통을 시도한다. 경청을 통해 다른 사람의 의견을 먼저 받아들이고 자신의 의견도 상황에 맞게 적절히 전달한다. 항상 상대방을 최우선으로 하여 소통한다. 역사적 인물이나 성인(聖人)의 반열이다.
80점 이상	원활한 소통	소통을 하고자 매사 노력한다. 여건이 허락하면 차이를 인정하고 좋은 관계를 맺고자 노력한다. 물론 본인이 다른 문제로 고민하거나 상대방이 도를 넘는 행동을 하면 불통이 되기도 하지만 꾸준히 노력한다. 주변 사람들에게 친화력이 좋은 사람으로 인정을 받는다. 매력적인 인물로 주변에 사람이 모인다.
70점 이상	평범한 소통	소통의 중요성을 인식하고 소통하고자 시도하지만 안 되는 경우가 종종 발생한다. 자신의 이익과 관련된 문제가 개입되면 소통보다는 일방적 주장으로 상대방을 설득하고자 한다. 하지만 이익과 관련 없는 정서적 문제에 있어서는 차이를 인정하고 상대방과 공감대를 형성하고자 노력한다.
55점 이상	일방적 소통	소통을 자신의 주장이 관철되는 것으로 이해한다. 따라서 상대방이 처한 상황보다는 내가 처한 상황에서 나의 주장을 많이 전하는 것을 관건으로 생각한다. 자신의 주장을 모두 전하는 것이 좋은 소통이라고 생각하는 것이다. 특히 자신의 매력을 높이는 것에 몰두하지만 상대방에게 잘 집중하지는 않는다.
55점 이하	불통의 단계	차이를 인정하지 못할 뿐 아니라 자신의 메시지 자체도 효과적으로 전달하지 못한다. 항상 만남이 겉돌게 되고 관계 역시 형성되지 않는다. 나중에는 만남 자체를 꺼리게 된다.

2\. 커뮤니케이션 자가진단 결과 해석표를 보고 현재 나의 커뮤니케이션은 어느 단계인지, 더 높은 단계로 올라가기 위해서 어떻게 해야 할 지 계획해 봅시다.

Workbook Activity 03 | "나 전달법(I-message)" 연습

다음 상황에서 "나 전달법(I-message)"을 사용하여 연습해 보자.

"내 상황과 감정을 어떻게 표현하면 상대방이 상처입지 않고, 내 이야기를 들어줄까?" 이 잠깐의 시간이 나와 내 소중한 사람들의 관계를 지키는 소중한 시간 될 수 있을 것이다.

<친구와의 관계>

1. 친구가 나와의 약속을 어기고 다른 친구와 놀고 있다면?

◇ 너 전달법: "야, 너 어떻게 나랑 놀기로 했으면서 다른 친구랑 놀 수 있어? 너 진짜 나쁘다. 우리의 친구관계는 이제 끝이야!"

◇ 나 전달법: ______________________________

<가족과의 관계>

2. 어머니가 나의 이야기는 듣지 않고 계속해서 잔소리를 한다면?

◇ 너 전달법: "엄마는 왜 제 말을 들어보려고 하지 않으세요? 그리고 왜 항상 그런 식으로 말하세요?! 진짜 짜증 나!!!"

◇ 나 전달법: ______________________________

<직장 내 관계>

3. 지속적으로 일 처리가 미흡한 부하직원이 있다면?

◇ 너 전달법: "김대리, 자네는 왜 그렇게 일 처리가 깔끔하지 못해? 그래서 앞으로 직장생활 할 수 있겠어? 김대리 때문에 우리 부서에 큰 건이 안 들어오잖아! 이러니까 5년째 승진을 못하지!"

◇ 나 전달법: ______________________________

“평화는 갈등이 없는 상태가 아니라 평화로운 방법으로 갈등을 대처하는 능력이다.”

- 로널드 레이건(Ronald Reagan, 전 미국대통령)

CHAPTER

11

갈등관리 능력

학습목표

1. 갈등의 의미를 설명할 수 있다.
2. 갈등 요인과 갈등 유형을 구분할 수 있다.
3. 발생한 갈등의 해결방법을 도출할 수 있다.
4. 발생한 갈등을 윈-윈 갈등관리법으로 해결할 수 있다.

학습내용

1. 갈등의 의미와 유형
2. 갈등관리 전략

인생은 갈등의 연속이라고도 한다. 에드 콜드웰(Ed Caldwell)은 “세 명이 모이면 거기에는 반드시 갈등이 있다.”로 말하였다. 이처럼 갈등은 대인관계에서 흔한 일이다. 우리 조직 안을 한번 들여다보자.

어떠한가? 크고 작은 갈등이 일어나고 있는 걸 확인할 수 있다. 그렇다면 조직 내 갈등을 ‘피할 수만 있다면 피하는 것’이 좋을까? 많은 학자들의 조직행동 연구 결과에 의하면 조직에서 갈등과 성과를 비교한 결과 적정 수준의 갈등이 존재할수록 조직의 성과도 높게 나타난다고 한다. 그렇다면 독이 될 수도 약이 될 수도 있는 갈등! 이번 장에서는 갈등의 의미와 갈등관리 전략에 대해서 알아보도록 하자.

1. 갈등관리의 의미

1) 갈등의 개념

‘갈등(葛藤)’은 라틴어 ‘configere’에서 나온 말로 ‘서로 부딪치다, 충돌하다’라는 의미를 가지고 있다. 한자로는 칡과 등나무의 합성어로서 ‘칡과 등나무가 서로 얽혀 있는 모습’을 나타낸다. 칡은 오른쪽으로 덩굴을 감으며 올라가고 등나무는 반대로 왼쪽으로 덩굴을 감아 올라가기 때문에 이 둘이 만나면 서로 뒤엉켜 분리하기 어렵게 된다. 그런 의미에서 갈등은 ‘서로의 방향을 고집하는 칡과 등나무의 고집스러움’으로 일이나 사정이 서로 복잡하게 뒤얽혀 사람들 간에 화합(和合)하지 못함을 뜻한다. 보통 서로 상치되는 견해·처지·이해 따위의 차이로 생기는 충돌을 의미하는 것이 사전적인 의미이다.

실존주의 철학자 사르트르는 “인생은 B(Birth, 탄생)와 D(Death, 죽음) 사이의 C(Choice, 선택)이다.”라고 언급하였다. 즉, 인간은 태어날 때부터 죽을 때까지 선택의 연속으로 사람마다 다른 선택을 하고 갈등을 경험하게 된다. 이러한 갈등은 혼자만의 개인적 갈등으로부터 대인관계에서 발생하는 갈등(동료, 상하급자

등), 조직수준의 갈등(노사관계, 부서와 집단 등), 사회적 갈등(사회계층, 지역, 종교 등), 그리고 국가수준의 갈등(영토, 인종, 문화, 이념 등)에 이르기까지 인간 사회의 모든 국면에 존재하다.

2) 갈등의 양면성

직장생활을 하면서 다양한 역할과 관계에서 갈등은 필연적으로 발생한다. 이에 조직 내 '갈등'은 이해관계, 가치관, 신념 등이 달라 충돌을 일으키거나 대립하고 있는 상태이다. 이러한 갈등은 항상 부정적인 영향만 있을까? 아니다.

갈등은 인간관계와 성과에 긍정적으로 작용하면 순기능, 부정적으로 작용하면 역기능으로 부르지만, 그 경계 구분이 모호한 경우도 많다. 좋은 점과 나쁜 점이 함께 있을 수 있고, 당장은 역기능으로 작용하지만 장기적으로 순기능으로 작용하기도 한다. 이는 갈등이 가진 양면성 때문이다.

① 파괴적 갈등(부정적 산물)

부정적 시각에서의 갈등은 바람직하지 못한 것으로 제거되거나 해결되어야 하는 부정적, 병리학적 상태로 적대감이나, 투쟁, 파괴적 특성을 갖는다. 이러한 갈등의 원인은 주로 개인이나 집단의 부적절한 활동으로 인해 발생되는 것으로 사회시스템에 역기능적 현상으로 나타나기 때문에 반드시 제거되어야 할 갈등이다.

② 생산적 갈등(긍정적 산물)

긍정적 시각에서의 갈등은 조직의 생산성 향상을 위해 불가피한 것으로 개인이나 집단의 특성이 아닌 자연스런 사회현상으로 설명한다. 이러한 갈등은 개인의 특별한 일탈이 아닌 순기능의 역할로 잠재된 문제를 보다 정확하게 인지하여 문제를 해결하고 해결책을 찾는 과정에서 혁신적인 사과와 창의적인 행동을 할 수 있다. 또한 새로운 변화에 대처하기 위한 응집력을 증대시키고 조직의 유연성과 생산성을 높인다.

〈표 11-1〉 파괴적 갈등 VS 생산적 갈등의 기능

파괴적 갈등의 기능	생산적 갈등의 기능
생산성 감퇴	동기 및 창조성(창의성) 증대
시간 낭비	의사소통 수준 증가
불쾌한 감정, 스트레스 유발	타인 이해 증진
업무관계 악화	갈등해소 과정에서 상하관계 강화
편 가르기	원망 등 발산으로 오해 해소

2. 갈등의 원인

복잡하게 엉켜있는 실타래를 상상해 보자. 빨리 풀어버리려는 급한 마음에 섣불리 여기저기 잡아당기면 자칫 더 엉켜버리거나 실이 끊어진다. 그러나 침착하게 들여다보면 어디서부터 얽혀있는지, 어느 지점을 풀어내야 할지 알 수 있으며, 바로 그 곳을 풀어주면 아무리 복잡하게 엉킨 실타래라고 하더라도 의외로 쉽게 풀 수 있다. 갈등도 마찬가지다. 대부분의 갈등에는 여러 사람의 이해관계가 한데 얽혀있으며, 당사자들은 서로 오랫동안 감정대립, 책임공방을 거듭해 오는 동안 왜 갈등이 시작되었고 자신들의 어떤 문제가 해결되기를 바라는지 모르는 경우가 많다.

부딪힐 수밖에 없는 많은 갈등상황을 잘 조절하여 긍정적인 결과로 이끌어 내는 것이 갈등관리의 핵심이다. 그러기 위해서 우리는 이런 갈등상황에서 현명하게 대응해 나갈 수 있는 능력을 길러야 한다.

미국 갈등조정가 훈련기업 CDR(Collaborative Decision Resources)의 설립자인 크리스토퍼 무어(Christopher Moore)는 갈등의 원인을 5가지로 분류하고, 각 유형별로 적절한 조정기법을 활용해야 한다고 설명한다. 크리스토퍼 무어가 분류한 갈등원인의 5가지의 유형은 다음과 같다.

〈표 11-2〉 크리스토퍼 무어의 갈등 원인 유형 5가지

갈등 유형	내용
이해관계 갈등	한정된 자원이나 권력을 분배하는 과정에서 빚어지는 갈등으로 주로 이해관계를 분배하는 과정이나 절차에 대한 입장 차이에서 비롯된다.
사실관계 갈등	하나의 사건이나 자료, 언행 등에 대해 서로 다르게 해석함으로써 생기는 갈등이다.
가치관 갈등	신앙, 신념 또는 문화의 차이에서 비롯된 것으로 가치관이나 고정관념이 편견화되면서 서로를 양립할 수 없는 관계로 인식하게 만든다.
인간관계 갈등	서로간의 불신이나 오해로 인해 상호관계가 벌어지는 갈등으로 의사소통이 잘 이루어지지 않음으로 해서 오기도 하고, 분노, 증오, 서운한 감정 등 서로에 대한 부정적 감정과 불신으로 나타나기도 한다.
구조적 갈등	사회의 구조적인 요인, 즉 잘못된 제도나 관행, 모순 등으로 발생하는 갈등이다.

출처: Moore, C. W.(2003). p. 64.

갈등 성격과 갈등이 발생하는 환경적·상황적 요인에 따라 다양한 요인들이 갈등을 결정한다. 보편적으로 나타나는 갈등의 원인과 해결방법에 대해서 알아보자.

첫 번째, 기질 충돌로 갈등이 일어난다.

기질이란? 어떤 상황에 대해 일정한 반응을 보이는 타고난 성향이다. 이는 쉽게 바뀌지 않는다. 예를 들어 '화성에서 온 남자, 금성에서 온 여자'를 보면 목표지향적인 화성인 남자와 관계지향적인 금성인 여자의 생각이 굉장히 다름을 알 수 있다. 이렇듯 기질적으로 갈등이 발생하게 된다. 나에게는 당연하지만 상대는 당연하지 않을 수 있는 것이다. 기질충돌의 해결방법은 상대가 틀린 것이 아니라 상대와 내가 다르다는 것을 인정하고 이해하는 자세가 필요하다. 즉, 다름(Different)과 틀림(Wrong)을 구분해야 한다.

두 번째, 이해관계 충돌로 갈등이 일어난다.

실제 사례이다. 울산~포항 간 고속도로 건설시 소음으로 인근 아파트 주민과 시공사간의 갈등이 심했다. 주민은 방음벽을 설치해 소음을 최소화하라고 하고 시공사는 비용을 절감하기 위해 설치를 반대했다. 그런데 고속도로는 2015년

말에 무난히 개통되었고, 주민의 문제도 원만히 해결되었다. 어떻게 해결했을까? 해당 구청이 나서 수림대 수목을 조성하는 것으로 주민과 시공사의 이해관계에 합의를 끌어낼 수 있었다. 막대한 비용이 들어가는 방음터널보다 나무를 빽빽하게 심어 수림대를 조성하면 친환경적이고 먼지도 방지할 수 있게 되었던 것이다. 이처럼 이해관계를 통합할 수 있는 대안을 만드는 것으로 갈등을 해결할 수 있다.

세 번째, 가치관 충돌로 갈등이 일어난다.

가치관이란? 어떠한 가치나 의미를 중시하는 대한 관점으로 나의 정체성을 결정짓는 기준을 말한다. 가치관 충돌은 어떻게 해결할까? 구동존이(求同尊異) 즉, 같은 것을 추구하되 다른 점을 인정하는 것이다.

가령, 낙태문제를 어떻게 해결할 수 있을까? 란 가치가 충돌한다고 가정해보자. '산모의 행복을 추구하고 존중'하라는 낙태찬성과 '태아의 생명을 존중하라'는 낙태반대로 의견이 나뉠 수 있다. 어떻게 합의를 끌어 낼 수 있을까?

두 가치가 추구하는 같은 공통점을 찾는 것이다. 바로 '인간의 존엄성과 행복'의 공통점이다. 그래서 '낙태예방 교육과 운동, 입양 장려 캠페인, 미혼모 자녀 지원'과 같은 프로그램을 운영하여 해결할 수 있다.

네 번째, 구조적 충돌로 갈등이 일어난다.

구조적 충돌의 원인은 당사자한테 있는 것이 아니라 외부에 있기 때문에 일어난다. 해결방법은 룰(Rule)을 바꾸는 것으로 갈등을 해결할 수 있다. 예를 들어, 경영본부와 영업본부가 자사 제품의 납품가 인상을 두고 갈등하고 있다고 가정하자. 경영본부는 성과평가에는 '영업이익률'을 달성해야 하기 때문에 납품가를 10% 인상하려고 한다. 영업본부는 성과평가에는 '매출성장률'을 달성해야하기 때문에 납품가를 인상할 수 없다고 한다. 어떻게 해결해야 할까?

성과 평가가 100%라 할 때 '70%는 영업이익 총액으로 + 30%는 각자 본부의 목표'로 성과를 평가하도록 룰을 바꾸는 것이다.

다섯 번째, 관점충돌로 갈등이 일어난다.

관점 충돌은 세상을 보는 시각이 서로 다르게 해석하기 때문에 일어나는 것이다. 관점충돌의 해결 방법은 상대의 관점에서 재해석하는 것이다. 즉 상대방의 시각에서 사물을 바라보는 것이다. 인간의 행동은 어떤 사실이 발생하면 그 사실을 해석하고 판단하여 감정이 일어나고 감정은 행동을 유발하는 프로세스를 거친다.

가령, 상사가 나에게 업무를 지시하고 자주 점검을 해서 짜증이 나는 상황이라고 가정해 보자. 상대의 입장에서 재해석하면 갈등을 해결할 수 있다. '아주 중요한 업무를 가장 믿는 나에게 맡겼으니 내가 일을 더 잘하도록 도와주고 싶다.'라고 해석하는 것이다.

3. 갈등관리 전략

1) 갈등관리의 중요성

갈등관리(Contlict management)란 갈등이 긍정적인 효과를 발휘하도록 갈등의 수준을 감소시키거나 증가시키는 행동을 의미한다(Robey, 1982). 갈등 해결을 위한 최고의 방법은 없지만 대립관계에 있는 당사자 간 의견 불일치나 불화는 이를 해결하고자 하는 노력으로 갈등을 관리할 수 있다. 갈등관리는 의사소통의 기회나 긍정적인 관계를 제공하여 대응 능력 향상과 생산성 향상에 도움을 준다. 이러한 점을 고려한다면 갈등 관리에서 갈등은 갈등 그 자체보다 갈등을 어떻게 관리하는가에 따라 갈등의 결과가 달라질 수 있다. 따라서 갈등관리는 대인관계 향상에 반드시 필요한 능력이라 할 수 있다.

갈등관리 전략이란 갈등을 관리하기 위해 행해지는 모든 제반 활동으로 갈등의 예방, 해소, 자극 등이 포함된다. 갈등관리 전략의 목적은 갈등을 제거하거나 통제하는 것이 아니라 갈등으로부터 생기는 가치와 순기능은 증대시키고 역기능을 감소시키는 데 있다(Bercovith, 1984).

그렇다면, 갈등을 어떻게 잘 관리 할 수 있을까? 조직에서의 갈등은 조직의 목표 달성을 이루기 위해 목표 인식 및 가치관의 차이, 이해관계의 대립 등으로 갈등은 필연적으로 발생한다는 점은 인식할 필요가 있다. 더불어 새로운 기회를 제공한다는 측면에서 갈등을 긍정적으로 바라보려는 태도가 필요하다. 따라서 어떤 조직이든 갈등이 일어날 수 있다면 갈등이 존재하는 것을 인지하고 원인을 파악하여 갈등을 해결하기 위한 조치를 취한다면 갈등은 팀 성공을 위한 전환의 기회를 마련해 줄 것 이다. 결국 갈등을 얼마나 효과적으로 관리하는 가에 따라 결과가 달라진다는 사실을 인지하는 것이 중요하다.

2) 갈등관리를 가로막는 장애물과 해결방법[1)]

앞서 갈등의 원인과 각 원인별 해법, 그리고 갈등 해결을 위한 커뮤니케이션 방법(9장, 10장 참고)도 익혔다. 하지만 막상 갈등이 툭 나타나면 배웠던 모든 것들이 하얗게 사라지고, 원래 '하던 대로' 말하고 행동하는 자신을 발견한다. 이유가 뭘까? 갈등 상황이 되면 이성적 지식을 가동시키기 전에 마음이 먼저 움직이기 때문이다.

이 세상의 어떠한 일이든 나를 돌보지 못하면 다른 사람도 제대로 볼 수 없다. 갈등 상황도 마찬가지다. 혹시 '나를 힘들게 하는 갈등을 끄집어내는 것이 상대를 불편하게 만드는 이기적인 행동이 아닐까?'라는 생각을 가지고 있는가? 그것은 이기심이 아니라 '건강한 자기 애착'이며, 상황을 타개할 수 있는 '이성적인 판단'이다.

갈등을 대하는 본인의 태도를 이해하기 위해 건강한 갈등관리를 가로막는 3가지 장애물과 이에 대한 해결방법을 알아보자.

1) 메일플러그, 건강한 갈등 관리를 가로막는 3가지 장애물 및 해결책, 참고 및 재구성, https://blog.mailplug.com/477?category=467224

(1) 굿가이 콤플렉스(Good Guy Complex): 솔직한 대응이 모든 갈등 해결의 시작

> **(갈등 장애물 1) 좋은 관계를 유지하려는 마음**
>
> 홍보팀 팀장을 맡고 있는 유 팀장은 남들과는 다른 창의성과 탁월한 실적, 톡톡 튀는 매력 덕분에 동기들보다 2년 이상 빨리 팀장을 맡았다. 다른 직원들은 모두 유 팀장을 부러워한다. 이렇게 회사에서 남 부러울 것 없어 보이는 유 팀장에게도 말 못할 큰 고민이 있다. 유 팀장의 고민은 다름 아닌 현재 그녀의 팀에 속해 있는 1년 선배 팀원의 태도다. 실적은 나쁘지 않지만 툭하면 지각에 아이디어가 떠오르지 않는다는 핑계로 오후 3시만 되면 어디론가 사라지고 없다. 더 큰 문제는 이런 태도가 다른 직원들에게도 영향을 준다는 것. 팀원의 이런 태도에 유 팀장은 점점 지쳐간다. 하지만 딱 꼬집어 지적하기가 두렵다. 지금껏 잘 쌓아온 팀원들과의 좋은 관계가 깨질 것 같아서이다.

유 팀장과 같은 리더의 마음을 심리학에서는 '굿가이 콤플렉스(Good Guy Complex)'라고 부른다. '좋은 사람'이 되어야 한다는 강박관념 때문에 상대의 마음에 거슬릴 만한 이야기는 하지 못하는 것을 말한다. 이런 콤플렉스에 빠진 사람들이 항상 입에 달고 다니는 말이 있다. "좋은 게 좋은 거지." 이런 성향의 사람들이 갈등 상황에 빠졌을 때 하는 행동은 크게 두 가지로 나눌 수 있다.

첫 번째 행동은 '무시'다. 상대를 무시한다는 것이 아니라 갈등이 '없다'고 생각한다는 의미다. 사람은 생각과 행동이 다를 때 불편함을 느낀다. 이를 심리학에선 '인지 부조화'라고 말한다. 분명 불만은 있는 데 말은 하지 않는 상황이 이런 경우라고 할 수 있다. 인지 부조화에서 벗어나기 위해 인간이 선택하는 방법은 생각을 바꾼다. 일반적으로 인간은 행동의 변화를 피곤해하기 때문이다. 즉, 나를 골치 아프게 하는 상대를 그냥 외면해 버린다. 이런 리더 밑에서 일하는 부하는 불행하다. 자신들이 성장할 기회를 박탈당하기 때문이다. 굿가이 콤플렉스에 빠져 있는 리더와 함께 일하는 부하는 정확한 피드백을 받을 기회가 없다. 나의 강점과 약점이 무엇인지 몇 년을 함께 일해도 배울 수 없다. 마치 부모의 무관심 속에서 자란 아이들과 같다.

굿가이 콤플렉스를 갖고 있는 사람이 자주 취하는 두 번째 행동은 '양보'다.

자신이 좀 손해를 보더라도 상대에게 맞춰준다. 팀 전체에 일이 너무 많아 정신없이 바쁜 상황. 새로운 업무가 추가로 주어졌다. 굿가이 콤플렉스를 가진 리더는 "다들 바쁜데 누구 한 사람에게 시켰다가 괜히 팀원들 간에 갈등이 생기면 골치 아프니까 그냥 내가 하지 뭐."라고 생각한다. 물론 마음은 편할 수 있다. 하지만 마음만 편하다. 리더가 철인이 아닌 이상, 언제까지 모든 일을 다 할 수 없다. 더 큰 문제는 부하직원들이다. 이런 리더와 일하는 팀원들은 몸만 편하다. 머리는 몇 년째 제자리걸음일지 모른다.

그래서 GE의 잭 웰치가 강조했던 리더십의 첫 번째 덕목이 바로 'Candor'다. 캔더는 우리말로 번역하면 '무조건적인 솔직함'이다. 비록 내가 부하로부터 인기를 조금 잃더라도, 나의 지시로 인해 부서원 간에 갈등이 생길지라도, 리더라면 할 말은 해야 한다는 것이 잭 웰치의 지론이다.

부하에게 자극을 주지 못하는 상사는 리더가 아니다. 그냥 같은 직장에 다니는 형, 누나, 오빠, 언니일 뿐이다. 갈등 관리에서도 마찬가지다. 솔직한 대응이 모든 갈등 해결의 시작이다.

유 팀장은 선택해야 한다. 좋은 형-동생 관계를 만들어 갈 것인지, 부서원에게 자극을 줘서 성장하도록 만들어 주는 리더-팔로어의 관계가 될 것인지. 그녀가 친목을 위한 동아리에 있는지, 실적 달성을 목적으로 하는 비즈니스 조직에 있는지, 현재 그녀의 위치를 생각하면 답은 간단할 것이다.

(2) 이겨야 한다는 강박: 건설적인 단호한 반응으로 접근

대부분의 사람들은 갈등 상황에 닥치면 무조건 이겨야 한다는 강박관념에 사로잡힌다. 이를 심리학에선 '자기 방어 기제'라고 한다. 자신의 행동을 정당화하기 위해 역으로 상대를 공격하는 것이다. 자신의 행동에 대한 변명일 수도 있고, 상대 행동에 대한 더 강한 공격일 수도 있다. 하지만 이러한 행동은 갈등 해결에 전혀 도움이 되지 못한다. 상대 행동에 즉각적으로 대응하는 반사적인 반응이 아닌 문제 해결을 위한 접근을 해야 한다. 말로는 참 쉽다. 하지만 현실에서 적용하기에는 너무 어렵다. 그래서 노력이 필요하다.

상대의 행동에 대한 반응은 크게 “수동적 반응, 공격적 반응, 단호한 반응”의 3가지 범주로 구분할 수 있다.

첫 번째, 수동적 반응은 ‘나보다 당신이 중요하다’는 전제를 깔고 있다. 앞서 살펴본 굿가이 콤플렉스에 빠진 사람들이 주로 이런 유형의 행동을 보인다. 적절한 장소에서 상대를 충분히 존중하는 반응을 보인다. 하지만 간접적이고 부정직한 태도인 경우로 나의 관점은 무시된 행동을 보인다. 따라서 강한 의견 개진이 필요할 때에도 나서지 않으려 한다.

두 번째 공격적 반응은 정반대다. 남을 희생시켜서라도 내가 원하는 것을 얻고자 한다. 접촉사고가 발생했을 때, 똑같이 뒷목을 잡고 차에서 내려 싸우는 사람들이다. 직접적이고 정직한 태도지만 부적절하고 무례한 반응일 때가 많다. 전적으로 나의 관점에서 행동한다.

세 번째, 단호한 반응은 ‘나와 당신 모두 중요하다’는 전제를 바탕으로 한다. 각자의 의견과 감정을 직접 표현해 서로가 원하는 조건을 함께 고려하고자 한다. 가장 이상적인 반응이다. 정직하게 문제의 핵심을 이야기하고 적절히 상대에게 예의를 갖춰 반응한다. 나와 상대의 관점을 공정하게 다룬다.

이러한 3가지 반응 중 갈등 상황에서 나의 행동이 어디에 속하는지 파악하기 위해 활용되는 점검요소에는 5가지가 있다.

〈표 11-3〉 갈등상황을 대하는 태도 점검요소

점검요소	내용
① 직접적–간접적	갈등 상황의 핵심을 얼마나 제대로 이야기하는가?
② 정직–부정직	갈등 상황을 설명하는 진실성의 척도
③ 적절–부적절	적합한 시기와 장소를 선택했는지 여부
④ 예의–무례	상대의 권리에 대한 존중 정도
⑤ 관점	나와 상대 중 누구의 감정과 반응을 더 중시하는가?

갈등 상황에서 내가 보이는 행동을 5가지 점검 항목에 맞춰 파악해 보자. 그리고 나에게 부족한 태도를 찾아보자. 이를 보완할 때 갈등 상황에서 즉각적인

싸움이 아닌 건설적인 단호한 반응을 이룰 수 있다.

미국의 정신과의사인 에릭 번(Eric bern)에 의해 창안된 상담이론인 교류분석(Transactional Analysis: TA)에 의하면, 사람들은 누구나 4가지 인생태도를 가지고 있다. 평상시에 머물러 있는 인생태도를 제1인생태도라 하면, 문제가 일어나거나 갈등상황에서 다른 반응 보여 제2, 3, 4의 태도로 그 상황을 대할 때가 있다.

교류분석에서 인생태도를 다루는 이유는 나의 상태를 지적하고 부정하려는 것이 아니라 나의 인생태도를 한번 돌아보고 자신과의 소통을 살펴보는 것에 있다.

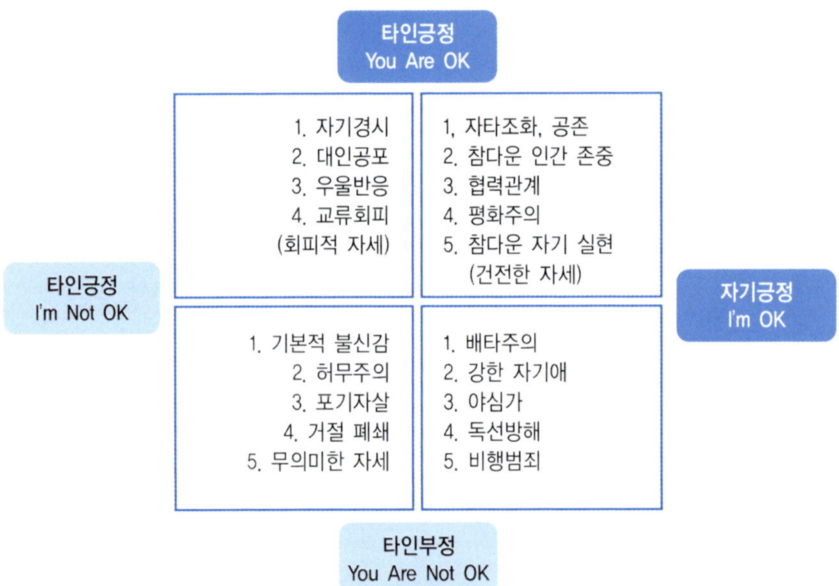

[그림 11-1] TA교류분석 '인생태도'

① I'm OK, You're OK(자타긍정): 나와 타인 모두에 GO 긍정적인 성향

② I'm not OK, You're OK(자기부정, 타인긍정): 자신에 대해서는 부정적이면서 타인에 대해서는 긍정적인 사람, 열등의식 내재

③ I'm OK, You're not OK(자기긍정, 타인부정): 나는 항상 옳고 타인은 잘못됐으며 무시하려는 경향

④ I'm not OK, You're not OK(자타부정): 나에 대한 자존감도 낮으며 부정적이고 타인에 대해서도 부정적인 경향

〈표 11-4〉 TA교류분석 '인생태도' 분석

	자타긍정 (OK-OK/제1태도)	자기부정, 타인긍정 (NOT OK-OK/제2태도)	자기긍정, 타인부정 (OK-NOT OK/제3태도)	자기부정 타인부정 (NOT OK-NOT OK/제4태도)
타인에 대해	• 사이좋게 함께 해간다.	• 다른 사람으로부터 도망간다.	• 다른 사람을 지배한다. • 지적, 처벌한다.	• 다른 사람을 믿지 않는다. • 자기를 인간으로서 받아들이지 않는다. • 이 세상에 존재할 권리가 없다고 생각한다.
자기에 대해	• 자존감이 있다.	• 자신감을 가질 수 없다. • 자기는 강력하지 않고, 무능하다고 생각한다.	• 다른 사람을 진정으로 받아들이지 못한다.	• 인생 목표가 없다. • 목표도 없고 어찌할 방도도 없는 인생
삶에 대해	• 지금, 여기에 산다. • 성공을 겨냥한 승자 • 자유와 자기변화를 겨냥한다.	• 자기 것을 챙기지 못한다. • 문제, 책임으로부터 도망친다. • 쉽게 좌절한다.	• 흑백이 아니면 만족하지 않는다.	• 적의, 험악, 반항적
대화	• 개방적	• 자기방어, 변명	• 자기방어적, 공격적	
문제 해결	• 스스로를 믿고, 타인과 서로 이야기한다.	• 타인에게 의지한다.	• 일방적으로 타인의 생각을 거부한다.	• 문제에 압도된다.

(3) 갈등을 직면하는 것에 대한 두려움: 체계적 둔감화

많은 사람들이 갈등 상황을 건강하게 해결하지 못하는 가장 큰 이유가 '두려움' 때문일 때가 가장 많다. 갈등에 직면하는 것 자체를 두려워한다는 뜻이다. 갈등하는 상대와 마주하게 되면 '감정적 상처를 입진 않을까', '말실수를 해 상대와의 관계가 멀어지는 건 아닐까' 걱정하기 때문이다. 갈등 상황에 직면했을 때 벌어질 부정적인 요소들을 본능적으로 떠올리기 때문에 갈등에 맞서기보다 피하는 것이 상책이라는 결론을 내린다. 하지만 이런 태도는 갈등 해결에 전혀

도움이 되지 않는다. 서로에 대한 불만이 전혀 해결되지 못한 상태로 계속 남아 있기 때문이다.

이런 사람들에게 필요한 것은 무엇일까? 두 단계의 접근법이 필요하다.

첫 단계, 인식의 전환이다. 갈등 상황에 마주한다는 생각을 했을 때, 본능적으로 떠오르는 부정적인 생각들이 아닌 그 상황을 해결했을 때의 모습이 떠오르도록 생각을 바꾸면 된다. 다이어트에 실패하는 가장 큰 이유는 과정에서의 고통을 너무 많이 생각하기 때문이다. 그럼 성공하는 사람들의 비결은 뭘까? 단순히 독한 성격 때문일까? 아니다. '다이어트를 하지 않았을 때의 고통'과 '다이어트를 했을 때의 즐거움'을 생각하기 때문이다. 갈등 상황도 다이어트와 같다. 갈등에 맞서는 것을 통해 얻을 수 즐거움(가령, 내가 원하는 것을 명확하게 이해할 수 있다, 문제를 해결할 수 있다는 자신감을 얻을 수 있다 등)과 갈등을 해결했을 때의 즐거움, 갈등 해결을 미뤘을 때, 겪게 되는 고통 등이 먼저 생각나도록 바꾸면 된다. 이렇게 갈등 상황을 회피하는 것보다 직면하는 것이 필요하다는 것을 깨달았다. 하지만 그렇다고 행동이 단번에 바뀔까? 그렇지 않다. 그래서 행동 촉진을 위한 두 번째 단계가 필요하다.

두 번째 단계는 바로, 갈등 해결을 위해 해야 할 행동들을 리스트업하고 그 가운데 '쉬운 것'부터 실행하는 것이다. 두려움을 극복하기 위해서는 가장 덜 무서운 것부터 하나씩, 서서히 접근해야 한다는 의미다. 행동 심리학에선 이를 '체계적 둔감화(Systematic Desensitization)'라고 말한다.

그럼 갈등 상황에서는 어떤 '작은 행동'이 가능할까? 처음엔 굳이 상대와 맞서지 않아도 된다. 그저 상대와 나의 갈등 상황에서 내가 느끼는 불편함을 기록하는 것만으로도 아주 좋은 출발점이 될 수 있다. 이를 통해 문제를 정확하게 인식할 수 있고 자신에게 필요한 행동을 찾을 수도 있다. 갈등에 대한 두려움을 '둔감화'하기 위한 정답은 없다. 사람마다, 혹은 갈등 상황이나 갈등을 유발한 문제 상황의 난이도에 따라 다르기 때문이다.

3) 갈등유형 진단과 갈등관리

갈등에 직면했을 때 주로 어떻게 대처하는가? 갈등관리는 당사자 사이에서 나의 이익을 추구할 것인가(주장성), 아니면 남의 이익을 배려할 것인가(협조성)의 문제로 볼 수 있다. 이러한 관점에서 갈등에 대처하는 방식은 [그림 11-2]와 같이 다섯 가지로 분류할 수 있다. 이 주어진 5가지의 방법을 적재적소에 사용하기만 한다면 일상생활 속 갈등은 해결 또는 관리해 낼 수 있다. 이 5가지의 방법 중 무엇을 낼 것인가는 스스로 선택해야 한다.

① 경쟁형(competition): 주장성 ↑, 협조성 ↓

'네가 죽든 내가 죽든 끝장을 보자'는 식으로 상대방이 이기면 자신은 얻는 것이 없게 된다는 생각으로 갈등에 접근한다. 자신의 관심사와 목표를 달성하는 것이 최우선이며, 내가 상대방을 이겨야 한다는 "나win－너lose"를 목표한다.

따라서 경쟁 전략은 자기 자신에게 높은 관심을 갖고 상대방에 대해서는 낮은 관심을 나타내는 것으로 상대방을 압도해 버림으로 갈등을 처리하는 전략이다. 이 방식은 양보할 수 없는 중요한 문제이거나 신속하고 단호한 결정을 해야 하는 비상시에 사용하는 전략이다. 강압, 명령, 투쟁, 무마, 사법절차, 책략, 제3자 동원 등의 방법을 사용할 수 있다.

경쟁형이 적절한 상황

- 비상상황에서 신속하고 결정적인 행위가 극히 중요할 때
- 본인이 옳다고 확신할 수 있으며 조직의 사운이 걸린 중요한 문제에 놓였을 때
- 중요한 이슈로서 사람들이 싫어하는 조치를 시행할 때
- 상대방이 태도를 분명히 하지 않고 어부지리를 취하려고 할 때

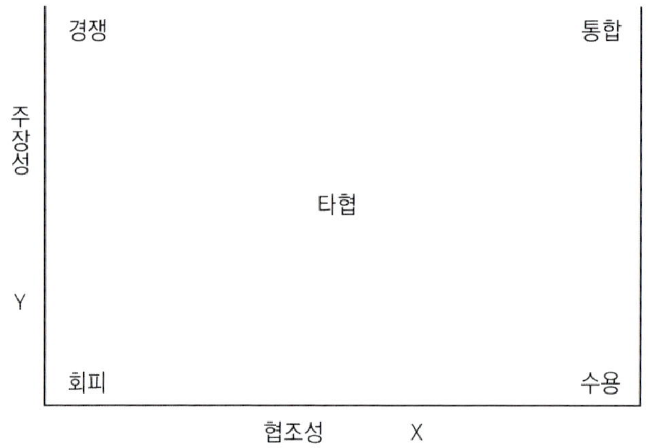

[그림 11-2] 갈등처리 모형

② 수용형(accommodation): 주장성 ↓, 협조성 ↑

'지는 게 이기는 것이다. 다 맞춰주마'라는 식으로 자신의 관심사는 포기하고 다른 사람의 관심사를 충족시켜주는 방식을 취한다. 피상적인 조화와 관계 유지를 위해서, 상대방의 기분을 상하게 하지 않기 위해서 요구조건을 받아주는 유형이다. 자기를 희생하며 본인의 요구와 바람은 덮어버리고 타인의 주장과 목표를 만족시키는 "나lose-너win"방식이다. 하지만, 양보와 순종이 반복되면 좌절, 포기, 무력감, 적대감 등을 가질 수 있다.

수용 방식의 갈등관리는 자신의 관심사는 낮게 하고 상대바의 관심사를 충족시키는데 주력하는 전략이다. 이 방식은 상대에게 압도되어 손실을 극소화할 필요가 있거나 화합과 안정이 필요할 때 사용하는 방식이다. 주로 양보와 요구의 철회 등이 있다.

수용형이 적절한 상황

- 자신이 틀렸다는 것을 알았을 때
- 나에게는 해도 그만, 안 해도 그만이지만 상대에게는 매우 중요한 문제일 경우
- 타인에게 맞추는 것이 협동적인 관계 유지에 필요할 때
- 상황이 자신에게 불리하고 상대가 강하고 적대적일 때
- 조직의 상황이 특히 조화와 안정이 필요한 경우

③ 회피형(avoidance): 주장성 ↓, 협조성 ↓

'더러운 꼴 안보고 살지 뭐'라는 식으로 갈등 문제로부터 한 발 물러나거나 갈등 해결을 위한 적극적 역할 수행을 거부하며 중립적 입장으로 포장하는 유형이다. 자신뿐 아니라 타인의 목표 달성마저 무시하고 늦추는 방식을 취하기도 한다. 일하던 도중 갑자기 연락을 끊고 나타나지 않는다거나, 하겠다고 말만 하면서 계속 시간을 끄는 행동이 대표적이다. 나도 안 하고, 상대방도 못하게 만드는 "나lose-너lose" 유형이다.

회피 전략은 자기 자신과 상대방 모두에 대해 낮은 관심으로 양 당사자들이 갈등문제를 다루지 않겠다는 전략이다. 이 방식은 관심사가 반영될 기회가 없다고 생각하거나 해결이 되는 것보다 그대로 두는 편이 유리하다고 생각할 때 사용하는 방식이다. 무시, 외면, 문제의 유보 등을 사용할 수 있다.

회피형이 적절한 상황

- 갈등이 사소하거나 보다 중요한 이슈가 있을 때
- 사람들의 관심사를 만족시킬 방법이 없다고 생각할 때
- 문제를 해결하고 얻는 이익보다 더 큰 혼란이 예상될 때
- 즉각적인 결정보다 정보 수집이 더 필요할 때
- 상대가 스스로 냉정을 되찾아 문제를 보는 객관적인 시각을 찾을 수 있을 때

④ 타협형(compromise): 주장성과 협조성 모두 중간 수준

'세상 사는 게 별거 있나'라는 식으로 갈등상태에 있는 양자가 상호 교환과 희생을 통해 부분적 만족을 취하는 방식이다. 경쟁과 수용의 중간지점으로 신속한 합의가 목적이다. 나도 하나 양보하고, 너도 하나 양보하는, 서로 어떤 것은 포기, 어떤 것은 유지하는, 가장 흔하게 쓰이는 방식으로 승자도 없고 패자도 없다.

타협 전략은 양측이 상호 희생을 통해 부분적으로 만족시키는 방식으로 가장 보편적인 갈등관리 전략이다. 이 방식은 세력이 비슷한 쌍방이 상호 배타적인 목표 달성에 종사하거나 복잡한 문제를 임시적으로 해결할 때 사용하는 갈등 관

리 방식이다. 상호 요구의 조정, 투표, 조건부 양보, 중재 등의 방법이 사용 될 수 있다.

타협형이 적절한 상황

- 목표 달성이 중요한데, 혼자만의 노력으로 힘들 때
- 동등한 권력의 당사자들이 서로 양립할 수 없을 때
- 복잡한 이슈에 대해 일시적인 해결책을 모색하려 할 때
- 시간이 없거나 신속한 해결을 보기 위할 때
- 협력이나 경쟁이 성공하지 못했을 때 잠정적인 대안(차선책)으로 사용할 때

⑤ 통합형(collaboration): 주장성 ↑, 협조성 ↑

'진정으로 문제를 해결해 보자'는 식으로 쌍방의 관심사를 통합하기 위해 갈등을 겪고 있는 양자의 관심사를 모두 만족시키려는 방식이다. 서로의 입장을 이해하고 고려하여 최선의 해결책을 찾아본다.

통합 전략은 서로의 욕구를 충족시키는 방향으로 문제를 해결하기 때문에 서로 존중하는 마음이 생기고 상대방의 욕구에 관심을 갖게 된다. 갈등 해결을 통해 양자 모두 이득을 볼 수 있으며, 장기적으로는 더 좋은 관계를 맺게 되는 "win-win"을 추구한다. 협력의 방식은 공동의 상위목표 추구, 우선순위 설정, 가치의 교환, 문제점의 공동해결, 추가자원의 확보 등이 있다.

통합형이 적절한 상황

- 양 당사자 간 관심사에 대해 통합적인 해결책을 추구할 때
- 이익을 취하거나 경쟁하기 위함이 아니라 갈등을 통해 배우기를 원할 때
- 토론을 통해 쌍방이 아는 것을 나누고 갈등을 해결하기 위해 진지하게 접근하고자 할 때
- 남의 일이 아니라 자신의 일이라는 기분으로 일하고자 하는 경우

4. 윈-윈(Win-Win) 갈등 해결 방법

서로 간의 '차이', '다름'을 극복하기 위해서는 3가지를 인정해야 한다.

첫째, 내가 모두를 바꾸는 것은 불가능하며, 또한 불필요하다는 것을 인정한다. 둘째, 우리 조직의 문화를 알아가려고 노력하고, 그 조직 문화를 받아들이고 인정한다. 셋째, 갈등이 발생했을 때, 나와 상대방의 갈등상황에 대한 인식 프레임이 다를 수 있음을 인정한다.

윈-윈 갈등 해결은 서로가 원하는 바를 얻을 수 있기 때문에 성공적인 업무 관계를 유지하는 데 매우 효과적인 방법으로 다음의 단계가 필요하다(NCS, 2016).

〈표 11-5〉 윈-윈 갈등 해결 단계

1단계	충실한 사전 준비	• 비판적인 패러다임 준비 • 자신의 위치와 관심사 확인 • 상대방의 입장과 드러나지 않은 관심사 연구
2단계	정적인 접근	• 상대방이 필요로 하는 것에 대해 생각해 보았다는 점을 인정 • 자신의 '윈-윈 의도' 명시 • 윈-윈 절차, 즉 협동적 절차에 임할 자세가 되어 있는지 점검
3단계	두 사람의 입장을 명확하게 하기	• 동의하는 부분 인정하기 • 기본적으로 다른 부분 인정하기 • 자신이 이해한 바를 점검하기
4단계	윈-윈에 기초한 기준에 동의하기	• 상대방에게 중요한 기준을 명확히 하기 • 자신에게 어떠한 기준이 중요한지 말하기
5단계	몇 가지 해결책 생각해 내기	
6단계	몇 가지 해결책 평가하기	
7단계	최종 해결책을 선택하고 실행하는 것에 동의하기	

여러분은 어떤 갈등상황에 놓여 있는가? 갇혀있던 시각을 깨고 새로운 시각에서 갈등 상황을 보면 나의 시각이 조금 더 넓어질 것이다.

1. 무엇을 바라보고 있는가? 〈갈등의 요인, 문제인가 사람인가〉
나는 문제를 보고 있는가, 사람을 보고 있는가? 갈등을 만나는 그 순간, 나는 갈등의 본질을 제대로 바라보고 있는 것인지 스스로에게 물음을 던지기

2. 어떻게 바라보고 있는가? 〈사건과 생각, 결과의 ABC모델〉
미국의 심리학자 알버트 엘리스가 1950년대 개발한 ABC모델에 의하면 어떠한 사건 또는 역경(Activating event)으로 인해 특정결과〈Consequence)가 일어나는 것이 아니라 중간에 나의 생각 또는 신념 (Belief)이 어떻게 작용하느냐에 따라 결과가 달라지는 것이라 하였다. 갈등 상황에 직면했을 때 우리는 갈등을 진행시키는 것을 멈춘 뒤 갈등과 관련된 사건을 내가 어떻게 생각하고 해석하고 있는지 바라보아야 한다. 나의 생각과 해석이 펼쳐지는 방향에 따라 결과는 얼마든지 달라질 수 있다.

3. 어떻게 받아들이고 있는가? 〈기꺼이 그리고 감사히〉
갈등은 일반적으로 발생하는 것이 아니다. 정도의 차이가 있기는 하지만 서로의 상호작용 속에 발생하게 된다. 같은 상황 속에서도 상대의 행동을 어떻게 받아들이느냐에 따라 결과는 매우 달라질 수 있다. 도움을 베푸는 사람은 기꺼이 해줄 수 있어야 하고 도움을 받는 사람은 감사히 받을 수 있어야 한다. 그렇게 되면 갈등의 발생을 최소화할 수 있다.

4. 어떻게 표현하고 있는가? 〈생각이나 아닌 느낌의 표현하기〉
복잡하게 얽혀 있는 상호작용 속에서 관련된 모두가 조금씩 지분을 갖고 있는 경우가 대부분이다. 갈등의 지분을 줄이기 위해 문제를 해결하고 예방하기 위해 어떻게 하면 좋을까? 같은 말도 같은 뜻도 어떻게 표현하느냐에 따라 매우 다른 결과를 가져온다. 평소에 나는 어떤 표현을 주로 사용하고 어떻게 소통하고 있을까?

5. 어떻게 행동하고 있는가? 〈갑을 관계가 아닌 함께 행복한 동행으로〉
사회적 갈등의 대표적인 예로 갑을 관계를 들 수 있다. 갑을 관계는 신분이나 지위가 아닌 역할의 개념이기 때문에 언제든 뒤바뀔 수 있다는 것을 잊지 말자.

출처: 이현영(2017). 오늘도 갈등하는 그대에게, 비센샤프트, 참고하여 발췌 및 요약.

Workbook Activity 01 | 갈등 지도

※ 갈등 지도를 그려보자[2)]

① 갈등 지도를 그릴 구체적인 상황과 특정 시간을 선택한다.

② 당시 관계의 정도를 쉽게 알아볼 수 있도록 표시한다.

③ 변화를 줄 수 있는 지점을 파악해 본다.

끈끈한 관계 　 주요 갈등 관계 　 사소한 갈등

관계의 단절 　 동맹 관계 　 보통 관계

예) 가족 갈등 지도

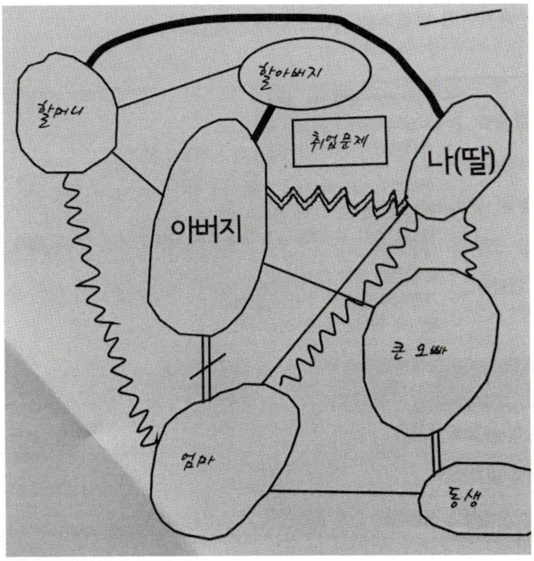

2) 정은희 외(2017). NCS기반 대인관계 능력, 양서원, p. 172 참고, 재수정.

갈등 지도 이미지 작업
① 본인의 갈등구조가 나타날 수 있도록 갈등 지도를 그려 본다.

※ 갈등을 분석해 보자.

갈등 지도 분석
① 갈등 지도에서 주요 갈등 관계 혹은 단절된 관계가 있다면 그 원인을 분석해 보자.
② 관계를 회복할 수 있는 방안을 생각해 보자.
③ 팀원들과 공유하면서 상호 조언을 해보자.

인물	갈등관계	갈등원인	해결방안

Workbook Activity 02 | 갈등 해결 유형 탐색

Thomas-Kilmann의 갈등체크 List

본인의 의견이 다른 사람의 의견과 상충되는 상황을 생각해 보자. 그런 경우 당신은 통상 어떤 반응을 보이는지 각 문항을 읽고 A 혹은 B를 선택하라.

문항	내용
1	• A: 가끔 나는 문제해결의 책임을 상대방이 지도록 내버려 두곤 한다. • B: 서로가 동의하지 않은 일들에 대해 협상하기보다, 나는 서로 동의하는 일들에 대해서 강조한다.
2	• A: 나는 타협적인 해결책을 모색해 본다. • B: 나는 상대방과 나의 관심사를 모두 충족시키려고 시도한다.
3	• A: 나는 대체로 내 목적을 달성하기 위해 끝까지 밀고 나간다. • B: 나는 아마 상대방의 감정을 상하지 않게 하고 서로 간의 관계를 유지하려고 노력할 것이다.
4	• A: 나는 타협안을 제시해보고자 노력한다. • B: 나는 때때로 상대방이 바라는 바를 위해서 내 자신이 바라는 바를 희생한다.
5	• A: 나는 해결책을 찾아내기 위해서 끊임없이 상대방의 도움을 요청한다. • B: 나는 불필요한 긴장상태를 피하려고 한다.
6	• A: 나는 나에게 불편한 자리는 회피하려고 한다. • B: 나는 내 직위를 확보하려고 애쓴다.
7	• A: 나는 어떤 문제에 대해서 충분히 숙고한 시간이 있을 때까지 그것을 미루어 두려고 한다. • B: 나는 어떤 것을 얻는 대가로서 다른 것을 포기한다.
8	• A: 나는 대체로 내 목적을 추구함에 있어 남에게 양보하지 않는 편이다. • B: 나는 모든 관심사와 문제들을 곧바로 터놓고 이야기하려고 시도한다.
9	• A: 나는 서로 간의 견해 차이에 대해서 고민할 가치가 없다고 생각한다. • B: 나는 내 방식대로 일을 처리하기 위해서 어느 정도 노력을 한다.
10	• A: 나는 대체로 내 목적을 달성하기 위해 끝까지 밀고 나간다. • B: 나는 타협적인 해결책을 모색하여 본다.
11	• A: 나는 모든 관심사와 문제들을 곧바로 터놓고 이야기하려고 시도한다. • B: 나는 아마 상대방의 감정을 상하지 않게 하고 서로 간의 관계를 유지하려고 노력할 것이다.
12	• A: 나는 때때로 논쟁을 야기하게 되는 입장을 취하게 되는 일을 피한다. • B: 나는 만약에 상대방이 나의 입장을 어느 정도 존중해 준다면 나도 그 사람이 자신의 입장을 어느 정도 지키도록 허용할 것이다.
13	• A: 나는 중간적인 입장을 제안한다. • B: 나는 내 의견을 관철시킨다.

14	• A: 나는 상대방에게도 내 생각을 말해주며 그 사람의 생각도 물어본다. • B: 나는 상대방에게 내 의견의 논리적 근거와 장점을 설명해 주려고 한다.
15	• A: 나는 아마 상대방의 감정을 상하지 않게 하고 서로 간의 관계를 유지하려고 노력할 것이다. • B: 나는 불필요한 긴장상태를 피하려고 한다.
16	• A: 나는 상대방의 감정을 상하지 않게 하려고 한다. • B: 나는 상대방에게 내 입장의 장점을 설득시키려고 한다.
17	• A: 나는 대체로 내 목적을 달성하기 위해 끝까지 밀고 나간다. • B: 나는 불필요한 긴장상태를 피하려고 한다.
18	• A: 나는 만약 상대방이 자신의 관점을 지키려는 데서 기쁨을 느낀다며, 그렇게 하도록 할 것이다. • B: 나는 만약에 상대방이 나의 입장을 어느 정도 존중해 준다면 나도 그 사람이 자신의 입장을 어느 정도 지키도록 허용할 것이다.
19	• A: 나는 모든 관심사와 문제들을 곧바로 터놓고 이야기하려고 시도한다. • B: 나는 어떤 문제에 대해서 충분히 숙고한 시간이 있을 때까지 그것을 미루어 두려고 한다.
20	• A: 나는 서로 간의 차이를 해소시키려고 시도한다. • B: 나는 이해득실상 양자 모두에게 공정한 입장을 찾으려고 한다.
21	• A: 나는 협상에 나가는 과정에서 상대방이 바라는 바를 배려해 주려고 한다. • B: 나는 항상 문제를 직접 놓고 토론하는 편이다.
22	• A: 나는 상대방의 입장과 나의 입장 간의 중간지점을 찾으려고 한다. • B: 나는 내가 하고 싶은 바를 주장한다.
23	• A: 나는 우리 모두가 바라는 바를 만족시키는 데 항상 관심을 가진다. • B: 가끔 나는 문제 해결의 책임을 상대방이 지도록 내버려 두곤 한다.
24	• A: 만약 상대방의 입장이 그 사람에게 아주 중요하다고 보이면, 나는 그가 하고 싶은 바를 만족시켜 주려 할 것이다. • B: 나는 상대박이 타협안에 만족해하도록 할 것이다.
25	• A: 나는 상대방에게 내 의견의 논리적 근거와 장점을 설명해 주려고 한다. • B: 나는 협상해 나가는 과정에서 상대방이 바라는 바를 배려해 주려고 한다.
26	• A: 나는 중간적인 입장을 제안한다. • B: 나는 항상 우리 모두가 바라는 바를 만족시키는 데 관심을 가진다.
27	• A: 나는 때때로 논쟁을 야기하게 되는 입장을 취하게 되는 일을 피한다. • B: 나는 만약 상대방이 자신의 관점을 지키려는 데서 기쁨을 느낀다면, 그렇게 하도록 할 것이다.
28	• A: 나는 대체로 내 목적을 달서하기 위해 끝까지 밀고 나간다. • B: 나는 해결책을 찾아내기 위해서 항상 상대방의 도움을 요청한다.
29	• A: 나는 중간적인 입장을 제안한다. • B: 나는 서로 간의 견해 차이에 대해서 고민할 가치가 없다고 생각한다.
30	• A: 나는 상대방의 감정을 상하지 않게 하려고 한다. • B: 나는 어떤 문제를 항상 상대방과 의논함으로써 우리가 그 문제를 해결할 수 있도록 한다.

[결과 해석]

• 집계표

설문지의 각 항목에 동그라미를 친 그대로 아래의 A 혹은 B에 동그라미를 친다. 맨 하단에는 각 동그라미 개수의 합을 적는다.

문항	경쟁형	협력형	타협형	회피형	수용형
1				A	B
2		B	A		
3	A				B
4			A		B
5		A		B	
6	B			A	
7			B	A	
8	A	B			
9	B			A	
10	A		B		
11		A			B
12			B	A	
13	B		A		
14	B	A			
15				B	A
16	B				A
17	A			B	
18			B		A
19		A		B	
20		A	B		
21		B			A
22	B		A		
23		A		B	
24			B		A
25	A				B
26		B	A		
27				A	B
28	A	B			
29			A	B	
30		B			A
합계					

Workbook Activity 03 | 윈-윈 갈등 관리법

현재 혹은 과거 당신이 경험한 갈등 상황을 생각하면서 '윈-윈 갈등 관리법' 워크시트를 작성하면서 최선의 갈등 해결책을 선택하여 보자.

1단계: 충실한 사전 준비

- 자신의 위치와 관심사를 적어 보자(예: 원하는 것이 무엇인가? 왜 그것을 원하는가?).
- 상대방이 피력한 입장과 드러내지 않은 관심사를 적어 보자.

2단계: 긍정적인 접근 방식

- 상대방이 필요로 하는 것에 대해 생각해 보았다는 점을 인정해 보자.
  (예: "너에게 중요한 것이 무엇인지 생각해 봤어. 너는 이러이러한 것을 원하는 것 같은데, 맞지?")
- 누이 좋고 매부 좋게 하려는 '윈-윈 의도'를 명시해 보자.
  (예: "나는 우리 모두에게 만족스러운 해결책을 찾고 싶어.")
- 윈-윈 절차, 즉 협동적인 절차에 임할 자세가 되어 있는지 알아보자.
  (예: "우리 모두에게 만족스러운 해결책을 찾기 위해 나와 노력할 의사가 있는가?")

3단계: 두 사람의 입장을 명확히 하기

- 어떤 부분이라도 동의하는 것이 있으면 인정해 보자.
  (예: "우리가 서로 동의하는 부분을 검토해 보자. 우리가 원하는 것은 이러이러한 것이지?")
- 기본적으로 다른 부분을 인정해 보자.
  (예: "우리가 서로 다른 부분을 검토하자. 네가 바라는 것은 이렇고, 내가 바라는 것은 이렇다.")
- 자신이 이해한 바를 점검하자.
  (예: "네 생각이 바로 이런 것이니?")

4단계: 윈-윈에 기초한 기준에 동의하기

- 상대방에게 중요한 기준을 명확히 하자.
  (예: "만약 합당한 개런티가 보장되고 작년 계약 비용의 10%가 넘지 않으면, 무리 없이 동의하고 2주 안에 실행할 수 있다는 말이지?")
- 자신에게 어떤 기준이 중요한지 말해 보자.
  (예: "내가 중요시하는 것은 우리가 동의한 방법으로 빨리 실행하는 것과, 현재의 요금 정책에 부합하게 하고, 그리고 내년 업무 체계에 부합할 수 있는 것이야.")

5단계: 몇 가지 해결책을 생각해 내기

- 해결책에 대해 함께 브레인스토밍해 보자.

6단계: 해결책 평가하기

- 4단계에서 세운 기준을 바탕으로 5단계에서 생각해 낸 몇 가지 해결책들을 평가해 보자.

7단계: 최종 해결책을 선택하고, 실행하는 것에 동의하기

▶▶▶ 학습성찰

이번 주 학습한 내용 중 본인의 생활에 적용 가능한 내용과 적용계획을 작성해보시오.

평가내용	자가진단				
	1	2	3	4	5
갈등의 의미를 설명할 수 있다.					
갈등 유형을 구분할 수 있다.					
발생한 갈등의 해결방법을 도출할 수 있다.					
발생한 갈등을 윈-윈 갈등관리법으로 설명할 수 있다.					

내용	내용
학습내용에 대해 새롭게 발견한 점	
학습내용에 대해 느낀 점	
학습내용 중 본인의 생활에 적용 가능한 점	
적용계획 (구체적으로 작성)	
기대효과	

참고문헌

강우란 외(2009). **혁신의 리더들**, 삼성경제연구소.

강정애 외(2016). **리더십론(개정판)**, 시스마프레스.

구자억 외(2020). **대학생을 위한 창업교육**, 동문사.

국가공무원인재개발원 연구개발센터(2018). 공공조직의 리더십 무엇이 다른가.

김은영 외(2016). **인성과 리더십**, 양성원.

박유진, 김태형(2018). **리더십 이해 · 진단 · 개발**, 양서각.

알버트 바라바시(2002). **링크(21세기를 지배하는 네트워크 과학)**, 동아시아.

이석재(2011). **18가지 리더십 핵심역량을 개발하라**, 김앤김북스.

이지나, 구자억(2020). **미래 핵심리더가 되게 하라(리더십역량개발 워크북)**, 이프레스.

이현영(2017). **오늘도 갈등하는 그대에게: 갈등과 더불어 살아가는 힘, 갈등경영**, 비센샤프트.

정명호, 오홍석(2005). **휴먼 네트워크와 기업경영**, 삼성경제연구소.

한국산업인력공단(2021). 직업기초능력 가이드북(교수자용): 대인관계 능력.

한국산업인력공단(2016). 직업기초능력 가이드북(교수자용): 대인관계 능력.

한국산업인력공단(2021). 직업기초능력 가이드북(교수자용): 의사소통 능력.

Angela Duckworth(2019). **GRIT**, 김미정 역, 비즈니스북스.

Adam Grant(2013). **기브 앤 테이크**, 윤태준 역, 생각연구소.

Carol Dweck(2017). **마인드셋: 스탠퍼드 인간 성장 프로젝트**, 김준수 역, 스몰빅라이프.

Morten T. Hansen(2009). *Collaboration*, Harvard Business Press.

저자약력

이지나(LEE JINA)

중국 푸단대학교(復旦大學校) 졸업(경영학 박사)
숭의여자대학교 경영과 조교수
성균관대학교 경영대학 초빙교수
한국교통대학교 경영 통상 복지학부 외래교수 등 강의
서경대학교 CREOS인증센터 센터장
서경대학교 교수학습지원센터 부센터장
서경대학교 교수학습원 원장
현) 서경대학교 글로벌비즈니스어학부 중어전공 교수
일반대학원 글로벌경영학과 학과장
국제융합대학원 글로벌경영학과 학과장
인성교양대학 교양필수 주임교수

미래 핵심리더의 대인관계 능력

초판발행 2024년 3월 5일 1판 1쇄 인쇄 | 2024년 3월 10일 1판 1쇄 발행

지은이 이지나
펴낸이 최용구 | **펴낸곳** 도서출판 **이프레스**
주소 (04316) 서울시 용산구 원효로 89길 19 (원효로1가)
전화 02) 537-1720(영업부), 537-1721(편집부), 537-1711(팩스)
이메일 epress01@naver.com | **홈페이지** www.epress1.com
등록 2009년 12월 10일 제16-2710호
기획마케팅 최용구 장만동 송대용 최충구 | **책임편집** 석기은 황가연

ISBN 979-11-91348-49-1 93320
정가 21,000원